品牌农业
成长性机理与测评

林荣清 著

Mechanism of
Growth Potential for
Brand Agriculture and Its Evaluation

社会科学文献出版社

SOCIAL SCIENCES ACADEMIC PRESS (CHINA)

摘 要

　　品牌农业是依据市场导向，在科学合理的制度安排下，借助现代农业科技的力量，以农产品差异化和区域特色为重点，通过农产品品牌的培育与锻造，以产业链的延伸为运作模式，具有完整标准体系和为客户提供增值农产品及良好服务的新型农业。本书以科学发展观和社会主义新农村建设为指导，以现代系统理论与方法为工具，综合经济学、管理学、产业组织学和品牌经济学等多学科的研究方法，以品牌农业成长性形成机理为主线，对品牌农业进行立体多角度的研究。

　　本书以复杂经济系统、产业经济、品牌经济和演化经济的相关理论为基础，以品牌农业提出的背景和发展的动因为切入点，以促进我国品牌农业成长为目的，采用定性分析与定量分析相结合、规范分析与实证分析相结合的方法，在梳理相关理论文献的基础上，明确界定品牌农业的内涵、实质和原则，探讨品牌农业成长性形成机理，构建品牌农业系统动力学模型，进而对影响品牌农业成长的因素进行了灰色关联分析，构建了品牌农业成长性测评指标体系。在此基础上，介绍国外发达国家品牌农业成长的经验，分析我国品牌农业成长的历程、问题与对策，最后介绍了我国福建品牌农业成长的经典案例。

　　本书的主要内容在逻辑上分为以下四个部分。

　　第一部分是品牌农业的内涵及其成长性形成机理研究。包括第一章、第二章和第三章，在系统梳理国内外品牌农业研究相关文献的基础上，界定了品牌农业的内涵、实质与原则，阐述了品牌农业成长的相关理论基础，分析品牌农业产业成长与产业生命周期的含义及阶段特征和品牌农业成长性形成机理（包括动力机理、供求机理、内在本质机理和外部推动机理），并以复杂系统分析方法构建品牌农业成长的系统动力学模型。

　　第二部分是品牌农业成长性影响因素研究。为本书的第四章。利用品牌农业系统动力学模型，对品牌农业系统动力学模型变量，包括社会经济发展因素、制度因素、技术因素、市场因素、资本因素、成本因素、风险因素等，以及各变量增长率和阻碍率（或消耗率）之间的关联性进行深入的分析研究，并结合实证研究找出品牌农业成长过程中不同阶段的主要影响因子。

第三部分是品牌农业成长性测评方法与指标体系研究。为本书的第五章。分析和阐述了品牌农业的成长性主要依赖于品牌农业的需求力、品牌农业的投资力、品牌农业的增值力、品牌农业制度和技术的支撑力、品牌农业的风险抵抗力等五大一级指标。围绕五大品牌农业的一级指标构建品牌农业成长性测评指标体系；并借助网络层次分析法（ANP）的基本原理和实现过程，构建品牌农业成长性指数测评模型。

第四部分是品牌农业成长历程、问题与相关的应对举措分析。包括第六章、第七章和第八章。在介绍国内外品牌农业成长成功经验的基础上，分析了我国品牌农业成长的历程及其不同时期的成长特征表现，并利用品牌农产品消费的相关调查，分析了品牌农业成长阶段自身所存在的总体性问题以及品牌农业成长过程中面临的市场需求与市场供给方面的问题，并给出相应的对策建议，最后在第八章中介绍了福建安溪铁观音和柘荣太子参两个地标品牌成长的经验与做法。

本书的创新之处在于：一是将系统动力学的研究方法引入品牌农业成长性形成机理的研究中，通过构建品牌农业成长性系统动力学模型，为品牌农业相关决策主体提供一种便利可行的决策工具；二是构建品牌农业成长性测评指标体系，为相关决策主体对品牌农业成长性的判断提供一种科学、客观的分析工具，更好地解决品牌农业发展规划中遇到的各种复杂问题。

目　录

第一章　绪论……………………………………………………………001
　第一节　研究目的与意义………………………………………………003
　第二节　国内外品牌农业研究综述……………………………………008
　第三节　研究思路、方法、主要内容与创新…………………………020

第二章　品牌农业成长的基础理论……………………………………024
　第一节　品牌农业的内涵、实质与原则………………………………024
　第二节　品牌农业的相关理论基础……………………………………030

第三章　品牌农业成长性形成机理……………………………………045
　第一节　产业成长与产业生命周期的含义及阶段特征………………045
　第二节　品牌农业成长性形成机理……………………………………065
　第三节　品牌农业系统动力学模型构建………………………………069

第四章　品牌农业成长性影响因素研究………………………………089
　第一节　品牌农业成长的影响因素……………………………………089
　第二节　品牌农业成长因素灰色关联分析……………………………105
　第三节　品牌农业成长与其主要影响因子的互动关系………………111

第五章　品牌农业成长性测评方法与指标体系………………………118
　第一节　品牌农业成长性测评指标体系的构建原则…………………118
　第二节　品牌农业成长性测评指标体系的构建………………………120

第六章　国内外品牌农业成长经验借鉴………………………………126
　第一节　日本品牌农业的发展经验……………………………………126
　第二节　欧美发达国家品牌农业的发展经验…………………………136

  第三节 中国台湾品牌农业的发展经验……………………………… 140

第七章 我国品牌农业成长历程、问题与对策………………………… 145
  第一节 我国品牌农业成长的历程…………………………………… 145
  第二节 我国品牌农业成长中存在的问题分析…………………………… 151
  第三节 我国品牌农业产业成长对策分析………………………………… 165

第八章 我国品牌农业成长的经典案例……………………………………… 183
  第一节 安溪铁观音品牌的成长…………………………………………… 183
  第二节 柘荣太子参品牌的成长…………………………………………… 190

附录1 《中国名牌农产品管理办法》………………………………………… 197

附录2 《农产品地理标志管理办法》………………………………………… 201

参考文献………………………………………………………………………………… 206

第一章 绪论

随着全球经济发展中不确定因素的增加以及各种泡沫经济成分的增多,人们越来越认识到农业在整个国民经济中的不可替代性。农业问题是中国经济发展的根本问题,2009年1月23日,胡锦涛在中共中央政治局第十一次集体学习时指出:"在当前形势下,保持农业农村经济持续稳定发展,对于党和国家工作全局具有更为重大的意义。保增长的基础支撑在农业,扩内需的最大潜力在农村,保民生的重点难点在农民。"[①] 习近平总书记在主持2018年9月21日中共十九届中央政治局第八次集体学习时的讲话指出:"没有农业农村现代化,就没有整个国家现代化。在现代化进程中,如何处理好工农关系、城乡关系,在一定程度上决定着现代化的成败。"[②] 足可见农业在整个国民经济发展中的重要性。

农业是实现中华民族伟大复兴的基础。随着经济全球化的进一步发展和我国改革开放的不断深入,农业商品化的程度不断提高,农产品市场竞争已经从传统的价格竞争转为当代及未来的品质、品牌竞争。品牌农业的发展也因此日益受到社会各界的重视。品牌农业作为现代农业的一种创新和高端的品质农业,对促进农业农村经济的发展、解决"三农"问题、促进农业高质量发展进而保障其他产业的发展具有十分重要的意义。当前,我国农业正处于由传统农业向现代化农业转型的过程之中,不断推进农业发展的标准化、规模化、现代化、市场化、高效化和安全化已经成为农业高质量发展的重要趋势。大力发展品牌农业便是一个非常关键的手段。伴随着我国改革开放的日益深入,国外品牌农产品的大

---

① 《胡锦涛强调:全力保持农业农村经济持续稳定发展》,中国政府网,http://www.gov.cn/test/2009-02/25/content_1241922.htm,最后访问日期:2021年7月1日。
② 《习近平谈治国理政》第三卷,外文出版社,2020,第255页。

量涌入必然增加我国农业发展的压力。为此，我国要真正提升农业在国际市场的竞争力，农业品牌的建设与发展是我国当前农业发展亟待解决的重大课题。

诸多发达国家的农业发展实践证明，加快品牌农业的发展，对于不断提升农产品的质量、保证食品安全、促进农业产业的转型升级进而满足社会消费需求不断提升的客观需要，以及促进农业的增效和农民的增收，都有十分重要的作用。从农业发展的长远趋势看，大力发展品牌农业也是社会消费需求不断升级和农业发展自身优化升级的客观要求。众所周知，经济发展水平的提高将会带来消费者收入的提高，因此消费者对农产品品质与安全的需求也将随之进一步提升。就当前我国的现实而言，食品的安全及其营养健康史无前例地摆在了人们生活中的首要位置，人们不再只满足于吃得饱，更为重要的是吃得好、吃得安全、吃得健康。因此，从社会消费需求的层面看，品牌农业作为一种现代的质量农业是农业高质量发展的一个积极的方向与策略。我国政府及相关部门自进入21世纪以来非常重视品牌农业的发展。2006年，中国名牌农产品推进委员会为贯彻中共中央、国务院关于"整合特色农产品品牌，支持做大做强名牌产品"和"保护农产品知名品牌"的精神，落实农业部"转变、拓展、提升"三大战略，大力提高农产品市场竞争力，促进农民增收，根据《农业部关于进一步推进农业品牌化工作的意见》，决定从2006年开始开展中国名牌农产品评选认定工作。2016年，《中共中央、国务院关于深入推进农业供给侧结构性改革 加快培育农业农村发展新动能的若干意见》明确提出"优化产品产业结构，着力推进农业提质增效""坚持质量兴农，实施农业标准化战略，突出优质、安全、绿色导向，健全农产品质量和食品安全标准体系"。农业部将2017年定为农业品牌推进年，同时依据2018年《中共中央、国务院关于实施乡村振兴战略的意见》，将2018年定为农业质量工作年。多年来我国政府及相关部门与业界一直致力于品牌农业的发展，也因此成就了我国农业发展的大好时光。

尽管如此，品牌农业的发展并非一蹴而就的事情，要发展好品牌农业，提升我国农业在国际上的竞争力，必须深入了解品牌农业的内涵、成长规律及其评价体系，同时必须深入了解气候变化对品牌农业发展的影响，唯有如此，品牌农业才能得以持续推进。

第一节　研究目的与意义

一　研究目的

随着经济全球化进程的不断加快,加入 WTO 后的中国在改革开放政策的不断实践中,农业与经济全球化和区域一体化的发展越来越紧密,同时中国农业的发展越来越多地借鉴和学习国外先进国家的经验,如美国的贸工农一体化发展、日本的"一村一品"、法国的庄园式农业等。应该说自加入 WTO 后中国的农业得到了较快的发展,也有了质的飞跃,从传统农业转变为当今备受关注的品牌农业便是一个很好的例证。然而,我们也应该看到,随着我国农村改革的不断深入和社会主义市场经济的进一步发展与规范,在如何更为有效解决"三农"问题的过程中,也面临着一些新的问题,且日益凸显出来。

一是怎样解决农业产业结构优化和农业经济规模效益的问题;

二是怎样解决农户小规模分散经营、组织化程度低,以及与国内外大市场对接的问题;

三是怎样摆脱传统农业生产模式的束缚问题;

四是怎样解决农产品质量差、成本高、市场竞争力不强的问题;

五是怎样解决农户经营规模小、应用农业新技术成果动力和能力不足与现代农业之间的矛盾问题;

六是怎样更为缩小城乡差距、解决农村剩余劳动力的问题;

七是怎样解决农业自然资源的利用与保护和农业经济可持续发展的问题;

八是怎样促使农业品牌结构更为合理及解决农业品牌效益不佳的问题;

九是怎样解决公共组织对农业经济支持的乏力问题。

大力发展品牌农业,是传统农业向现代农业迈进的必经之路,是农业本身的一次革命,是解决农民、农村和农业"三农"问题的重大举措,也是实现农业和农村可持续发展的关键路径。本书以品牌农业的成长及其测评为研究对象。研究目的主要体现在理论和现实两个层面。

从理论角度看,研究并科学解释品牌农业成长的机理、揭示品牌农业成长的影响因素及其客观规律、科学评价品牌农业的成长性，是推动品牌农业发展的基础理论问题。本书在总结前人研究成果的基础上，力求有较大的创新。本书以复杂系统理论与方法为主要研究工具，综合多学科的理论成果，对品牌农业从理论体系到模型、模式构建，从成长机理到测评体系等一系列的综合问题进行研究。本书的理论目的在于为品牌农业系统的构建、运作和管理提供理论指导，为品牌农业的发展提供一种新的农业发展理论研究思路。

从现实角度看，品牌农业发展的问题是一个复杂系统问题，需要借助复杂系统理论与方法加以解决。本书以解决复杂系统问题的系统动力学、人工神经网络等现代系统分析方法为主要工具，建立品牌农业系统动力学模型，提供了一种新的研究方法，便于品牌农业的相关决策机构、有关部门和品牌农业运作主体，根据本书的理论分析，结合实际情况，在品牌农业系统结构复杂、历史数据较少的情况下，建立区域品牌农业系统动力学模型，了解其系统内部结构和动态行为特征，深化对其本质的认识，并利用它来进行品牌农业的发展规划和政策对品牌农业实际发展作用的模拟，解决品牌农业发展实际中面临的各种复杂问题。

二 研究意义

随着中国市场经济的发展与成熟，农业、农业企业及农产品的竞争趋势日益表现为一种品牌的竞争。知名农业品牌以其高质量、高标准、高信誉、高效益、高知名度、高市场占有率等特点赢得农产品生产商、经营商、消费者的青睐。品牌作为一种无形资产，是企业和行业资产的重要组成部分，同时品牌又是行业和企业参与市场竞争的有效工具，也是一个国家、区域经济发展水平和经济实力的集中表现。在一个区域的发展中，一个品牌的确立及名牌的形成，可以有效支撑和带动一批以品牌为龙头的关联产业的成长、发展与壮大，进而有力推动一个区域乃至国家经济的持续、快速增长。

众所周知，品牌战略在现代工业经济发展中得到了广泛的应用并取得不俗的成绩，如亚马逊在2020年的品牌价值为2006.67亿美元。但长期以来，在农业经营中，尤其是在我国的农业经营中，人们对农业品牌化和实施品牌农业战略缺乏认识，农业的品牌观念淡薄。随着市场经济的不断深入发展变化和人民生活水平的不断提高,农业走品牌化路径,大力发展品牌农业,提升农业发展质量是当前和未来农业发展的大势所趋,也是实现我国传统农业向现代农业转变的必然途径。

(一) 发展品牌农业有利于提高农产品的市场竞争力

改革开放40多年来,在中央及各级政府的高度重视下,我国农业的发展取得巨大的成就,农产品、农业市场化的程度在不断地提高。自20世纪90年代中后期以来,很多农产品出现"难卖"问题,农产品市场由原来供不应求的卖方市场转变成供过于求的买方市场。在农产品买方市场条件下,农产品之间的竞争变得越来越激烈,农产品能否及时售出成了农产品生产经营者关注的焦点。此外由于我国农产品总体质量和安全水平仍处在不高的状态,加之生产规模小、成本高,面对许多发达国家高额的农业补贴,我国农业面临的市场竞争形势空前严峻。在这样一种形势下,发展品牌农业,打造名牌农产品是十分必要的。品牌农业作为一种具有完整标准体系、为客户提供增值农产品及良好服务的新型农业,可以给客户带来更高的质量和信誉保障,是提高农产品市场竞争力与农业国际竞争力的有效工具,实践证明,名牌农产品在国内外市场竞争中,其优势地位与作用要远胜于那些没有品牌的农产品。

(二) 发展品牌农业是提升和优化农业结构的重要保障

战略性调整农业结构,并非农业某个环节的局部性调整,也不只是纯粹解决生产什么、生产多少的问题,而是要把农业发展的量与质、生产加工及销售进行全局考虑,使农业的结构符合市场的消费结构。品牌农业是以市场为导向的一种现代农业模式,大力发展品牌农业对农业结构的调整与优化具有重要的作用,主要表现在以下几个方面:一是可以促进农业生产结构的优化。发展品牌农业,首先要求农产品生产经营者必须树立以市场为导向的经营理念,也就是说生产什么样的农产品、生产多少农产品,必须建立在充分的市场调查与预测的基础上,必须依据国内外农产品市场的发展变化来组织农业的生产,进而形成与市场消费需求相吻合的农业生产结构。二是可以促进农村产业结构的调整与优化。发展品牌农业以实现品牌农业比传统农业更多的增值,不仅要求生产经营者生产出高质量的农产品，还必须以农产品产业链的延伸作为其运作模式，实现贸工农一体化发展，也就是说除了优质的农产品，还必须努力拓展农产品加工、物流（包括农产品的储藏、包装、运输与配送等）、销售及各种农产品的中介服务（包括农业科技咨询、信息咨询等）领域。只有这样，品牌农业的效益才能得以实现。因此，大力发展品牌农业可以有效带动农村加工业、运输业、营销业、各类中介服务业等产业的共同成长与发展。三是发展品牌农业有利于农业生产专业化和区域化。诸多的研究和实践表明，品牌农业效益的发挥必须依赖于一定的规模或市场份额，可以借助一定的规模或市场份额有效地推动农业主导产品和支柱产业的专业化生产、区域化布局和基地化建设。

（三）发展品牌农业是推进特色农产品产业化经营的客观需要

特色农产品产业化经营的基本思路是，确定特色主导产业，进行区域化布局，依靠龙头企业带动，发展规模经营，形成市场牵龙头、龙头带基地、基地连农户的产业化组织形式。① 特色农产品产业化经营的主要目的就是规避市场风险、降低交易成本和获取更多的增值。品牌农业发展战略对特色农产品产业化经营具有巨大的推动作用：品牌战略的龙头功能与优化功能可以有效地促进龙头企业的发展；品牌战略的创利功能可以有效地强化和密切龙头企业、农产品基地和农户之间的关系；品牌战略的规模经济功能可以有效地推动农业主导产品和支柱产业专业化生产、区域化布局和基地化建设；品牌战略的创新功能可以有效地推动农业科技的进步和农业机制体制的改革；此外品牌战略的社会文化功能为农业产业化的健康和持续发展提供了良好的"软环境"。②

（四）发展品牌农业可以有效促进"三农"问题的解决

"三农"问题的根本是农业，只有农业发展了，农民的收入才可以得到有效的改善，农村的落后面貌才可以相应改善。实施品牌农业战略，大力发展品牌农业，可以从生产经营理念、农业科技应用、市场营销等方面提高农业经营主体的综合素质，对提升农业在市场中的竞争力有着重要而积

---

① 蔺全录、王翠琳：《特色农产品产业化经营》，中国社会科学出版社，2008，第20页。
② 周发明：《构建新型农产品营销体系的研究》，社会科学文献出版社，2009，第244页。

极的作用。品牌农业的规模经济效益要求品牌农业必须将农业产业化经营作为其基础和前提，这样有利于打破传统自给与半自给的小农经济格局，促进农业的市场化、社会化和集约化发展，为农村经济发展注入新的经营理念、市场观念、竞争意识和科技知识，可以有效提高广大农户的科学文化素质，增强农户对市场的应变能力和对农业风险的承受能力。可以造就一大批农场主、庄园主、专业户和农民企业家等新型的农业生产经营主体，培养大量的现代农业技术人才。品牌农业不仅要求有大量的种植养殖生产队伍，还需要有为品牌农产品的初加工和深加工以及促进贸工农一体化发展服务的队伍。因此，围绕当地农业主导产业的投入产出链必然带动相关产业群的发展，这为农村剩余劳动力的就地转移创造了有利条件。加之品牌农产品可以通过"卖得贵""卖得快""卖得多"[①] 而获取较传统农产品更多的收益，这将使广大农民的收益增加。农业发展了，农民收入提高了，农村的落后面貌就自然而然地改善了。因此，可以说发展品牌农业是解决"三农"问题的有效途径。

（五）发展品牌农业可以有效推动农产品生产经营的标准化和规范化运作，保护消费者的合法权益

品牌农业的发展要求有完整的标准体系和规范化的运作，大力发展品牌农业对于农产品生产经营者、消费者合法权益的保护以及政府对农产品市场的调控无疑是有帮助的。首先，从品牌所有者的合法权益看，农产品一经注册获得商标专用权后，其他任何未经许可的企业或个人都不得侵权仿冒，这不仅为保护农产品品牌所有者合法权益奠定了客观基础，同时也促使品牌农产品生产经营者必须为保证农产品质量和维护品牌信誉而努力。在品牌农产品有关利益受到或可能受到侵权的时候，品牌显现出法律的庄严和不可侵犯。[②] 其次，发展品牌农业有利于遏制农产品生产经营者的不良行为。农产品品牌和工业品品牌一样是一把双刃剑，一方面因容易为品牌农产品消费者所认知和记忆而有利于农产品的销售，且注册后的农产品品牌有利于保护农产品生产经营者的利益；另一方面，农产品品牌对其使用者的市场行为也将起到一种有力的约束作用，它要求农产品生产经营主体

---

① 周发明：《构建新型农产品营销体系的研究》，社会科学文献出版社，2009，第245页。
② 白光、马国忠：《中国要走农业品牌化之路》，中国经济出版社，2006，第81页。

必须着眼于消费者利益、社会利益和自身的长远利益，进而促进自身营销行为的规范。再次，发展品牌农业有利于维护消费者的合法权益。农产品注册后有了自己的品牌，农产品生产经营者以品牌作为其促销的基础，消费者按品牌购买。农产品生产经营者为了自身利益的最大化，必须要努力维护其品牌的形象与信誉，密切关注和恪守品牌对消费者的利益承诺，要求其品牌的农产品质量、价格水平统一化。否则，其很难在激烈竞争的市场中生存。因此，作为品牌农产品的消费者的相应权益可以在品牌农产品生产经营者维护其自身利益的同时获得保障。

第二节 国内外品牌农业研究综述

一 国外品牌农业研究动态

国外发达资本主义国家如美国、日本、英国、法国等对品牌的研究很早，特别是在"二战"后，品牌研究领域取得了丰硕的成果，其中最有影响的成果要数莱斯利·切纳瑞（Leslie de Chernatory）1998年在英国出版的《品牌管理》一书，该书汇集了自1955年至1996年在国际知名学术刊物上发表的有关品牌管理的论文；最具影响力的人物则是大卫·艾克（David A. Aaker）和凯文·莱恩·凯勒（Kevin Lane Keller）。艾克是现代品牌管理集大成者，被公认为是品牌资产管理的鼻祖，其著述的《管理品牌资产》(1991)、《建立强势品牌》(1995) 及《品牌领导》(1998) 被誉为品牌创建和管理"三部曲"，畅销全球，对全球企业界产生了广泛而深远的影响，其《管理品牌权益》（Managing Brand Equity）、《品牌行销法则》（Building Strong Brands）和《发展企业策略》（Developing Business Strategies）等三部著作被译为八种以上的语言出版，把世界品牌领域的研究推至一个新的高度；凯勒则是国际品牌战略的知名权威，其在1998年出版的《战略品牌管理——品牌资产的创造、衡量和管理》为全球顶尖商学院和企业所采用，被誉为"品牌圣经"。尽管西方的品牌研究成果主要体现在工业和服务业品牌上，针对农产品品牌特殊性的理论成果相对较少，[①] 但西方丰富、

---

① 李敏：《国外农产品品牌研究述评》，《乡镇经济》2009年第10期，第95页。

成熟的品牌理论对农业的发展有着最重要的借鉴作用,现将其与品牌农业发展密切相关的品牌理论研究综述如下。

(一) 品牌重要性与价值的研究

素有"营销管理之父"美誉的科特勒认为营销的艺术在于塑造品牌。[①] 英国英特品牌集团董事保罗·斯图伯特认为:强势品牌非常有价值。强势品牌表现出的适应需求变化和保证需求稳定的非凡能力对投资者来说具有独一无二的吸引力。[②] 罗珀·斯塔奇全球公司的调查发现,有48%的消费者在走进商店前就已想好他们想要何种品牌的商品,这一比例与1991年的44%相比有所上升。[③] 凯勒认为:随着企业间竞争的日益激烈,产品的同质化时代已经到来,品牌成为引导顾客识别和辨认不同厂家和销售商的产品和服务,使之与竞争对手相区别的唯一利器,它是比企业产品更重要和更长久的无形资产与核心竞争力。尽管企业产品设计及生产过程经常容易被竞争对手所模仿,但根植在顾客心目中的品牌形象和对企业的高度认同与忠诚感则不然。[④] 皮埃尔·柏松 (Pierre Berthon) 等人认为,与无品牌的产品相比,品牌产品可以提供给消费者超出产品功能的价值。[⑤] 这些价值既包括减少买卖双方信息不对称带来的不确定性,如降低购买风险、增强消费者信心等,也包括蕴含在品牌中可以带来独特的社会、心理反应的附加价值。[⑥]

对于农产品品牌,德登李托、芬斯特拉研究了加利福尼亚的区域农业市场营销计划,发现基于地域的农产品品牌命名能够提升消费者认知,帮助农户提高收入。[⑦] 吉安·卢卡·巴尼亚拉指出农产品品牌能保证食品的质

---

① 〔美〕菲利普·科特勒:《营销管理:分析、计划、执行和控制》,梅汝和、梅清豪、张桁译,上海人民出版社,1999年。
② 〔英〕保罗·斯图伯特主编《品牌的力量》,尹英、万新平、宋振译,中信出版社,2000,第9页。
③ 〔美〕埃里克·乔基姆塞勒等:《品牌管理》,北京新华信商业风险管理有限责任公司译校,中国人民大学出版社,2002,第34页。
④ 〔美〕凯文·莱恩·凯勒:《战略品牌管理》,李乃和等译,中国人民大学出版社,2003,第53页。
⑤ P. Berthon, J. M. Hulbert, L. F. Pitt, "To Serve or Create? Strategic Orientations toward Customers and Innovation," *California Management Review*, 1999, 42 (1): 37-58.
⑥ 王成荣:《品牌价值论》,中国人民大学出版社,2008,第91页。
⑦ Derden-Littlee, G. Reenstra, Regional Agriculture Marketing: A Review of Programs in California, http://www.sarep.ucdavis.edu/cdpp/foodsystems/.

量，无形之间能增加产品的附加值，消费者更加愿意购买有一定品牌知名度的产品。[1] 罗克珊·克莱门斯对美国艾奥瓦州洋葱的市场情况进行考察时，也发现在顾客消费观念的驱动下，Vidalia洋葱这个国际品牌具有相当高的附加价值。[2]

（二） 品牌农业的内涵的研究

在发达国家如美国、英国、法国、加拿大等，尽管他们的品牌农业或者说农业品牌化，都取得了不菲的成就，但我们发现，这些国家有关农业的研究文献很少从"品牌农业"的角度展开，与品牌农业相近的一个概念"增值农业"（Value-added Agriculture）却使用频繁。在发达国家中，增值农业已有半个世纪的发展经验。[3] 按照美国农业部（USDA）的定义，增值农业是指通过多方面创新从而获得更多收入的农业，这些创新包括针对特定市场生产产品、在产品进入市场之前改变产品形态、改变产品包装及包装方式、改变产品营销方式、新企业的诞生等方面。[4] 其中改变产品营销方式的方向便是实施农产品的品牌营销。在西方国家中比较完整的提出品牌农业概念及其特性的是日本学者藤田昌久，其论文"Economic Development Capitalizing on Brand Agriculture: Turning Development Strategy on Its Head"总结了起源于日本20世纪60年代的"VOVP"（一村一品）和20世纪90年代的"Michino Eki"（路边站）做法，以此阐明品牌农业的成长性，并认为品牌农业是根植于土地和自然资源的包括水产、林业、加工业、观光等在内的"创造型自然农业"的代名词。[5] 从其内涵看与美、英、法等国的增值农业的本质应该是一致的。藤田昌久认为品牌农业的目标是某一个特定的

---

[1] 转引自 Masahiro Takahashi, *From Idea to Produet—The Integrated Design Proeess*, Hong Kong: Hong Kong Produetivity Council, 1999, pp. 11-12。

[2] Roxanne Clemens, *Why Can't Vidalia Onions Be Grown in Iowa? Developing a Branded Agricultural Product*, MATRIC Briefing Paper 02—MB.

[3] 黄云生、路征：《"增值农业"发展模式：国外经验及启示》，《乡镇经济》2009年第3期，第122~126页。

[4] Alena Bosse, Mike Boland, *What Is Value-added Agriculture?*, AgMRC Paper, January 2006, http://www.agmrc.org/agmrc/.

[5] M. Fujita, *Economic Development Cpitalizing on Brand Agriculture: Turning Development Strategy on Its Head*, Paper Presented at the World Bank Annual Bank Conference on Development Economics in Tokyo, May 29-30, 2006.

乡村或地理区域的独特的产品或服务的发展,是一种以社区为基础的农村发展总体战略,必须识别、培育和充分利用当地资源(包括自然、历史、文化和人力资源)。在这篇论文中,藤田昌久还论述了品牌农业与当地资源的关系、促进品牌农业战略与基础建设的作用,并阐述了日本品牌农业的演进。

(三)农产品品牌发展历史研究

依据 Adrian Room《品牌:新财富的创造者》一书中的"品牌历史"一节,公元前2000年,埃及人就将家畜标上了品牌,公元前300年,罗马商人用符号来识别产品的制造者和销售者。在商品交换过程中,人们都希望换取对方最好的物品。耳口相传的品牌信誉对于交换的成功尤为重要,农产品品牌特别是产地和店铺的品牌应运而生(见表1-1)。

表1-1 农产品品牌发展历史的重要事件

年份	品牌重要事件
公元前2000年	埃及人将家畜标上了品牌
公元前300年	罗马商人用符号来识别产品的制造者和销售者
1297年	日本柳屋家俊的人为自己生产的农产品打造品牌
1876年	巴斯(Bass)公司(酿酒)的红三角标志成为英国第一个注册商标
1878年	凯洛哥博士是第一位推销有品牌包装的冷餐谷物食品"圣尼塔斯玉米片"的人
1928年	明尼苏达州坎宁山谷公司推出绿色巨人蔬菜的品牌形象
1938年	雀巢咖啡自创立以来一直保持市场中的统治地位,其单个品牌的定位因国而异
1988年	RHM公司(其Hovis是英国市场上知名的面包品牌)对其所有品牌组合进行价值评估,并列在资产负债表上,这样的做法是世界首例

表1-1所列的农产品品牌发展历史的重要事件,基本上反映了农产品品牌产生与发展的历程。品牌的产生与商业、社会及文化的发展是密切相关的。从人类历史发展的进程看,尽管农业先于工业,但农产品品牌的发展却相应地滞后于工业产品品牌的发展。不过,不论是工业产品品牌还是农产品品牌,其基本发展轨迹还是十分相似的。[①] 沿着品牌发展的基本轨

---

① 李敏:《国外农产品品牌研究述评》,《乡镇经济》2009年第10期,第93页。

迹，我们可以发现，不管是哪一类品牌，如果抽掉它们的具体特征，都有着共同的成长规律。日本速水佑次郎和美国弗农·拉坦在研究美国和日本农业品牌化过程中发现，尽管美、日农业品牌化道路不尽相同，但高效率的资源配置经济原理是一致的。①

（四）品牌农业战略管理步骤研究

国外学者对品牌农业战略管理步骤的研究比较多，但主要有以下四种。

1. 三层次管理法

日本八卷俊雄分析日本品牌农业战略规划，提出大致分三个层次进行，即国家、县和农协，每一个层次都有其自身的特点。② 日本政府在品牌农业的发展方面采取了一系列相关的政策，从"一村一品"战略到后来的地产地销战略，再到当前的"本场本物"制度。在这些战略和制度的支持下，再加上日本农产品在品牌命名上长期坚守的"商品品牌＝品种品牌＋产地品牌"的模式，日本各地的品牌农业发展渐成气候，而且在世界农业的发展中颇具影响，其开展的"一村一品"运动，后来在世界各地广为推行。③ 美国、英国、法国、俄罗斯和韩国等国家，都与日本"一村一品"运动发源地大分县在互利互惠的基础上进行相关的交流，美国路易斯安那州仿效日本开展了"一州一品"运动，洛杉矶还设立了"一村一品"节。东南亚的菲律宾、马来西亚以及印度尼西亚等国家也纷纷仿效日本推动品牌农业的发展。

2. 四步骤管理法

詹姆斯·格雷戈里分析菲利普·莫里斯烟草公司、美国坎贝尔汤料公司等世界知名先锋企业打造卓越品牌的核心模式，提出打造卓越品牌的四个关键步骤，即发掘、战略、传播和管理。④ 格雷戈里品牌战略四步骤管理

---

① 〔日〕速水佑次郎、〔美〕弗农·拉坦：《农业发展的国际分析》，郭熙保等译，中国社会科学出版社，2000，第98页。
② 胡晓云、八卷俊雄、张恒：《日本"品牌农业"的发展战略与启示》，《农村工作通讯》2014年第24期，第62~64页。
③ 胡晓云等：《中国农产品的品牌化——中国体征与中国方略》，中国农业出版社，2007，第154页。
④ 〔美〕詹姆斯·格雷戈里：《四步打造卓越品牌——品牌管理的革命》，胡江波译，哈尔滨出版社，2005，第35页。

法在帮助品牌农业生产经营主体增进理解自身品牌价值、辨别关系到品牌成败的重要商业机遇、从农产品品牌传播中最大限度地获益,以及怎样赋予品牌以生命并管理好它的成长等方面都有积极的帮助。

3. 五步骤管理法

杜纳·E. 科耐普提出品牌战略实施的五个步骤,即品牌评估、品牌承诺、品牌规划、培育品牌文化和创造品牌优势。[①] 科耐普认为通过品牌评估,可以找到企业现有品牌的位置;根据企业优势能够与消费者需求建立一个具有独特优势的品牌承诺;根据品牌承诺开展品牌名称、标志、包装、说明等品牌规划;培育品牌文化则为执行品牌承诺创造条件;最后创造品牌优势,这个优势可以借助外界力量达到。科耐普认为在这五个步骤中,必须始终"以顾客为中心",这是"创名牌"的真正意义和关键所在。

4. IBS 10000 标准体系法

IBS 10000 标准体系法 1999 年起源于英国,由英国、美国、法国等国的有关专家共同发起和建立的一个专门从事品牌科学研究及品牌标准认证的专业机构——国际品牌标准工程组织(International Brand Standard Engineering Organization, IBS),引进国际上最先进的顶尖专家的品牌理念、运营模式,制定了全世界第一套"国际品牌标准系统"——IBS 10000 标准体系。[②] 主要研究企业品牌现状,并为企业提供标准化战略决策指导。IBS 的认证工作流程包括品牌检测(内部信息采集),品牌诊断(品牌现状分析、指数模块分析),品牌规划、设计与人员培训、品牌评估、企业素质,品牌审核—颁发品牌证书,持续改进(综合评估、审核、改进)等六个流程,前五个流程控制在 5 个工作日完成,最后一个流程则每年开展 1~2 次。

(五)其他研究

国外一些品牌农业的学者专家还从农产品品牌创建、品牌管理、品牌质量认证及政府扶持等方面,对品牌农业进行了相关的研究。

在农产品品牌创建方面,德莫·J. 海耶斯等认为,个体农户因缺乏讨

---

① 〔美〕杜纳·E. 科耐普:《品牌智慧——品牌战略实施的五个步骤》,赵中秋、罗臣译,企业管理出版社,2004。

② 国际品牌标准工程组织编《国际品牌标准化手册》,人民出版社,2005。

价还价能力及产出规模过小,无法承担"创建"和"维持"能够让顾客认可且难以模仿的品牌所产生的开支与成本。① 因此农户自己必须创建品牌,并以限制产品供给的方式来获得合理利润。

在农产品品牌管理方面,布赖恩·G.因内斯等在研究怎样提高农产品出口在国际市场的竞争力时,提出对农产品品牌进行管理,利用同一品牌下多种农产品系列化加强国家形象的管理及树立良好国家品牌形象,并应通过产品优化和质量保证机制等途径与手段来提升在国际市场上的农产品品牌竞争优势。②

在农产品品牌质量认证方面,曼努埃尔·冈萨雷斯·迪亚斯等在对西班牙鲜肉品牌进行研究与分析时,提出质量在农产品经营中具有不可忽视的作用。同时,他提出了产品质量认证组织的工作流程和根据不同的专门化品牌来建立多样的组织形式。此外,他认为针对质量机制管理中存在的信息不对称现象,可以通过品牌的专门化来加以解决。③

在政府扶持农产品品牌方面,让·克里斯托夫等指出,欧盟通过食品标签政策来加强该区域农产品竞争力,成功地推动了产品差异化,使572种农产品得到了欧盟政策的保护,不仅加强了对农产品产地、归属地的管理,还增加了农业收入,相应地减少了成本,但是食品标签政策也存在官员腐败、产品缺乏国家认可、质量问题(道德风险)等不足之处。④

二 国内品牌农业研究动态

国内品牌农业的研究,可以追溯至20世纪90年代末期,从已有研究文献看,国内最早对品牌农业进行研究的是崔超登,1999年其在《特区经济》杂志上发表了一篇题为《发展我国地区特色品牌农业的探讨》的文章,该

---

① Dermot J. Hayes, Sergio H. Lenee, Andrea Stoppa, *Famer—Owned Brands Briefing*. Center for Agrieultural and Rural Development, Ames, Iowa: Iowa State University, 2003 (2): 39.
② Brian G. Innes, William A. Kerr, Jill E. Hobbs, *International Product Differentiation Through a Country Brand: An Economic Analysis of National Branding as a Marketing Strategy for Agricultural Products*, CATPRN Commissioned Paper CP 2007-05, pp. 1-25.
③ Manuel González-Díaz, Marta Fernández-Barcala, B. Arruñada, "Quality Assurance Mechanisms in Agrifood: The Case of the Spanish Fresh Meat Sector," *Economics Working Papers*, 2003, 2 (3-4): 361-382.
④ Jean-Christophe Bureau, Egizio Valeeseshini, "European Food-Labeling Policy: Successes and Limitations," *Journal of Food Distribution Research*, 2003, 34 (3): 71-75.

文首次提到"把地区特色品牌农业作为提高农业生产整体附加值的战略方向"。[①] 认为现代农业的竞争力主要取决于规模和品牌两个重要因素,发展地区特色品牌农业是地区农产品走向全国、走向世界的前提,发展地区特色品牌农业应遵循"抓技术、树品牌、重流通、求规模"的原则。正是这篇文章开启了国内对品牌农业研究的大门。

(一) 品牌农业内涵及其特点研究

开展品牌农业研究的基础首先是有关品牌农业基础理论的研究,为此,有必要对品牌农业的内涵及其特点进行研究。

有关品牌农业的内涵,罗德鉴将品牌农业定义为以商品生产为前提,以国内外市场为导向,以生产单位为主体,使生产、科研、流通、服务等各个环节有机联系在一起,建立在现代科学技术体系上并在市场上享有较高知名度的高品位的经营性农业。[②] 干经天、李莉莎认为品牌农业是以农业产业化为载体,以某一行政或经济区域为核心,通过创建区域内统一的全方位系列化优质农产品核心与龙头品牌的行动,带动广大农业企业和农民,实现农业标准化,增强农业竞争力,把农业产业化引向深入,以区域进而扩展全局,从而加速发展我国农业的一种新方式。同时把品牌农业分为两个层次:"使用知名度较高的注册商标的农产品"和"品牌农业产业"。[③] 张国庆将品牌农业界定为:通过相关质量标准体系认证,有注册商标,市场知名度较高,市场竞争力较强,经济效益较好的农业。[④] 在此基础上,吴桂林、陶善才进一步将品牌农业定义为:通过相关质量标准体系认证,取得商标注册权,具有较高的市场认知度、知名度以及消费者的诚信度,有较强的市场竞争力和较高的经济效益的农业。[⑤] 白光、马国忠认为农业品牌化(品牌农业)是通过不断应用现代先进科学技术,提高生产过程的物质装备水平,不断调整农业结构和农业专业化、社会化分工,以实现农业总

---

① 崔超登:《发展我国地区特色品牌农业的探讨》,《特区经济》1999 年第 7 期,第 46 页。
② 罗德鉴:《积极发展品牌农业》,《群众》1999 年第 11 期,第 55~56 页。
③ 干经天、李莉莎:《论区域品牌农业》,《农业现代化研究》2003 年第 5 期,第 356~359 页。
④ 张国庆:《建设河北省的品牌农业》,《经济论坛》2005 年第 12 期,第 15~16 页。
⑤ 吴桂林、陶善才:《怎样做大做强品牌农业》,《农村工作通讯》2005 年第 1 期,第 32 页。

要素生产率水平的不断提高和农业持续发展的过程。① 章军提出品牌农业是指在生产过程中实行区域化布局、标准化生产、产业化经营和规范化管理，产品通过质量安全认证和商标注册，具有较高的市场知名度和消费者认可度，拥有较强的市场竞争力和占有率，经济效益显著的新型农业。②

有关品牌农业的特点，罗德鉴认为"以优质和特色求生存、以系列化技术配套求发展、以技术争优势"是品牌农业的主要特点。③ 冷志明提出品牌农业的主要特征为：产品品质的主导性、市场环境的适应性、生产经营的规模性、发展模式的多样性、产业发展的持续性、消费安全的保障性。④ 白光、马国忠认为品牌农业具有技术性、效率性、制度创新性、持续性四个最主要特征。⑤

（二）品牌农业建设理论国家层面的研究

从国家层面研究的角度出发，阎寿根认为我国农产品供给在整体上已从长期短缺变为总量基本平衡、丰年有余，农产品市场已由卖方市场过渡到买方市场，人们的农产品消费需求亦已由追求数量转向追求质量和特色，并提出将农产品的标准化作为品牌农业和名牌战略的基础。⑥ 翟建松认为发展品牌农业是提高农业市场化的必然要求，是农业产业化经营的客观要求，是农村城镇化的潜在要求，也是避免优质农产品交易中"市场失败"现象的有效措施和优化配置农业资源的重要途径。并在此基础上提出了我国品牌农业发展的五项主要措施。⑦ 陆娟在分析西方国家品牌发展的基本规律后，提出对我国农产品品牌发展的启示，认为找准并开拓自己的目标市场、提升我国农产品的科技含量与扩大农产品经营规模、创造出富有个性（具有差异性）的产品和品牌、建立政府支持与有序竞争的环境是我国农产品

---

① 白光、马国忠主编《中国要走农业品牌化之路》，中国经济出版社，2006，第45~46页。
② 章军：《整合优质资源发展品牌农业》，《乡镇经济》2007年第6期，第13~16页。
③ 罗德鉴：《积极发展品牌农业》，《群众》1999年第11期，第55~56页。
④ 冷志明：《论品牌农业》，《生产力研究》2004年第10期，第20~22页。
⑤ 白光、马国忠主编《中国要走农业品牌化之路》，中国经济出版社，2006，第45~46页。
⑥ 阎寿根：《标准化：品牌农业和名牌战略的基础》，《中国农村经济》2000年第9期，第24~26页。
⑦ 翟建松：《论发展我国的品牌农业》，《山东农业大学学报》（社会科学版）2002年第1期，第41~43页。

品牌建设应从西方国家学习和借鉴的。① 冷志明提出我国实施品牌农业发展战略的思路是：根据当前形势需要，选择若干优势农产品和优势产区，一种产品确定一个发展思路，明确主要目标市场，选择一批龙头企业，推广一套实用技术，制定一套扶持措施，实施品牌带动，集中力量进行重点培育，尽快形成一批具有国际竞争力的优势农产品品牌，辐射和带动全国农业整体竞争力的提高。认为我国实施品牌农业发展战略要本着"市场导向、资源依托、环境友好、科技支撑、动态发展"的原则。② 万力认为美国名牌的成功很大程度上归功于其发达的市场体系，在技术、营销、传媒等各个领域的领先地位，以及超强的经济实力。③ 欧洲名牌的最大特点源自其科技性和文化性。与美国名牌不同，它们非常注重企业内涵的打造和提升，注重产品品质的提高。日本名牌的发展壮大主要得益于立足日本国情，以质量控制、成本控制和竞争意识为支撑的名牌战略。方中友提出通过国家级品牌的保级，大力发展区域优势品牌，保持对弱势品牌的扶持建设南京市品牌农业。④ 谭光新、潘启春分析了广西壮族自治区贺州市农业发展现状，认为其具有品牌意识不强、品牌化程度不高、一品多牌现象突出、品牌知名度低等特点，提出转变观念，树立名牌意识；发挥优势，扩大基地规模；提高质量，提升产品档次；抢注商标，培育知名品牌；壮大主体，构建发展平台；科教兴农，增强发展后劲；策划宣传，营造品牌效应等措施促进品牌农业的发展。⑤

（三）品牌农业建设理论区域层面的研究

李昌勤、陆铁军、郭重阳对盘锦市品牌农业的发展情况进行了调查与研究，从市场、生产、经济和政府角度论述了品牌是市场经济中的战略性

---

① 陆娟：《品牌发展的国际经验及其对我国农产品品牌发展的启示》，《财贸研究》2003年第5期，第114~116页。
② 冷志明：《论品牌农业》，《生产力研究》2004年第10期，第20~22页。
③ 转引自李敏《国内农产品品牌战略管理研究述评》，《商业研究》2010年第9期，第165~168页。
④ 方中友：《南京市品牌农业建设现状、发展战略与目标选择》，《江苏农业科学》2006年第3期，第6~8页。
⑤ 谭光新、潘启春：《贺州市品牌农业发展现状及对策探讨》，《广西农学报》2007年第1期，第81~83页。

手段，结合调查提出了盘锦市品牌农业发展的举措与建议。[①] 赵德明、石庆龙提出通过加大农业绿色品牌基地投资力度和加强农业技术服务体系建设来发展吉林与黑龙江的绿色品牌农业。[②] 叶得明、梁海萍分析了玉门市品牌农业发展的有利因素及制约因素，提出在玉门市发展品牌农业要大力推进农业产业化进程，以招商引资为突破口，解决好资金短缺问题，实现产品标准化生产、品种优化、包装特色化，强化农产品品牌的宣传。[③] 石庆龙提出通过提高劳动力素质、树立品牌农业的发展观念、制定农产品生产标准、加大对农业补贴的力度等措施促进吉林省绿色品牌农业的发展。[④] 马建中等从基本态势、潜在优势角度对湖北省品牌农业的发展现状进行分析，提出大力发掘特色资源，实施特色农产品品牌带动战略；加强优质产品生产基地和产业带建设，扩大产品市场规模，增强品牌产品的市场影响力，大力推进农业产业化发展，增强龙头企业对品牌农业的带动力，加大科技创新，强化农业科技对品牌价值的增值力，采用品牌延伸方式，不断拓宽品牌范围，建立和完善品牌体系，丰富品牌农业的发展内涵，充分发挥政府职能，运用行政手段推进品牌农业的发展。[⑤] 王行靳在探讨区域品牌农业发展时，提出区域品牌农业在淮安实施存在的主要问题为：对区域品牌功能的认识能力缺乏、对区域品牌的创建特点缺乏理性认识、对区域品牌所蕴含的传统文化缺乏深层次的开发。提出将农业质量战略、农业科技发展战略、农业人才开发战略和农业文化开发战略作为淮安地区农业品牌的发展战略。[⑥] 王斌在对甘肃省农产品分布的特点和市场需求进行分析之后，提出甘肃省具有资源优势和品牌开发潜力的农产品资源主要集中在马铃薯、制种业、

[①] 李昌勤、陆铁军、郭重阳：《全面启动品牌农业发展战略是一项紧迫任务——关于盘锦市品牌农业发展情况的调查与研究》，《垦殖与稻作》2002年第5期，第11~13页。

[②] 赵德明、石庆龙：《吉、黑两省发展绿色品牌农业的研究》，《吉林特产高等专科学校学报》2004年第2期，第22~24页。

[③] 叶得明、梁海萍：《对玉门市发展品牌农业的建议》，《发展》2004年第12期，第76~77页。

[④] 石庆龙：《吉林省发展绿色品牌农业的对策研究》，《长春大学学报》（社会科学版）2006年第11期，第6~8页。

[⑤] 马建中等：《湖北省品牌农业发展现状分析与对策思考》，《中国品牌》2007年第2期，第94~97页。

[⑥] 王行靳：《区域品牌农业发展的理性思考——兼论淮安品牌农业战略配套》，《技术与市场》2007年第6期，第102页。

啤酒大麦、草业和草地畜牧业、果品业、中药材等产业上。①

(四) 品牌农业与农业产业化相互关系研究

李德立认为农业产业化的发展带来农业生产的规模化和标准化，为品牌战略的实施奠定了基础。同时，农业产业化经营的发展使我国的农产品走出了短缺时代，农产品的差异性得到体现，农产品市场竞争更为激烈，农业产业化经营实施品牌战略是其提升市场竞争力的必然选择。农业产业化经营与品牌战略都是市场经济和工业化的产物，这是二者连接的基础。农业产业化经营与品牌战略又有着内在的联系：品牌战略是推动农业产业化经营的重要手段，农业产业化是实施品牌战略的基础。② 李敏认为农业产业化经营是推动农业品牌发展的重要带动力量。大力支持农业产业化国家重点龙头企业的发展，使它们带动农村产业结构调整，促进农民增收，推进农业区域化、专业化，有效提高农业品牌的竞争力。③

三　国内外品牌农业研究评述

品牌农业较传统农业更能带来高增值，自20世纪90年代以来备受学者和业界的关注。围绕品牌农业的成长，专家、学者及业界进行了许多有益的研究，但仍有待深入。首先，国内对品牌农业的关注和研究是基于中国农产品市场出现过剩，从数量农业向质量农业转变的背景，就如何提高农产品的竞争力而展开的。从国内研究的现状看，品牌农业的研究仍处于研究的初级阶段，主要侧重于引进和消化吸收国外品牌农业的理论，如陆娟、李敏、刘志扬、白光、马国忠等的研究，还谈不上理论的创新和发展。其次，国内学者对品牌农业的研究，主要侧重于回答品牌农业是什么，如李昌勤、陆铁军、郭重阳、方中友、石庆龙、李德立、王斌等的研究，依据对品牌农业概念的理解，确定品牌农业的因素，选取相关指标进行评价，提出战略建议。多从人口学和资源禀赋的角度阐述品牌农业的成长，缺少复杂系统学和经济学意义上的理论分析，实证的统计分析和评价多于理论

---

① 王斌：《甘肃省发展品牌农业的优势及思路》，《甘肃农业》2008年第4期，第60~62页。
② 李德立：《中国农业产业化经营的品牌战略研究》，黑龙江人民出版社，2006，第126页。
③ 李敏：《中国农产品品牌发展面临的挑战与机遇》，《改革与战略》2007年第10期，第66~69页。

研究。很少有学者对品牌农业构成要素及成长性形成机理进行专门性的系统研究。最后，国外学者对品牌农业的研究，主要是从空间经济学和内生经济增长理论的角度去理解和阐述品牌农业的成长，如 Fujita、Krugman、Venables、Fujita 等的研究。从国外的研究文献看，同样缺少复杂系统学意义的理论分析，难以解释当前品牌农业发展现实中遇到的一些复杂问题：如怎样更为有效地解决公共组织支持的乏力问题，怎样摆脱传统农业生产模式的束缚问题，怎样使农业品牌结构更为合理的问题，怎样解决品牌培育与发展的理念偏差问题以及品牌效益不佳问题，等等。这一切都与当前对品牌农业的成长性形成机理研究不足以及缺乏对品牌农业的科学测评体系有密切的关联。

第三节 研究思路、方法、主要内容与创新

一 研究思路和方法

（一）研究思路

本书以科学发展观和社会主义新农村建设为指导，以现代系统理论与方法为工具，综合经济学、管理学、产业组织学和品牌经济学等多学科的研究方法，以品牌农业成长性形成机理为主线，对品牌农业进行立体多角度的研究。本书研究思路的技术线路如图 1-1 所示。

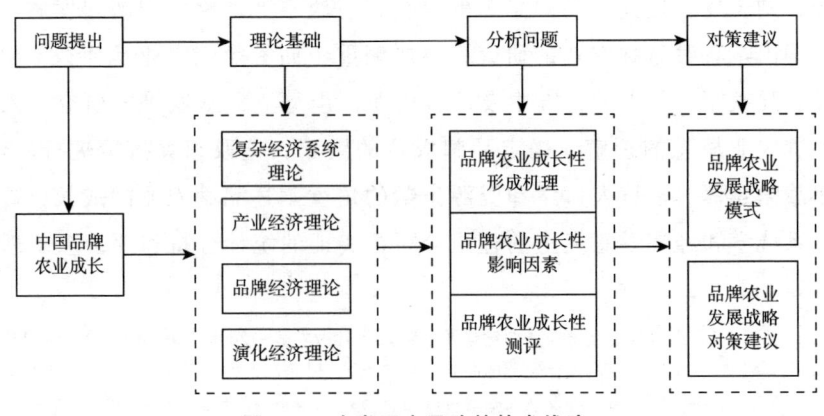

图 1-1 本书研究思路的技术线路

（二）研究方法

本书借鉴、采用了众多不同领域的成果、知识、方法和技巧，品牌农业本身是一个复杂巨系统，其本身的研究过程就是一个跨学科的综合大集成的过程，本书研究方法主要包括以下三种。

1. 复杂系统分析方法

本书将自始至终遵循复杂系统的分析思路，强调用复杂系统科学指导本书的总体布局及考察研究对象的内涵，以确保整个研究体系结构的严谨性和理论对现实指导的可操作性。在品牌农业研究中，有些只需要而且只能进行定性分析，而有些则需要且必须进行定量分析。将两者结合起来，无疑将有助于全面揭示品牌农业成长性的本质与特征，使论点更明确、论据更充分、论证更清晰。这也是复杂系统的重要研究方法。

2. 规范分析方法

针对复杂系统的特征，本书将以一定的价值判断作为出发点和落脚点，提出研究的事物"应该是什么""不该是什么"，对事物的发展结果做出"好"或"坏"、"是"或"不是"的判断。

3. 实证分析法

利用中国农业年鉴、中国统计年鉴等文献和调查所获数据，对本书所构建的模型进行实证研究，确保研究的可行性和现实运用的可操作性。

（三）研究重点与难点

依据复杂系统分析方法探索品牌农业成长性形成机理，找出品牌农业成长的动力机理、供求机理、内在本质机理和外部推动机理，研究品牌农业成长性测评指标并构建测评指标体系是本书的重点。透过品牌农业成长性形成的机理和测评的实证分析，寻求我国品牌农业发展的共性问题，分析这些共性问题对品牌农业的影响进而提出富有针对性的品牌农业发展战略措施是本研究的难点。

二　研究主要内容

本书主要的研究内容包括以下四个方面。

(一) 品牌农业的内涵及其成长性形成机理研究

主要包括品牌农业内涵的界定与分析；品牌农业成长性形成机理（包括动力机理、供求机理、内在本质机理和外部推动机理）研究；品牌农业系统动力学理论模型的构建。

(二) 品牌农业成长性影响因素研究

利用品牌农业系统动力学模型，对品牌农业系统动力学模型变量，包括社会经济发展因素、制度因素、市场因素、资本因素、成长因素、风险因素等，以及各变量增长率和阻碍率（或消耗率）之间的关联性进行深入的分析研究，并结合实证研究找出品牌农业成长过程中不同阶段的主要影响因子。

(三) 品牌农业成长性测评方法与指标体系研究

品牌农业的成长性主要依赖于品牌农业的需求力、品牌农业的投资力、品牌农业的增值力、品牌农业制度和技术的支撑力、品牌农业的风险抵抗力等。围绕这些品牌农业的一级指标构建品牌农业成长性测评指标体系；并借助网络层次分析法的基本原理和实现过程，构建品牌农业成长性指数测评模型。

(四) 中国品牌农业发展与实证研究

深入品牌农业发达地区进行调研获取品牌农业发展的相关数据与信息，并对在品牌农业中有着重要作用而又无法量化的信息进行技术处理，对构建的品牌农业相关模型进行实证分析。在此基础上提炼出品牌农业发展模式，并提出相关的建议与对策。

三 主要观点、创新与不足

(一) 主要观点

第一，品牌农业成长性系统动力学模型是提供品牌农业研究的一种新方法，品牌农业作为一个复杂系统存在其自身的发展规律；第二，品牌农业的发展问题可以借助品牌农业成长性指数测评结果进行判断；第三，品牌农业的需求力、品牌农业的投资力、品牌农业的增值力、品牌农业制度和技术的支撑力、品牌农业的风险抵抗力等五个一级指标是测评品牌农业成长的关键指标。

(二) 创新之处

其一，国内首次对品牌农业进行系统性的研究。其二，将系统动力学的研究方法引入品牌农业成长性形成机理的研究中来，通过构建品牌农业成长性系统动力学模型，为品牌农业相关决策主体提供一种便利可行的决策工具。其三，品牌农业成长性测评指标体系的构建，为相关决策主体对品牌农业成长性的判断提供一种科学、客观的分析工具，能够更好地解决品牌农业发展规划中遇到的各种复杂问题。

第二章　品牌农业成长的基础理论

　　品牌农业作为现代农业发展的一种高端模式，必有其内在的经济理论基础，深入研究品牌农业的经济理论基础，无疑将深化和加快品牌农业发展的进程。为此，在大力发展品牌农业、实施品牌农业发展战略的过程中，理应将这一社会经济实践置于经济发展的范畴之中，以加深对品牌农业组织先进性及其经济合理性的理解。

　　品牌农业是从农业发展的实践中总结和提炼出来的，目前，品牌农业的发展在全国各地取得了初步的成效。然而，因为品牌农业的经济理论研究滞后于品牌农业的实践，当前，不论是理论界还是实业界，甚至是与品牌农业发展密切相关的一些政府部门，对品牌农业的认识尚未取得一致的意见。究其始末，主要是因为对品牌农业的研究缺乏相应和必要的基础理论作为指导。由于对品牌农业在认识上还存在着差异，相当一些地区的品牌农业实践中还存在诸多的问题。比如，一些地方不顾当地的资源和市场需求的状况，盲目确立主导产业和品牌农业项目，结果给当地的经济发展造成不可估量的损失；一些地方不把农民的利益当回事，沿袭过去计划经济的做法，强行收购农产品以实现所谓的"加工增值"；还有一些地方，对品牌农业认识模糊，不是扎实地做工作，而是仅做表面文章。因此，总结国内外品牌农业发展的经验，进一步加强品牌农业经济理论基础的研究以深化对品牌农业内涵和实质的理解，进而充分发挥经济理论对品牌农业实践的指导作用是十分必要和紧迫的。

第一节　品牌农业的内涵、实质与原则

　　品牌农业是一种现代农业的高端发展模式，是发展品牌经济的一个重要领域。所谓的品牌经济是指产生于市场经济的高级发展阶段，品牌成为

市场核心资源,以不可替代的整合和领导力量,带动社会经济整体运营的一种经济现象或经济形态。① 它是工业化社会发展到一定阶段之后的产物。品牌作为一种经济现象,已不仅仅是保证品质和服务、象征身份和资产,而是成为推动社会经济发展和社会文化进步的巨大无形推力。一个企业是否拥有品牌或知名品牌,既是其经济实力大小和市场地位高低的重要标志,也是其持续发展能力高低的重要标志。一个地区、国家拥有多少知名品牌,既是其经济发展水平的象征,也是其形象和地位的象征。品牌是一个国家或企业走向国际市场的敲门砖,只有拥有过硬的品牌才能在世界经济之林立足,才能在经济全球化和区域一体化进程不断加快、市场竞争日益激烈的环境中立于不败之地。以品牌去运作我国农业,大力发展品牌农业,打造国内国际名牌农产品,其宗旨就是要让我国彻底改变农业发展的落后面貌,让我国的农产品走出国门,参与全球的竞争,为广大农民带来更多的实惠。正如李秉龙教授所言:"在名牌农产品的基础上,以名牌企业为核心,以名牌企业间的产业联系为纽带,会产生出以名牌农产品为特色的经济——名牌经济,进而成长为该地区的支柱产业,带动一方农业经济走向繁荣。"②

一 品牌农业的内涵

品牌农业是一个较新的概念,目前专门深入研究品牌农业内涵与实质的文献甚少。如前面一章提到的罗德鉴,干经天、李莉莎、张国庆等的研究。藤田昌久、林德荣、姚冠新等、汪娟等从不同的角度对品牌农业的内涵进行了界定,应该说这些研究对我们加深对品牌农业的理解无疑是有帮助的,是令人满意的。但也存在着一定的局限性:一是在品牌农业资源整合方面的研究基本都集中在具体的整合内容和方法上;二是品牌农业发展的前提——品牌农业制度安排的研究比较缺乏;三是对品牌农业本质特征的研究比较缺乏,没有围绕品牌农业本质而提出一个系统的研究。值得注意的是,品牌农业的发展不仅仅是品牌农业主体和社会对品牌农业资源进

---

① 王成荣:《品牌价值论》,中国人民大学出版社,2008,第2页。
② 李秉龙:《农产品名牌的塑造与其市场竞争力的提高》,《河北职业技术师范学院学报》(社会科学版)2002年第1期,第8~11页。

行优化组合的问题，更重要的是为了实现农业发展方式的根本性转变。在当今的经济社会中，品牌农业的发展，不论从何种角度，都不能忘记关键的一点：发展品牌农业应有合理的制度安排作为前提，并利用现代的农业科学技术作为其强有力的支撑。只有这样，品牌农业的主体才能使品牌农业资源（包括内生性资源和外生性资源）高效率运作，真正形成以农产品品牌核心价值为主要目标的品牌农业运作。

为此本研究将品牌农业定义为：品牌农业是依据市场导向，在科学合理的制度安排下，借助现代农业科技的力量，以农产品差异化和区域特色为重点，通过农产品品牌的培育与锻造，以产业链的延伸为运作模式，具有完整标准体系和为客户提供增值农产品及良好服务的新型农业。这一定义能较为全面地说明当前及今后品牌农业发展的主题与趋势，反映品牌农业发展的本质特征。

"在科学合理的制度安排下，借助现代农业的科技力量"说明品牌农业发展和成长的制度基础和知识技能基础。

"以农产品差异化和区域特色为重点，通过农产品品牌的培育与锻造，以产业链的延伸为运作模式"说明品牌农业的发展必须以区域特色农业资源为依托，只有正确识别区域特色农业资源，并因势利导地培育和锻造其品牌，努力将其产业链从农业领域向生产领域、商业领域及中介服务领域延伸，实现"贸工农"一体化运作，强化各领域之间的分工与协作，才能使品牌农业的运作更为有效。也只有富有特色的农产品才能不断满足人们对农产品个性化、多样化的需求。

"具有完整标准体系和为客户提供增值农产品及良好服务"说明发展品牌农业必须以优质的农产品及服务去满足市场的需要，不论是农产品的生产品质，还是其服务品质的提高，都必须建立在完整的标准体系之上，唯有如此，其品质才有保障。

综上所述，品牌农业发展的本质是根本转变农业的发展方式，实现传统农业以数量为特征向以质量和信用为特征的农业发展方式的转变，是农业发展中一种全面彻底的变革。

二 品牌农业的特性

品牌农业系统是一个复杂系统，影响品牌农业的发展因素极为复杂。

依据复杂系统的方法分析，品牌农业作为一个非均衡状态的开放系统，要使其系统高效率运行，必须保证系统内部诸要素之间、系统内部诸要素与系统环境之间存在高效率的运行及有效联结，如农业内部各部门之间，农业与工业、服务业之间，政府与农业企业、农户之间都必须实现协同关系。从这一意义上讲，品牌农业具有以下特性。

（一）品牌农业的经济特性

品牌农业的经济特性是指其产品或服务的品牌化过程是不断提高农业劳动生产率、土地生产率和综合农业生产率的过程。

品牌农业的经济特性又可以分为效率特性和效益特性两个方面：品牌农业的效率特性包括资源配置效率、管理效率和结构的变动效率；品牌农业的效益特性则包括农民（农户）、集体和国家共享的社会效益、经济效益和生态效益。品牌农业系统作为一种投入产出系统，投入及产出的高效率是其维持发展的基本条件。其中最为关键的是品牌农业资源配置的高效率，不同国家或地区虽然发展品牌农业的路径不尽相同，但其高效率的资源配置是一致的。正如美国的拉坦和日本的速水佑次郎在研究美国和日本品牌农业成功经验时发现：尽管美日农业品牌化道路不同，但资源配置高效率的经济原理是一致的。劳动力是美国农业发展的制约因素，而日本的制约因素则是土地，因此，美国选择以机械化为主的农业发展道路提高农业资源的总体利用水平，日本则采取培育良种，科学使用化肥和优化、完善水利建设，增加土地的有效供给等与土地短缺密切相关的措施来提高其农业资源的综合利用能力。

（二）品牌农业的制度特性

品牌农业的制度特性指的是，品牌农业的发展要有科学、合理的制度安排和创新作为保障。

科学、合理的制度安排是影响品牌农业发展进程的重要因素，是品牌农业内部与外部环境之间有效进行能量和信息交换的纽带和中枢。就其内部而言，要实现品牌农业从无序到有序的发展，必然要有科学、合理的制度安排作为保障，这种制度保障的关键是品牌农业利益主体之间合理的利益分配。只有合理的利益分配才能充分调动品牌农业经营主体的积极性、主动性和创造性。就其外部而言，品牌农业的发展与农业、农民、农村及整个国民经济的发展都有密切的关联。为此，必须要有科学、合理的制度安排，协调各个行业、产业、各部门和各阶层之间的利益关系，才能实现品牌农业整体利益的最优化。

制度的创新是实现品牌农业科学、合理的基本手段。我国是一个人多地少、农户分散经营、土地要素市场缺失、市场经济体制不够完善的国家，在这样一种情况下，要想发展品牌农业，其制度创新的重点应放在以下几个领域：一是应尽快完善现代市场经济制度以实现高效率的资源配置；二是应适当完善政府干预制度以克服市场调节的盲目性和波动性；三是应尽快构建和完善品牌农业发展中的土地流转制度以克服和消除土地使用权分散导致的规模效益低下对品牌农业的消极影响；四是应尽快完善与农业发展密切相关的法律制度以促进农业经营主体和相关产业的企业通过合同、契约结成一体化的经营组织，通过产销服、贸工农各领域的有机结合，降低市场交易成本，促进品牌农业发展的系列化效应，提升品牌农业的大规模组织优势。

（三）品牌农业的技术特性

品牌农业的技术特性指的是品牌农业的发展离不开农业科学技术的不断进步与创新。现代农业和传统精耕细作的农业有很大的不同，随着生物、化学、物理、气象、地理、信息等学科研究的不断进步，这些成果被广泛应用于农业领域，加之现代工业提供的先进技术装备，使得传统落后的以劳动集约为主的农业向以技术集约、资本集约的现代农业转变。

每一次科学技术的进步都对品牌农业内容的改变产生极大的影响，导致品牌农业的大变革，产生新的农业革命，如石油农业、生态农业和生物技术对世界品牌农业产品品牌化的影响。但不同国家或地区存在农业资源禀赋的差异，这决定了其品牌农业产品品牌化的技术结构亦存在差异性。从品牌农业的形成阶段看，品牌农业的技术结构主要存在机械技术为主结构型、生物技术为主结构型及生物和机械技术结合结构型三种。机械技术为主结构型的品牌农业主要存在于地多人少及劳动力缺乏的国家或地区，如美国；生物技术为主结构型的品牌农业则主要存在于人多地少，人均土地资源较少的国家或地区，如日本；随着城镇化进程的加快、世界人口的不断增加及生产力水平的不断提高，不同的国家或地区将越来越多地选择生物和机械技术结合结构型的品牌农业技术发展路径，品牌农业技术的选择越来越表现为与现代科学技术发展趋势的趋同。

（四）品牌农业的可持续发展特性

品牌农业的可持续发展特性指的是品牌农业发展的持久特征。这种特性从物理学定义可解释为农业经济系统在受到外界较大的干扰时仍能维持其自身发展的能力。品牌农业作为现代农业的高级发展模式或形态，其基本要求是社会可接受、技术合理、生态健全，其与石油农业和无机农业是不可替代的，而后者是实现前者的基本途径。品牌农业之所以可以持续发展，主要依据有三：一是持续增加的物质要素投入是品牌农业持续发展的物质基础。依据投入产出的规律，在一定技术条件下，投入的持续性决定其产出的持续性。品牌农业是现代农业的方向所在和国家基础产业的重要战略，这决定品牌农业在其发展过程中，将不断地增加物质要素的投入，这种投入必然促进其持续地产出。二是品牌农业发展进程中的技术进步和创新为其自身的持续发展提供了基本动力。三是从世界到国内越来越重视环境的建设，农业环境的不断完善为品牌农业的发展创造了有利的外部发展条件。

（五）品牌农业的系统特性

农业现代化不仅包括农业生产条件的现代化、农业生产技术的现代化和农业生产组织管理的现代化，同时也包括资源配置方式的优化，以及与之相适应的制度安排。因此，在推进农业现代化的过程中，我们不但要重视"硬件"建设，也要重视"软件"建设，特别是农业现代化必须与农业产业化、农村工业化相协调，与农地制度改革、农业社会化服务体系建设以及市场经济体制建设相配套。如果忽视"软件"建设，"硬件"建设将无法顺利实施，"硬件"也无法发挥应有的作用。农业现代化是一个复杂的系统工程，它是国民经济和社会文化现代化的组成部分，它随着社会经济现代化的进步而发展，所以还必须和农村现代化同步进行。

（六）品牌农业的区域性

农业活动是在广阔的土地上展开的，世界各地地貌、地势、土壤、植被和气候等自然因素以及人口、经济、社会文化、交通、市场、政策等人文因素的差异，致使农业具有非常强的区域特性，不同地域之间，上述这些因素差异大则品牌农业的差异也大，差异小则品牌农业的差异也小。积极发展品牌农业，实现农业现代化需要向先进国家学习，但由于农业生产具有地域性，各国的资源禀赋、文化禀赋、技术和制度、社会环境不同，从国外引进现代化生产要素和技术时必须与自身的实际情况结合加以改造，以适应本国农业生产的实际。

（七）品牌农业的动态性

品牌农业作为现代农业的一种高级发展模式，是一个相对的概念，其内涵将随着经济、社会及技术等的进步而发生变化，即不同时期品牌农业的内涵也不尽相同，因此，作为动态历史进程的品牌农业只能有阶段性的目标而无最终目标，不同时期应当选择不同的阶段目标，在不同的国民经济水平层面上也应有不同的表现形式与特征。从农业发达国家品牌农业所走过的历程看，一般品牌农业可以划分成准备阶段、起步阶段、初步实现阶段、基本实现阶段和发达阶段。一个国家、地区或民族要想推进品牌农业的进程，必须明确自身所处的社会发展与农业发展的阶段，唯有如此才能正确制定现代品牌农业的建设方案。

第二节 品牌农业的相关理论基础

一 复杂经济系统理论

（一）经济系统的复杂性

近 20 年来，关于复杂性的研究受到越来越多学科领域的专家和学者以及企业界的关注。随着科学技术的不断发展和进步，自 20 世纪 30 年代以来，人们逐渐认识到系统运行的整体功能要远大于其各组成部分功能之和。

系统具有明显的层次结构和功能结构,系统总是处在不断的发展变化之中,系统经常与其外部环境进行着物质、信息和能量的交换,系统在远离平衡的状态下也可以稳定(自适应组织),确定性的系统有其内在的随机性(混沌),而随机性的系统又有其内在的确定性(突现)。围绕这一问题,系统论、信息论、控制论、相变论、耗散结构论、突变论、协同论、混沌论、超循环论等科学理论相继诞生,这种趋势使许多科学家感到困惑,也促使一些有远见的科学家开始思考并探索新的道路。复杂系统和系统的复杂性就是在这样的背景下提出的。[①]

关于复杂性的概念,至今说法众多,"仁者见仁、智者见智",Loyd 在 1995 年统计了 30 多种不同学者给出的复杂性定义,[②] 而且可以发现,相当多的人把复杂性科学等同于非线性科学、把复杂性等同于非线性对复杂系统进行研究。针对复杂性,我国著名科学家钱学森先生指出,它是开放的复杂巨系统的动力学特征,复杂性问题是开放的复杂巨系统的动力学或开放的复杂巨系统的问题,在自然界,真正普适的、起作用的是开放的复杂巨系统。[③] 作为经济学研究对象的社会生产过程是一个异常复杂的社会系统,在现代社会中,任何经济过程或经济现象都会受到来自其他经济因素或过程的影响,绝不会孤立地发生和存在,也就是说各种经济过程或经济活动构成了一个有机的整体,一个复杂的巨系统,这便是经济系统。经济系统是一个复杂的系统。[④] 复杂经济系统是一个有人参与的多变量、多层次、多状态的动态系统。[⑤] 经济系统之所以复杂主要是因为以下几个方面。

一是经济系统每一特定层的单元都是构造上层单元的一个"生成模块",不同层次之间存在各种不规则的交互,[⑥] 经济系统具有分层的组织与交互结构。

[①] 成思危:《复杂科学与管理》,《中国科学院院刊》1999 年第 3 期,第 175~183 页。
[②] 张焘:《复杂性研究——当代科学重大变革的重要标志》,载成思危主编《复杂性科学探索(论文集)》,民主与建设出版社,1999,第 46 页。
[③] 钱学森、于景元、戴汝为:《一个科学新领域——开放的复杂巨系统及其方法论》,《自然杂志》1990 年第 1 期,第 3~10 页。
[④] 霍再强:《经济系统的复杂性探讨》,《商业经济研究》2010 年第 8 期,第 4~5 页。
[⑤] 林润辉、张世英、郑丕谔:《复杂经济系统集成调控思想、方法与应用》,《南开管理评论》1999 年第 3 期,第 49~52 页。
[⑥] W. Brian Arthur, "Complexity in Economic and Financial Markets," *Complexity*, 1995, 1 (1): 489-494.

二是诸多独立单元并行交互的结果决定着经济系统的总体发展方向，每个单元的行为和决策又依赖于其自身的状态和一些有限的、相关单元的行为。①

三是经济系统具有自适应性，每个生成模块能够随系统经验的增加，不断被重新组合和改造。②

四是各种政治因素、人为因素、随机因素和偶然事件对经济系统存在着影响和干预。③ 尤其是人的参与，使得经济系统更为复杂。

（二）复杂经济系统与社会系统动力学

任何社会经济系统都是动态的复杂系统，信息多得使人无法全部吸收，事物之间的相互依存关系空前复杂。④ 复杂经济系统一般而言具有遵循因果规律、多重反馈、存在反直观性、非线性较强、存在时滞/延迟效应、惯性较大、不适合直接做实验、因果有时在空间上分离等特征。经济系统作为一种动态的复杂系统，以上的这些特征使得其变化微妙，只有人们在扩大的时空范围内深入考究时，才能辨析其整体运作的特性。这种系统的微妙之处还在于，有时改变一个小小的局部决策，却常常导致看似不相关的其他部分产生巨大的变化（蝴蝶效应）。对于这样复杂的系统，如果不能有效洞察其运行规律，那么置身其中处理问题时，往往会反受其愚弄而变得无知。为此，用恰当的理论和方法去识别就显得格外重要，社会系统动力学便是一种研究和解决复杂系统的有效理论和方法。社会系统动力学中的因果关系可以帮助我们以尽可能简单的方式识别复杂系统，其流图可以帮助我们建立系统结构的整体框架，而其方程则可以让我们从细节上研究要素之间的定量关系，同时又不脱离系统整体，此外社会系统动力学提供的仿真平台还可以帮助我们摆脱抽象和复杂的数学推导而更为直观形象地利用

---

① Tan Yue-jin, Tan Yue-xong, "A Spatial Dynamic Modeling of Complex Economic System," *Systems Engineering-Theory & Practice*, 1997 (10): 9-13.
② 林润辉、张世英、郑丕谔：《复杂经济系统集成调控思想、方法与应用》，《南开管理评论》1999 年第 3 期，第 49~52 页。
③ 杨波、徐升华：《复杂系统多智能体建模的博弈进化仿真》，《计算机工程与应用》2009 年第 23 期，第 6~8、14 页。
④ 李旭：《社会系统动力学：政策研究的原理、方法和应用》，复旦大学出版社，2009，第 11 页。

计算机进行仿真分析。

用社会系统动力学研究和解决复杂经济系统的意义在于：一是可以通过系统动力学提供结构化的思考方法，平行考虑影响经济系统的各种因素，并选择适合的全面视角以照顾细节的相应层次；二是社会系统动力学作为一种用以捕获当前已经处理好的复杂问题的图示化方法，是一种有效的人际交流工具，能够保证我们所在的群体通过这一工具共同分析和认识复杂系统的结构和特性；三是社会系统动力学最终解决问题的办法是对复杂系统进行计算机仿真，这种仿真可以使对系统的假设降到最低，为我们提供一种切实可行的政策实验工具，以便在最终做出决定之前用其对当前行动、决策或政策的后果进行模拟，为未来行动、决策的准确性提供一种切实可行的保障。品牌农业是农业经济系统的重要组成部分，品牌农业系统的成长同样具有复杂性特征，是一种极为复杂的经济系统，因此，社会系统动力学同样适合品牌农业系统问题的解决。

二 产业经济理论

产业经济理论的基本内容包括产业结构理论、产业关联理论及产业组织理论三个方面。

（一）产业结构理论

产业结构理论的思想渊源可以追溯到 17 世纪威廉·配第发现造成世界各国国民收入水平的差异和经济发展的不同阶段的关键原因是产业结构的不同。他于 1672 年出版的《政治算术》就通过考察得出结论：工业比农业收入多，商业又比工业的收入多，即工业比农业、商业比工业附加值高。时至今日，关于产业结构理论的研究成果非常丰富。但归结起来，产业结构理论主要是以经济发展之动态眼光，以较粗的产业分类为基础，积极寻求产业结构演变的一般规律，进而为国家或地区的经济发展战略提供决策依据。从产业结构的层次看，随着农业科学技术的发展和进步，在农业生产的各个环节，原本属于农业的诸多生产职能逐渐从农业中分离出来。围绕农业产业，在农业的产前、产中及产后形成了一些独立的农业产业部门。[1]

---

[1] 蔺全录、王翠琳：《特色农产品产业化经营》，中国社会科学出版社，2008，第 59~60 页。

(二) 产业关联理论

产业关联理论是以产业部门之间的关系结构为研究对象，研究各部门之间一定的技术经济关联所发生的投入与产出的量化关系。这些主要由里昂惕夫的投入产出法解决。从产业关联的层面上看，在农业产业分化的同时，农业与农业关联产业之间的经济联系变得越来越密切，其相互依赖越来越强。一方面，农业已由原来独立的生产部门转变为无法离开现代工业、服务业而独立存在的部门。现代农业中所使用的各种农业生产资料，诸如种子、化肥、饲料、农药等，不经工业加工或工业提供的变得越来越少；工业及服务业提供的各种产品、服务与技术越来越多地深入到农业生产过程的各个环节与阶段。另一方面，农业关联产业也越来越离不开农业，对农业的依赖性日益增强。农业既是农业生产资料提供者的销售市场，也是农产品加工部门的原材料提供者。食品和以农产品为原材料的制成品成为农业及其关联产业的共同产物。农业及其关联产业之间，不仅在人、财、物等资源上存在一般意义上的经济联系，而且在生产技术上存在着越来越密切的投入与产出关系。这在客观上要求农业及其关联产业必须本着分工与协作的基础按一定的比例关系协调发展，唯有如此，才能保证农业及其关联产业之间高效率的投入产出关系。

产业关联理论的模型经历了由静态向动态发展、最优化发展和研究深化三个阶段。早期的产业关联理论模型涉及的数学方法是线性代数，只是一种静态的模型，无法解决动态问题，1970 年里昂惕夫发表了《动态求逆》的著名论文，研究了以差分方程组的形式表达的动态模型。[①] 随后原联邦德国学者彼得·卡尔门巴克（Peter Kalmbach）和奥地利学者海因茨·D. 库尔茨（Heinz D. Kurz）提出了变系数动态投入产出模型，芬兰学者阿哈马瓦若（Pirkko Aufin Ahmavarra）研究了包括人力资本的动态投入产出模型。1987 年 8 月我国学者完成了辽宁动态投入产出模型研制与应用。从产业关联理论模型的发展来看，动态的投入产出分析实际上给出了一种经济增长模型。在新增长理论兴起后，有学者把动态投入产出模型转换为线性内生增长模型；

---

① 丰志培、刘志迎：《产业关联理论的历史演变及评述》，《温州大学学报》2005 年第 1 期，第 51~56 页。

线性规划产生后，原本不具有"最优"理念的产业关联理论模型朝着优化方向发展。日本学者筑井甚吉就建立了将动态投入产出模型和动态线性规划连接的应用模型，而多夫曼（R. Dorfman）、萨缪尔森（Samuelson）和索洛（R. M. Solow）结合线性规划对投入产出结构进行动态分析，提出了所谓"大道定理"。[①] 之后众多的专家和学者对产业关联理论模型进行了深入研究，如我国学者陈锡康等提出了非线性实物模型，[②] 刘起运则提出了对称模型，[③] 中国科学院数量与技术经济所张守一等研究员研制了嵌入式投入产出表及模型，并进行了优化，用于分析部门最优结构对国民经济其他部门的影响和效益，[④] 系统科学所薛新伟等研究员还提出了"灰色投入产出理论"，[⑤] 姜照华等还将神经网络理论引入投入产出分析，[⑥] 并有学者将对策论和随机研究引入投入产出分析等。

（三）产业组织理论

产业组织理论（Industrial Organization）主要研究在不完全竞争条件下的企业行为和市场构造，是微观经济学中的一个重要分支，是研究产业内企业关系结构的状况、性质及其发展规律的应用经济理论。产业组织理论由美国经济学家梅森（Edward S. Mason）和乔·贝恩（J. Bain）创立，其理论渊源可追溯到马歇尔的经济理论。现代产业组织理论的三个基本范畴包括市场结构、市场行为和市场绩效（SCP 范式）。其核心理论问题是在保护市场机制竞争活力的同时充分利用"规模经济"，即某一产业的产业组织性质是否能够保证该产业内的企业有足够的竞争压力以改善经营、提高技术、降

[①] 唐敏：《信息产业与经济增长：基于产业关联理论的研究》，《华商》2008 年第 18 期，第 15~16 页。

[②] 陈锡康、薛新伟：《一类非线性实物型投入产出模型及其在经济工作中的应用》，《中国经济问题》1981 年第 1 期，第 6 页。

[③] 刘起运：《投入产出对称数学模型的建立和应用》，《数量经济技术经济研究》1986 年第 4 期，第 34~41 页。

[④] 张守一、葛新权：《嵌入式部门投入产出优化模型》，《数量经济技术经济研究》1988 年第 12 期，第 34~41 页。

[⑤] 薛新伟、王冬：《灰色投入产出理论及模型方法初探》，《系统工程理论与实践》1997 年第 1 期，第 56~62 页。

[⑥] 姜照华、高景海：《中试基地建设与科技成果转化的新机制》，《自然辩证法研究》1996 年第 4 期，第 24~29 页。

低成本；是否充分利用规模经济使该产业的单位成本处于最低水平。

产业组织形式是随着不同时期社会、经济及技术等发展变化而演化的，农业及其关联产业实现经济联系的组织形式也是如此。从农业组织的变化看，起初，农业企业（农户）与有关的工商企业、服务企业之间主要是以市场为媒介发生一般的商品买卖关系，随后，他们之间开始签订短期、不固定的经济契约（合同），建立比较松散的经营联系；进而为了节省交易成本（交易费用），获取规模经济效益，它们之间开始签订长期、固定的经济契约，建立起一种稳定而牢固的经营联系，结成经济利益共同体；最后还产生一定的组织联系走向组织一体化的运作。

三　品牌经济理论

（一）品牌经济的内涵与特征

品牌经济是工业化发展到一定程度以后所产生的中心经济现象或形态。品牌经济作为一种新的经济现象或形态，其象征的不仅仅是身份、资产、品质和服务的范畴，而是一种推动社会经济发展和文化进步的巨大无形力量。王永龙认为品牌经济是以市场为导向、以品牌为基础、以企业为主体、以品牌经营为核心的一种经济形态。[①] 冯蕾音、钱天放认为品牌经济是以品牌为核心，整合各种经济要素，带动经济整体营运的一种经济形态。它是企业经营的高级形态，也是市场经济高级阶段形态，是一种高度的经济文明。[②] 王成荣认为品牌经济是产生于市场经营高级发展阶段，品牌成为市场的核心资源，以不可替代的整合与引导力量，带动社会经济整体运营的一种经济现象或经济形态。[③]

（二）品牌的本质属性与核心价值

1. 品牌的本质属性

品牌具有两重性，一方面是它的自然属性，是指其能最大限度地满足

[①] 王永龙：《论企业品牌意识与品牌定位的互动性》，《福建师范大学学报》（哲学社会科学版）2003 年第 4 期，第 6 页。

[②] 冯蕾音、钱天放：《品牌经济的产生、构成、性质——内涵式释义》，《山东经济》2004 年第 6 期。

[③] 王成荣：《品牌价值论》，中国人民大学出版社，2008，第 48 页。

人们生产生活上的物质需求，如精湛的设计、超群的质量、考究的包装等；另一方面是其社会属性，以及其表现出的复杂经济关系，这种经济关系是品牌的本质属性。[1] 品牌所反映的经济关系主要表现在六个方面：一是品牌生产过程中生产者之间及劳动者之间的高度协作关系；二是品牌营销过程中制造商与经销商之间的互利互惠关系；三是品牌在发展中与同行对手的竞争关系；四是在品牌营销中企业与顾客之间的高度信赖关系；五是品牌在发展中与银行之间的信任关系；六是品牌在生产、营销和传播过程中与社会之间的奉献关系。[2]

2. 品牌的核心价值

品牌的本质是关系，而维护这种关系的就是品牌的核心价值。[3] 所谓"品牌核心价值"，是指一个品牌承诺并兑现给消费者的最主要、最具差异性与持续性的理性价值、感性价值或象征性价值，它是一个品牌最中心、最独一无二、最不具时间性的要素。[4] 品牌的核心价值是一切资产的来源，这是因为其是驱动消费者认同一个品牌的主要力量。

品牌核心价值是品牌的精髓，也是品牌一切资产的源泉，因为它是驱动消费者认同、喜欢乃至爱上一个品牌的主要力量。品牌核心价值是在消费者与企业的互动下形成的，所以它必须被企业内部认同，同时经过市场检验并被市场认可。品牌核心价值还是品牌延伸的关键。如果延伸的领域超越了核心价值所允许的空间范围，就会对品牌构成危害。

当前准确定位并全力宣扬和维护品牌的核心价值已经成为品牌经济时代的共识，是否拥有品牌的核心价值也成为企业、地区乃至国家经营是否成功的重要标志。如万宝路的品牌核心价值是"牛仔形象"，而劳斯莱斯的品牌核心价值则是"贵族风范"。

（三）品牌信誉

品牌信誉是社会公众及消费者对一个品牌信任度的认知和评价，品牌信

---

[1] 刘仲康：《关于名牌理论的探索》，《中国名牌》1997年第4期，第86~88页。郑明身：《名牌战略浅析》，《包装与设计》1997年第2期，第2页。
[2] 王成荣：《品牌价值论》，中国人民大学出版社，2008，第49~50页。
[3] 王成荣：《品牌价值论》，中国人民大学出版社，2008，第49~50页。
[4] 黄云生：《如何打造品牌的核心价值？》，《经理人》2005年第11期，第83页。

誉是维护顾客品牌忠诚度的前提，也是品牌维持其魅力的法宝。顾客对某一品牌是否具有忠诚度（不论是情感忠诚度还是行为忠诚度）要以满足顾客的需求为前提。品牌是通过其信誉来影响目标顾客的选择行为的，品牌信誉的形成涉及因素众多，包括规模、历史、功能、价格、服务、质量、共鸣、渠道、促销、团队等，[①] 品牌的信誉可以看作上述这些因子的函数：

$$B_e = \beta_1 C_1 \lambda_1 \times \beta_2 C_2 \lambda_2 \times \cdots \times \beta_n C_n \lambda_n = \Pi \beta_i C_i \lambda_i$$

其中，B_e 代表品牌信誉度，β_i 代表品牌认同感系数（考虑到人们对每一个具体品牌的实际选购行为只有买与不买，故认同感系数也只有两种情况：认同，则 $\beta = 1$，不认同，则 $\beta = 0$），C_i 代表品牌信誉因子，λ_i 是目标顾客对某个信任因子的权重，即偏好系数，可以通过层次分析法对目标顾客品牌信任因子的权重进行测量，以获取不同目标顾客的偏好系数。

（四）品牌成长规律

不管是哪一类品牌，如果抽象它们具体的特征，都有着共同的成长规律。品牌的成长过程受到来自市场和科技进步等多方面因素的影响，也取决于品牌设计者与生产者的素质以及文化的投入和管理水平。[②] 品牌成长规律如图 2-1 所示。

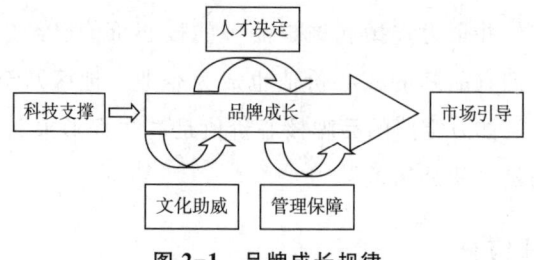

图 2-1 品牌成长规律

1. 品牌成长的市场引导规律

品牌是市场经济的产物，品牌的成长离不开市场的引导。首先，品牌

[①] 孙日瑶：《品牌经济学》，经济科学出版社，2005，第 32 页。
[②] 王成荣：《品牌价值论》，中国人民大学出版社，2008，第 59~69 页。

是在市场需求中产生的。众多研究表明：消费者的层次高低与品牌的成熟度成正比。只有当消费者的消费水平达到一定层次之后，才会对产品质量、功能、款式、包装、服务等提出更高的要求，品牌就是在这种基础上产生的。按国际通用的划分标准，当人均 GDP 在 500 美元以下时，此时的需求结构为生存型需求结构。当人均 GDP 在 500 美元至 1000 美元之间时，则为温饱型需求结构。处在以上两种需求结构的时代，品牌很难被市场认可，人们更多关注的是产品的经济实惠、物美价廉。当人均 GDP 达到 1000 美元至 3000 美元之间时，此时的需求结构为小康型需求结构，品牌需求呈现快速增长的趋势。当人均 GDP 超过 3000 美元时，消费者的需求结构为富裕型需求结构。此时品牌的发展步入旺盛并逐渐走向成熟。其次，品牌是在竞争中成长的。"优胜劣汰"是市场经济的不二法则，只有优质、新颖、奇异、感动人的品牌才能在市场竞争中获取优势，立于不败之地。最后，品牌必须依靠有力的营销和传播才能获得发展，在小康型需求结构和富裕型需求结构的消费时代，"酒香不怕巷子深"的观念是行不通的，取而代之的是"酒香也怕巷子深"。好的产品还必须有好的营销和传播手段才能获取好的市场，这就要求品牌经营者必须对品牌进行准确定位，找到特定的目标市场，并利用差异化信息对品牌进行精准的传播，以适应消费者情感价值和社会价值的需求。

2. 品牌成长的科技支撑规律

现代品牌是人类智慧和科学技术的结晶。只有以科技为先导，品牌才能顺利成长。这主要是因为：其一，科学技术含量的高低往往决定产品或服务品质的高低。拥有卓越品质的品牌在根本上是依靠科技支撑的，如吉列剃须刀获得 23 项世界专利技术，被誉为"面颊上的革命"。这说明品牌的科学技术特征。其二，科技含量的高低决定品牌寿命的长短。有些品牌历经百年、长盛不衰，主要是靠科技支撑，诞生于 1802 年的美国杜邦公司，如今在全球 70 个国家有其经营业务，共有员工 79000 多人。其拥有 7000 多名的化学家和工程师队伍，其中具有博士学位的超过 5000 人，实验站拥有几十幢大楼，每年耗资数十亿美元进行科技研发，这便是一个很好的说明。其三，科技含量的高低往往决定品牌的增值力。随着科学技术的不断发展与进步，新的技术不断涌现，产品的生命周期也变得越来越短，市场竞争也变得越来越激烈。在这种情况下，品牌要想推陈出新，保持自身的市地位，最为根本的还是要依靠科技的支撑，科技含量大的品牌一般而言要比科技含量小的品牌更能为消费者带来增值。德国西门子将每年销售额的11%——上百亿德国马克用于技术革新，拥有48000多人的研发队伍，每年2万项次的技术发明，正是这些科技的投入，使得西门子品牌不断增值。仅在中国，西门子2019财年（2018年10月1日至2019年9月30日）总营收达到84亿欧元，拥有超过3.5万名员工。截至2019财年，西门子在中国拥有21个研发中心，超过5000名研发和工程人员，以及约13200项有效专利及专利申请。[①]

3. 品牌成长的人才决定规律

代表着高品质、高性能、高科技、高文化、高价值的品牌归根结底是人创造出来的。品牌是现代文明社会的一面镜子，其所折射出来的是品牌经营主体所蕴含的品德、智慧与情感，是品牌经营者人生观、价值观的体现，也是优秀品牌团队精神的折射。一个优秀的品牌如果没有优秀的人才是很难成功的，因此，人才决定品牌的成长。我们很难想象，如果没有优秀的企业家，高素质的科技人才和员工队伍、品牌团队，该怎样成就卓越的品牌。

4. 品牌成长的管理保障规律

卓绝的管理成就卓绝的品牌，管理对品牌成长具有重要的保障作用。建立以客户为本的质量管理模式是创造卓绝品牌的基本要求。从国内外众多知名品牌成长的成功经验看，他们都非常注重对品质的管理。全过程质量管理、零缺陷质量管理、以客户为中心的质量管理、面向全社会的质量管理等理论及质量管理模式的产生，正是对品质管理高度重视的结果，这些卓绝的质量管理，造就了卓绝的品质，进而成就了卓绝的品牌。

5. 品牌成长的文化助威规律

品牌的一半是文化，品牌是由一定的文化精神铸就的。大凡知名的品牌都具有一些共性的文化精神，如民族精神与爱国精神、人本精神与人性化精神、竞争进取精神、审美精神等，是这些精神赋予了产品或服务品牌特有的生命基因，使其在激烈的市场竞争中得以基业长青。

---

① 《西门子研发在中国》，西门子官网，https://new.siemens.com/cn/zh/company/about/research.html，最后访问日期：2021年7月1日。

四 演化经济理论

演化经济学是借鉴生物进化的思想方法以及自然科学领路的相关成果研究经济现象与行为演变规律的一门学科。演化经济学将技术变迁看作众多经济现象背后的根本力量,演化经济学以技术变迁和制度变迁为核心研究对象,以动态、演化的理念来分析和理解经济系统的运行与发展。[1]

(一)技术变迁的演化理论

人类社会自从进入工业文明以来,一国或地区的技术水平成为解释"国富国穷"的关键性因素之一。从亚当·斯密分工与技术的讨论开始,之后两百多年,一大批经济学家孜孜以求研究经济与技术变迁的关系。诸多研究表明产业的成长与其产业技术的变迁有着密切的联系。关于技术变迁的产业演化,纳尔逊和温特认为:第一,在一定制度环境下,如果企业发现较好的技术并使用,随着时间的推移,生产率水平上升,单位成本下降,这将引起产业总产值上升,价格下降。在这一过程中,能够成功地跟踪新技术获利的企业实现扩张和增长。第二,在一个产业里,R&D 和生产率增长之间的关系可能取决于该产业技术进步的特点,特别是取决于是否有一系列外生的创新机会,并取决于产业的技术变化是否具有累积性。第三,进行创新性研究和开发的企业,在同有技巧的模仿者竞争中,有输掉的可能。第四,技术进步迅速的产业应当以 R&D 的高密集程度为标志,而在该产业成熟时,其产业集中度要比技术进步慢的产业集中度高。第五,产业初始集中度对产业生产效率的影响机制主要表现在产业最高生产率和平均生产率之间的差距。如果产业资本较为分散,则最高生产率和平均生产率的差距就大,反之亦然。[2]

演化经济学认为,技术的产生和发展及相关产业的演化是在市场竞争过程中展开的,其演化的动力是多样化的产生及选择机制。技术竞争力的重要体现是在技术适应市场的能力、设置配置的潜力而非其固定效率。市场需求和价格结构既引导创新活动又施加选择的压力。产业内企业的规模

---

[1] 盛昭瀚、蒋德鹏:《演化经济学》,上海三联书店,2002,第 11~15 页。
[2] 盛昭瀚、蒋德鹏:《演化经济学》,上海三联书店,2002,第 73~117 页。

和数目以及不同惯例的扩散都是技术演化过程的结果。技术变迁包括诱致性变迁和强制性变迁，发达国家的技术变迁一般是诱致性变迁，而后发国家要想获得进步，一般应进行强制性变迁。

（二）制度变迁的演化理论

所谓的制度变迁是指一种制度框架的创新和被打破。制度变迁理论（Institution Change Theory）产生于20世纪70年代前后，旨在解释制度因素是经济增长的关键因素之一。经济学意义上的制度是指"一系列被制定出来的规则，服从程序和道德、伦理的行为规范"，诺斯将其称为"制度安排"，是支配经济单位之间可能合作与竞争的方式的一种安排。制度安排的目的在于使其成员的合作获得一些在结构外不可能获得的额外收入，或是提供一种能影响法律或产权变迁的机制，用以改变个人或团体可以合法竞争的方式。制度变迁由正式制约（例如法律）、非正式制约（例如习俗、宗教等），以及它们的实施三个要素组成，三者共同界定了社会的尤其是经济的激励结构。

（三）经济增长的演化理论

经济增长理论从古典理论发展到今天的内生增长理论（Endogenous Growth Theory），这其中不仅体现了经济学家对经济增长源泉的不同理解，更为重要的是体现了经济学家对经济增长研究方法和研究工具的不断创新。[1] 自从纳尔逊和温特的重要著作《经济变迁的演化理论》（1982）在哈佛大学出版社发行后，产生了很多关于演化经济增长模型。演化经济增长模型的中心思想是将技术变化作为经济发展的基本推动力，这个思想可以追溯到凡勃伦（Veblen）和熊彼特（Schumpeter）。经济增长演化模型的基本思想是：企业在任何时候都被看作拥有各式各样的能力、程序和决策规则，它们决定了在外在情况既定时，企业做什么。[2] 企业也从事各式各样的"搜寻"工作，从而发现、考虑和评价它们做事的方式可能有的变化。在市场环境既定时，有利可图的企业就扩张，反之，则收缩。每一个企业所面

---

[1] 沈坤荣：《经济增长理论的演进、比较与评述》，《经济学动态》2006年第5期，第30~36页。
[2] 盛昭瀚、蒋德鹏：《演化经济学》，上海三联书店，2002，第168~176页。

对的市场环境可能部分是其所在行业内部行为系统所影响的，比如，产品和要素的价格或许受该行业产出的供给和对投入需求的影响。目前，比较有代表性的新经济增长理论模型主要有内生技术进步的增长模型、人力资本积累的增长模型、劳动分工演进的增长模型及制度变迁的增长模型。从中我们可知，当前促进经济增长和产业进步的一是技术进步与创新；二是人力资本；三是分工协作；四是制度安排。

（四）产业的演化理论

产业演化模型描述了生产功能基本相同的竞争企业的行为。[①] 企业的决策涉及投资、定价、市场的进入与退出等，这些都基于企业对竞争对手行为及市场反应的预期。企业对市场的预期能力是有限的，对竞争对手的信心也是处在不完全状态下的，因此，企业的决策仅仅是满足最优化。所有在位企业在每一阶段之初同时做出决策，然后进行生产并投入市场。企业产品的销量取决于企业的相对价格、产品的特性和市场饱和程度。图 2-2 是一个产业演化模型的总体结构，从中可以看出，产品的价格取决于市场结构、技术的创新程度以及产品的产量（生产和投资决策），生产和投资决策影响着产品的价格，而价格则又反过来影响生产和投资决策，企业的目标是实现尽可能高的利润以保持其在市场中的发展能力，企业通过创新改进企业的产品以获取较好的价格，而产品的创新又取决于 R&D 投入和整个社会良好的技术创新环境。

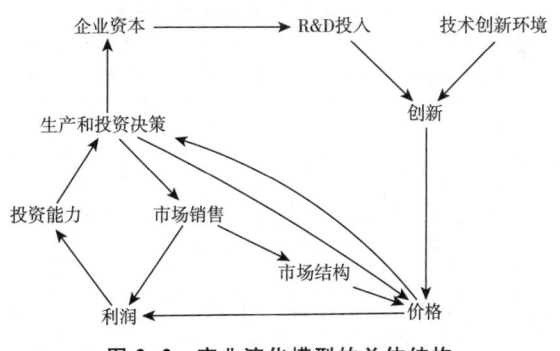

图 2-2 产业演化模型的总体结构

[①] 盛昭瀚、蒋德鹏：《演化经济学》，上海三联书店，2002，第 179 页。

产业演化模型的详细因果关系如图2-3所示。企业投资能力依赖于企业自有资金和借贷能力；生产和投资决策则依赖于企业投资能力，以及预期市场份额、预期销售量，同时，还得充分考虑企业资本、资本生产率等因素的影响。由于企业的预期往往与其实际运行状况存在这样或那样的差异，企业产品的产量并非就是产品的需求量，可能产生供不应求或者供过于求的情况。企业的自有资金和借贷能力取决于企业实际利润和收入。企业既可以通过自身的创新，也可以通过模仿改进产品的技术竞争度。值得注意的是：允许企业模仿可能对快速提升整个产业的技术水平是有利的，但同时也必将降低企业自身创新发明的积极性。

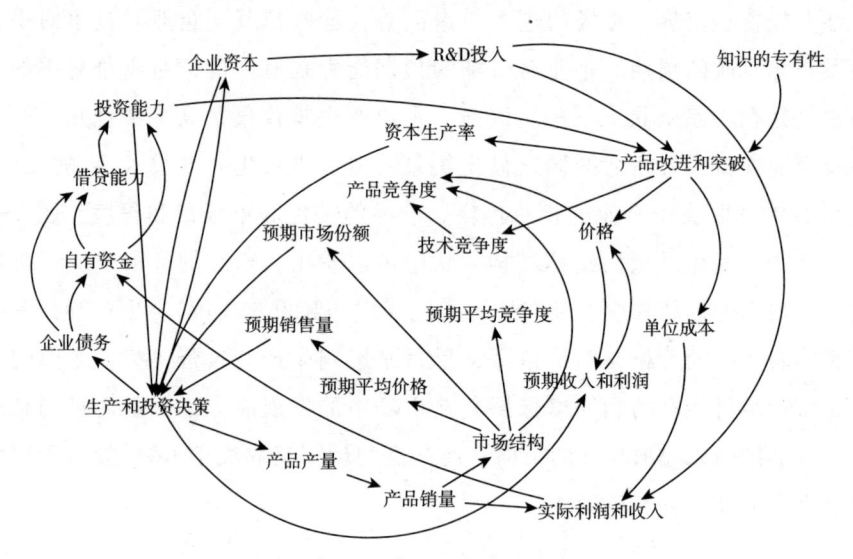

图2-3 产业演化模型的因果关系

第三章 品牌农业成长性形成机理

本章通过借鉴产业成长过程的一般规律性，对品牌农业产业成长的阶段特征、品牌农业成长性形成机理进行了分析，并利用系统动力学构建了品牌农业系统动力学模型。

第一节 产业成长与产业生命周期的含义及阶段特征

品牌农业是品牌化、标准化、专业化与产业化的农业，其产业成长遵循一般产业成长规律。本节在对一般产业成长内涵、产业生命周期的阶段特征及我国品牌农业发展历程进行分析的基础上，概括总结我国品牌农业产业在目前成长阶段的主要特征。

一 产业成长

（一）产业成长的内涵

产业成长的概念有广义和狭义之分。广义的产业成长指产业的整个生命周期都是产业的成长过程，表现为产业成长的纵向（时间）形成、壮大、成熟与衰退及横向（空间）的扩散和转移过程。狭义的产业成长则是指产业从形成到壮大再到成熟的这一过程，不包括产业的衰退期。事实上，除个别产业以外，一般产业到了衰退期后并不会马上退出市场，而是在落到一个较低的近似水平线上以后长期存在，甚至东山再起。由于品牌农业具有可持续发展的特性，本书研究的产业成长是指广义上的产业成长，意在研究单个产业的演化历程，以揭示品牌农业产业成长的一般规律性，为我国今后品牌农业发展的决策提供一种有益的理论支持。但在研究具体品牌农业产业时，则侧重对品牌农业产业从形成期到成熟期这一阶段的研究，这主要是因为：一是我国品牌农业的发展起步较晚，目前绝大部分品牌农业尚处在形成、壮大阶段，接近或进入成熟期的品牌农业很少，更谈不上衰退期，这是我国品牌农业所处阶段和发展的紧迫性所决定的；二是对于一个产业的成长来说，在其生命周期中，从形成期至成熟期是一个产业希望与失望、利益与风险、辉煌与暗淡并存的阶段，是产业生命周期中最为关键和重要的一段时间。

产业的成长过程既可以表现为一种横向的运动也可以表现为一种纵向的运动。所谓产业成长的横向运动是指产业随着空间扩张而产生的变迁，包括区域的扩散、转移和进退的过程，主要是指市场需求的扩大引致产业整体规模的扩大，其生产区域分布向市场或接近市场所在地的延伸等。如福州超大现代农业集团的品牌农业原本植根于福建，由于其品牌运作的成功，目前已在福建、广东、湖南、湖北、陕西、内蒙古、吉林、北京、天津、河北、山东、上海、浙江、江西、江苏等15个省（区、市）建立了其自有的产业基地，产业基地纵贯南北。所谓产业的纵向运动则是指产业随着时间推移发生的变迁，包括产业的形成、壮大、成熟和衰退的过程，即产业生命周期。如果说产业在空间上的扩张反映的是产业量的变化，那么，产业随着时间推移而发生的变化则是产业质的变化。本书主要是从产业生命周期的阶段性来研究品牌农业产业的成长，但随着其成长阶段的变化，必然要同时研究伴随而来的空间扩散。

（二）考量产业成长的主要指标

产业成长是一个有机系统，它的自身演化包括产业成长三个方面的变化：产业规模、产业组织（企业数量）和产业技术。既有量的扩张，又有质的提高。产业规模的变化是产业成长的外在表现，产业组织的变化是产业成长的内在表现，产业技术的变化则两者表现兼有。[1]

产业规模的变化显示了产业成长量的特征，是指产业横向运动的扩张范围。衡量产业规模的指标有两类：一类是绝对指标，主要包括产业产（销）量、投资规模、资产存量以及各相应指标在产业体系中的比例；另一类是相对指标，主要包括产业产（销）量增长率、投资增长率、存量资产

---

[1] 靳明：《绿色农业产业成长研究》，博士学位论文，西北农林科技大学，2006。

增长率及各增长率在整个产业体系中的比例。实际中主要使用产业产（销）量及其增长率、投资规模及其增长率来反映产业规模的演变情况。

产业技术的变化显示了产业成长质的特征，是引导产业成长阶段更替、从低向高发展及决定产业成长速度的关键因素，代表了产业成长纵向运动进一步的发展方向。在产业的发展过程中，由于产业要素和使用惯例不能满足产业在新水平上的要求，产业会从与其相关的产业中得到新要素，及时开启新的产业规则。具体的指标包括产业的技术创新（新型要素融进或重新组合）、产业的制度创新以及产业整体升级换代等，这些主要适用于定性分析，可用重大的或有划时代意义的事件加以表征。

产业组织的变化同时显示了产业成长量与质的特征，是指产业内企业数量和规模分布以及企业之间关系的改变。[①] 企业组织的成长可以从两个方面加以反映：一个是企业组织规模的总体趋势；另一个是个别企业组织由小到大的变化过程。产业技术变化压力传递到产业组织，企业组织做出相应改变，改变产业成长过程；产业组织在适应外部环境挑战时，通过选择和变异方式，使本产业在成长路径中，创造出既包含其他产业共性，又具有独特性的成长模式；产业规模的变化则完全融入其中。产业组织变化通常用市场集中度、进入壁垒、退出壁垒等市场结构指标以及其他市场行为与绩效指标来进行定量和定性分析，这些指标同时又是用来进行成长阶段划分的主要测度和标志。

二 产业生命周期的含义及阶段特征

（一）产业生命周期的含义

生命周期原本是一个生物学上的概念，指具有生命现象的有机体从出生、成长到成熟、衰老直至死亡的整个过程。一个完整的生命周期包括出生、成长、成熟、衰老、死亡五个阶段。同时，生物在其整个生命周期过程中都会不断与外界环境进行物质及能量的交换。

产业生命周期就是一个产业从创始初期到衰亡的具有阶段性和规律性的过程。这一过程与生物生命周期的过程相类似。正因如此，其被称为产

---

① 靳明：《绿色农业产业成长研究》，博士学位论文，西北农林科技大学，2006。

业生命周期。产业生命周期理论将产业划分为形成期、成长期、成熟期和衰退期四个阶段。相应地可以将各阶段的产业划分为形成期产业、成长期产业、成熟期产业和衰退期产业。

（二）产业生命周期的阶段特征

产业生命周期是一个产业从萌芽到产生再到衰退的整个过程，是一个产业在国民经济中所存在的延续过程。产业生命周期要经历形成期、成长期、成熟期和衰退期四个阶段。[①]

1. 产业的形成期

产业的形成期是一个产业在一定的母体环境中经过不断发育而逐步形成的过程，是指某些生产或社会经济活动不断地发育、逐步成型进而构成一个产业的基本要素过程。也可以说成是某类产品被推向市场，逐渐为市场所认可并转化为现实需求而形成产业的过程。

产业的形成期的一般特征表现为：一是产品品种较为单一，技术不成熟，质量较差且不稳定；二是产品未被消费者普遍接受，市场规模狭小，需求增长较缓慢，需求弹性很小，产品的销售对象主要是高收入和新潮追求者；三是产业集中度一般较高，企业数量少，进入壁垒低，竞争程度较弱；四是由于产品成本高，产业利润微薄甚至全产业亏损。

2. 产业的成长期

产业的成长期是指产业由小变大，由弱变强的时期。这一阶段的一般特征表现为：一是随着生产技术不断改进和完善，产品的质量因统一标准和质量体系的基本建立，明显提高且出现稳定的趋势，生产方式转为大批量生产；二是消费市场对产品认同和接受，消费的示范效应引发消费者缓慢涌入，需求增长加快，市场规模增大，需求的价格弹性也随之增大，同时消费者具有明显的层次性；三是有大量的投资者和大批企业加入该产业，产业集中度较低，内部竞争压力加大，价格竞争成为主要的竞争形式，同时由于价格竞争的压力，差异化竞争手段伴随而生；四是产业利润的迅速增长和利润回报较高，产业追加投资及产业规模在量上呈加速增长的趋势，

---

① 吕明元:《产业政策、制度创新与具有国际竞争力的产业成长》,《经济社会体制比较》2007年第1期,第134~137页。

成长曲线处于陡峭的上升阶段；五是除了较高的产量和利润增长率以及吸引大量的企业与投资进入外，处于成长期的产业还有一些标志，如生产的各环节及分工协作体系已建成，在竞争性产业中出现了相互协作、相互补充、配套生产的企业群体。

3. 产业的成熟期

产业的成熟期是指产业各方面进入完善的时期，是一个由量变到质变的逐步实现过程。其预示产业结束成长期，这一时期越长标志着其对产业的贡献越大。处于成熟期的产业其一般特征表现为：一是产品已基本定型，技术比较成熟，标准化程度高，产品质量较好，产品差异性小；二是产品质优价廉，市场是饱和状态，主要产品已相当普及，旧的产品开始出现淘汰；三是市场需求增长速度趋向平缓，需求的价格弹性减小，进入壁垒高（主要体现为规模壁垒），竞争手段以非价格竞争手段（如品种、性能、质量等）为主，产业战略多采取多元化战略；四是市场中厂商数量也相对稳定，产业集中度高，市场结构向垄断竞争或寡头垄断过渡；五是产业增长的规模趋于稳定，持续时间较长，是产业发展的稳定阶段，若有技术创新，则会有更长期的持续增长；六是产业生产能力开始出现过剩，整个产业利润率趋向降低，投资者进入减少；七是整个产业的再生产基本上在重复的规模上进行，投资以软性投资为主，即投资于研发和人力资本等内涵式发展方面。

4. 产业的衰退期

产业的衰退期是指某产业产品出现陈旧老化，致使市场开始萎缩，直至产业被市场淘汰的时期。产业衰退期的一般特征表现为：一是替代品大量出现，原有产业的竞争力下降；二是产品性能差异小，但由于价格竞争，产品质量却有差异；三是市场需求开始减少，价格下跌，产品和生产能力大量过剩，企业经常处于亏损状态；四是企业纷纷从产业中退出并转向其他产业；五是产业内购频繁，产业集中度进一步提高，但同时产业内也有一些拥有新技术的企业出现，孕育新产业的下一轮演化。[①]

产业衰退是否定产业自身并孕育新产业和新产品的过程。老产业的衰退和新产业的形成导致产业经济体不断推陈出新，进而保持旺盛的活力，

---

① 张会恒：《论产业生命周期理论》，《财贸研究》2004年第6期，第7~11页；向吉英：《经济转型期产业成长与产业投资基金研究》，博士学位论文，暨南大学，2002。

推动产业经济和国民经济不断发展,这是产业经济具有生命力的表现。极少产业例外,一般的产业都存在"衰而不退"的特征,也就是说,一般产业进入了衰退期,即表明该产业在整个产业系统中的比重和作用下降,但相对于新产业的形成,真正"死亡"的产业并不多见,大多数是"衰而不亡"。由于需求惯性、企业家努力、技术革新、政府保护等因素的存在,产业的衰退大大延缓,产业或许可以"起死回生"。①

三 品牌农业成长的阶段特征及其营销策略

相对工业而言,我国品牌农产品的营销较为落后,由于受多种因素的影响,品牌农产品常常存在着市场销售的困惑,要想转变我国品牌农产品营销落后的状况,无疑必须加大观念转变的力度、大力推进农产品品牌化的进程、积极推进农业产业化、努力完善品牌农产品的营销网络,同时着力强化农产品品牌的培育、宣传与推广等。但最为核心的还是必须认清品牌农业发展所处的阶段及其阶段特征,唯有如此,方能有针对性地运用相应的策略解决品牌农业发展中实际存在的问题。

(一) 品牌农业发展阶段及其特征

由于历史的原因,我国品牌农业发展的进程一直以来相较于世界发达国家或地区比较落后,目前可见的国内有关品牌农业营销的研究主要都是借鉴国外发达国家的经验,未形成适合中国特色的比较成熟的品牌农业营销理论,品牌农业营销很大程度上停留在摸着石头过河的状态。本书结合国内外知名营销机构对品牌农产品营销的多年研究与实践,依前分析,以农业公共品牌(地理性标志产品)将品牌农业的发展划分为"品牌农业培育—品牌农业成长—品牌农业成熟"三个阶段,通过对品牌农业发展三个阶段的归纳与分析,帮助正在成长的中国品牌农业认清其自身所处的阶段,以便调整其对不同阶段品牌农业营销重点的认识,进而推动我国品牌农业的成长。

1. 品牌农业培育阶段

(1) 阶段特征

在品牌农业培育阶段,作为品牌农业的经营主体其最主要的问题往往

---

① 吕明元:《技术创新与产业成长》,经济管理出版社,2009,第46~47页。

是缺乏品牌管理经验,对品牌培育的各项管理工作都处在一种未知或半未知的探索之中。在这一阶段之中,品牌的知名度不高,影响范围也相应较小,一般主要停留在较小的区域市场范围内。本阶段正处于产品竞争阶段。由于缺乏系统的营销指导和产品策略,价格竞争是竞争的主要手段。产品几乎未包装或简单包装便在市场流通,产品系统未能建立。品牌知名度很低,更不用说品牌资产的积累了。本阶段品牌的关键是解决如何推广和营销模式的问题。因此,品牌农业发展阶段的核心任务是整合资源,构建高空地面品牌传播与营销模式战略。作为初期的农业公共品牌,需要针对目标消费者尽可能在区域市场上推广。一些创新新颖的战术规划和宣传项目对品牌建设具有重要意义。本阶段大多数农业公共品牌在外部大脑的帮助下,参与品牌的建立和管理,以专业实力确保品牌的成功。

(2) 主体地位

农业公共品牌一般有三大主要参与者:政府、协会和主要企业。三大主体在农业公共品牌的不同阶段发挥着不同的作用。由于对资源整合的需求,政府和协会在品牌创造中发挥着主导作用,在品牌传播和推广中发挥着重要作用。在很大程度上,最初的投资来自政府支持。政府将制定一定的区域规划,促进区域农业公共品牌的创建。如赣南脐橙、马家沟芹菜等中国农业品牌,政府的参与和投资在品牌的发展方面发挥了非常重要的作用。行业协会作为农业公共品牌建立阶段的另一关键,在品牌推广和品牌管理中发挥着重要作用。

行业协会属于非营利性组织,其灵活多变的机制可以帮助品牌推广、组织推广、管理公共品牌商标使用和建立品牌管理标准,有效地保证了品牌的快速发展。通过协会推广农业公共品牌并不少见,阳东湖毛蟹是典型案例。在过去十年的品牌维护、推广和管理下,农业公共品牌阳东湖毛蟹已成为中国蟹业的代表品牌。阳东湖毛蟹协会仍积极走在品牌管理的前沿,促进了阳东湖毛蟹品牌和产业的发展。

公共品牌企业在品牌农业培育阶段的作用是承担品牌登陆的实施,实现品牌传播带来的市场购买力。在政府、协会和主要企业对品牌传播的拉动下,以系统的营销模式快速构建营销渠道,占据市场份额是企业的主要任务。公共品牌作为一种区域公共资源,企业难以获得专有使用权。仅依靠模式和资本积累争夺市场份额,形成核心区域市场模式,并与政府和协会的营销行动密切合作。

2. 品牌农业成长阶段

(1) 阶段特征

在品牌成长阶段的农业公共品牌通常表现为"母强子弱"。顾名思义，"母强子弱"是指母品牌地位高，子品牌地位低。母品牌的品牌效应在本阶段形成产业整合力量，围绕母品牌的影响半径，许多企业在母品牌市场的刺激下形成农产品种植（育种）、加工、营销一体化的产业链。子品牌具有母品牌的强大光环，可以在市场上赢得一定的市场份额，但原材料、技术、产品、价格、营销模式方面的差异不大，导致母品牌产业下的同质竞争，"公地悲剧"出现在中国农业公共品牌的"经济学"效应中。

在农产品品牌的营销中，公共品牌的公地效应非常突出。例如小肥羊是非之争就是一个很好的说明。内蒙古小肥羊餐饮连锁有限公司（以下简称"内蒙古小肥羊"）的前身是创建于1999年的小肥羊酒店，其依托内蒙古传统优势资源获得了迅速的发展，2001年和2002年连续两年被评为"全国百强餐饮企业"，位居第二名。随着小肥羊的名气越来越大，假冒者也开始盯上了这只"肥羊"，在"小肥羊"知名度较高的城市，假冒"小肥羊"的品牌行为层出不穷，并因此引发了"小肥羊"之争。2004年5月内蒙古小肥羊对河北汇特小肥羊餐饮连锁有限公司（以下简称"河北汇特"）提起侵权诉讼，并于2005年4月4日接到河北省高级人民法院对内蒙古小肥羊诉河北汇特不正当竞争及注册商标侵权纠纷一案做出终审判决："小肥羊"是内蒙古小肥羊的特有名称，河北汇特侵害了内蒙古小肥羊的特有名称权，构成不正当竞争，并判令河北汇特立即停止使用"小肥羊"名称，赔偿内蒙古小肥羊5万元。这场历时将近一年的官司，以内蒙古小肥羊胜诉告终。而第二天，也就是2005年4月5日，西安小肥羊烤肉馆（以下简称"西安小肥羊"）诉国家工商行政管理总局商标评审委员会（以下简称"商评委"）商标行政纠纷案在北京一中院开庭审理，原告请求法院撤销商评委的裁定书，判令不予内蒙古小肥羊注册"小肥羊"商标。自此，围绕"小肥羊"商标的争夺战此起彼伏，官司连连，至今仍未消停。

从表面上看，"小肥羊"真假之争是一场商标纠纷，但从更深入的分析来看，"小肥羊"已经成为一个品牌上的共同土地，被肆意争论和使用。这是公共品牌"公地悲剧"的典型表现。如果"小肥羊"能完全颠覆"公地悲剧"经济效应而转化成"共同效应",提高品牌价值,这将会是中国农产品营销对全球农产品营销的贡献。

本阶段农产品品牌的核心问题是如何在混乱的产业模式中实现突破,避免公地悲剧的扩大。只有实现子品牌的崛起,构建区域公共品牌子品牌战略,实现区域公共品牌子品牌的差异化定位和细分营销,才能进一步促进品牌的发展。

(2)主体地位

在品牌成长阶段,政府和协会主要发挥对区域农业公共品牌的监督、管理、指导和维护作用,政府和协会为公共品牌提供持续的传播和推广。在本阶段,要求政府和协会为本地区农产品行业形成由表及里的重点支持的具体发展计划,协助有战略规划和市场基础的子品牌构建核心优势,逐步在母品牌下突破。"政府搭台,协会管理,企业唱戏"是三大主体分工的写照,而实现突破在于子品牌能否成功突围。[①] 企业品牌的发展直接决定了农业区域公共品牌下产业的发展水平。徐义县政府和协会举办的一年一度的国际龙虾节和各种品牌推广活动,使徐义龙虾在江苏、东海岸和许多地区闻名。反观盱眙龙虾旗下的子品牌,在盱眙龙虾的影响下,由多个生产企业共同享有公共品牌使用权,产品质量不均匀且无法控制,竞争混乱,导致"公共厕所"等公共品牌。目前行业仍处于粗放阶段,核心是几家领先企业仍在公共品牌下继续混战。

在农业公共品牌的成长阶段,政府和协会的类型逐渐从实践类型转变为管理和监管类型。企业有效利用第一阶段积累的市场资源,做好准确的品牌定位,建立营销体系,构建以产品、价格、渠道、促销为核心的营销战略,扭转"弱母子"的衰落,为成功过渡奠定坚实基础。

3. 品牌农业成熟阶段

(1)阶段特征

在品牌农业成熟阶段,由于前两个阶段的持续传播,公共品牌的影响已经渗透到消费者心中,形成了根深蒂固的品牌价值认同。此时,增加公共品牌传播量的投入几乎很小,品牌本身知名度很高。

[①] 营紫倩:《"互联网+农业"背景下安化黑茶公共品牌营销策略研究》,《全国流通经济》2019年第16期,第3~4页。

农产品发展到这个阶段，企业间的品牌战略竞争、营销模式竞争、品牌文化竞争、价值链竞争已成为竞争的主流形式。公共品牌已经完成了它们的使命，开始逐渐退出品牌的舞台，只是作为众多子品牌的背景出现。对应的农产品产业发展加快，成为高速发展产业。

在市场竞争下，产品品牌模式将形成金字塔或主轴形的品牌结构。一些企业依靠资源来占据利润丰厚的高端品牌。其他二线品牌以差异化的营销模式和品牌定位争夺一定的市场份额，占整个行业的很大份额。位于低端的品牌在发展中经常出现两个层次的差异化，一个是许多中小企业建立自己的品牌，依靠产品、价格竞争，形成巨大的金字塔基础，最终形成金字塔品牌结构；另一个是由于高端品牌的市场控制，低端品牌少，市场份额小，最终形成纺锤品牌结构。

（2）主体地位

政府在品牌农业成熟阶段主要是发挥调和作用，从产业发展到整体规划，向区域农产品提供援助和服务，从原来的主要地位转变为服务提供者。协会在这个阶段发挥的作用相对较小，只在一些区域组织中起作用。品牌农业成熟阶段从准确的定义上看已脱离区域公共品牌的限制，进入以企业品牌为主的遍地开花局面，区域公共品牌已经开始退出其发展的历史舞台。企业在这个阶段成为工业发展的主要推动力，促进产业发展。企业品牌竞争加剧，从横向市场到纵向产业链进行全面竞争，企业品牌竞争更加系统、深入。

在中国的农业公共品牌发展过程中，至今几乎没有品牌发展到第三个阶段。仅有大连、山东海参，四川郫县豆瓣等开始步入品牌发展的第三个阶段，进入"母子同强"的发展时期。

（二）品牌农业发展阶段的营销策略

与品牌农业发展阶段对应的是品牌营销的战略问题。由于各阶段的品牌发展重心和资源重点不同，各阶段必须有分阶段发展战略的支持。为了实现阶段发展的目标，品牌营销组织应从创建和发展农产品品牌的总体战略开始，研究各阶段品牌发展的重点和营销策略。

1. 品牌农业培育阶段

品牌农业培育阶段是农业公共品牌发展的初级阶段。如何从头开始实现品牌创造，以新形象出现在消费者面前是核心任务。另外，在核心市场中实现品牌登陆也是本阶段的一项重要任务。因此，本阶段的战略重点为资源聚焦、品牌推广、渠道构建。

（1）资源聚焦

资源聚焦是品牌创造的第一步。中国成功的农业公共品牌都是在关注资源和充分挖掘资源背后的潜在价值的基础上开发的。注重资源完善品牌核心，找到品牌传播和推广的基础。农业公共品牌创建的可用资源包括地域资源、文化资源、产品资源（见图3-1）。

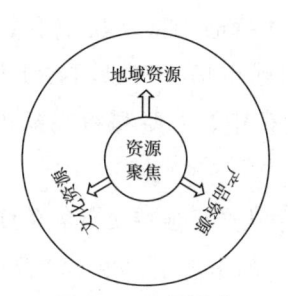

图 3-1 资源聚焦

①地域资源

地域资源是品牌建设的基础，尤其是农业品牌建设的基础。现代农业是自然再生产和经济再生产的有机结合。从农产品生产到销售，都受到地域资源巨大的影响。东北地区凭借其独特的地域资源优势，成为中国最大的粮食生产地区。通过地域资源的深入开发和大规模工业的发展，以及科技的有效利用，"北大荒"品牌价值在 2020 年已经突破千亿元大关，达 1028.36 亿元，居中国农业第一品牌位置。这些品牌通过关注地域资源，挖掘地域资源背后的潜在价值，实现了跨越式发展。

从市场营销的角度来看，地域资源通常被称为原产地。通过完善原产地（地理性标志）核心资源，辅以符号化的表现，形成品牌的质量背书，这对品牌传播起着非常重要的作用。原产地营销业已成为农产品品牌建设的重要技术，如马家沟芹菜是中国原产地营销的典范。

②文化资源

文化资源是实现品牌建设最具活力的源泉。中国农业历史悠久，积累了丰富的栽培、育种、种植、人文、历史等文化。如此多的文化资源是品牌传播的核心资源。中国许多农业公共品牌将文化注入品牌的价值和内涵，利用原产地文化资源在不同程度上实现品牌文化的深化。每一个成功的品牌都有其独特的品牌故事和文化内涵。

在品牌塑造阶段，我们可以简单地将文化资源理解为故事营销，从功能吸引力、情感吸引力和文化吸引力三个角度选择实施故事营销策略。

③产品资源

产品资源是实现品牌定位和创造的直接载体。质量决定了品牌，良好的产品资源可以为品牌创造提供重要的有利因素。赣南脐橙有欧美血统，"东渐"后，在赣南独特的土壤环境中蓬勃生长，牢牢占据国内脐橙高端市场，全面出口国际市场。其成功在于深入挖掘本地产品优势，将产品优势移植到品牌定位中，一举赢得高端市场，实现内外开花的良好态势。

产品资源的提炼应集中从产品独特卖点的角度进行。USP①精炼是必要的，除非产品本身是在卖方的市场上。由于产品同质化竞争激烈，为了实现产品差异化，必须利用USP体系完善产品的独特卖点，即给予消费者一个区别于购买其他产品的理由。

（2）品牌推广

品牌推广是农业公共品牌发展第一阶段的一项重要任务。品牌需要通过强有力的品牌推广策略与目标消费者实现有效的沟通，准确地向受众传递品牌价值、品牌功能和品牌形象，以增加产品销售的吸引力，扩大品牌知名度、品牌影响力。根据品牌营销组织的品牌推广策略模式，品牌推广策略可分为终端进行曲、高空交响乐、地面协奏曲三个部分（见图3-2）。

然而，并非所有的品牌推广策略都被三维模型所应用和复制。所以，结合不同阶段的实际情况，有效的组合可能会达到田忌赛马一样意想不到的效果。农业公共品牌发展初期品牌营销体系不完善，地面与消费者终端的接触面非常有限，只有通过"高空交响乐传播为主，地面协奏曲传播为辅"的传播策略，才能以相对较低的成本有效推动传播。

---

① 20世纪50年代初美国学者罗瑟·瑞夫斯（Rosser Reeves）提出，要向消费者说一个"独特的销售主张"（Unique Selling Proposition），简称"USP理论"，又可称为"创意理论"。其特点是必须向受众陈述产品的卖点，同时这个卖点必须是独特的、能够带来销量的。

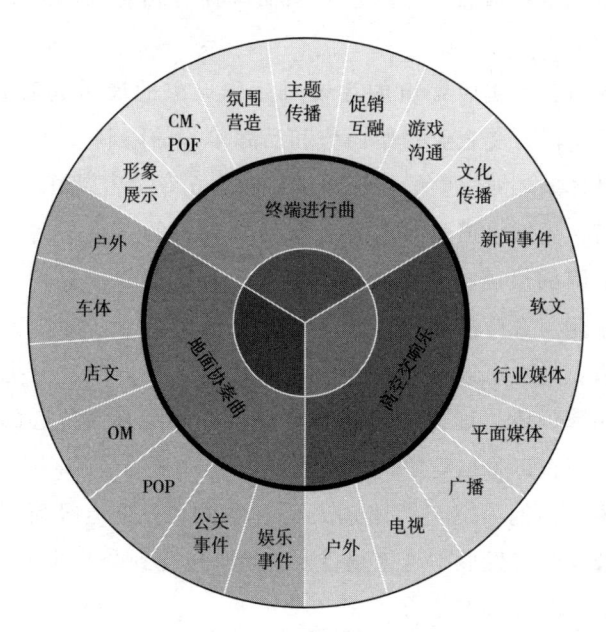

图 3-2　品牌推广

资料来源：王成荣《品牌价值论》，中国人民大学出版社，2008，第143页。

对于处于起步阶段的品牌来说，品牌推广的效果对品牌价值的塑造具有重要意义。通过品牌与消费者的相遇，形成消费者认知，形成模型效应。品牌推广策略和选择的品牌传播工具需要匹配品牌的市场定位和品牌价值等因素，还要注重关键词传播，以达到预期的效果。

（3）渠道构建

农产品品牌建设需要注重品牌传播的落地和与市场的有效对接。目前，许多农产品品牌在区域市场广泛传播和推广，投入了大量的推广成本，短期内形成了较高的知名度。然而，由于缺乏系统营销体系的支持，消费者无法在有效时间内接触到产品，将品牌推广的效果转化为消费购买。

初期农产品品牌渠道构建必须与品牌传播形成良性互动，遵循"造势、落地"的基本原则。根据品牌营销组织原有的"细分渠道模式"，总结主要渠道如下。

超市渠道：超市是消费者最为聚集的地方，也是消费者购买农产品最为常规的场所。关注超市渠道可以迅速得到市场的响应和消费者的青睐。

但超市的渠道成本相对较高，这就要求品牌拥有相对雄厚的资金支持和完善的运营体系。

专卖店渠道：专卖店渠道的建设对品牌形象的展示起着直接的作用。但在品牌建设阶段，受企业初始弱势和品牌单一的限制，只有少数价值高、利润高、产品体系相对完整的特定品牌才能建立专卖店渠道。

餐饮渠道：餐饮渠道是与消费者接触最紧密的对接平台，能够及时获得消费者对品牌的反馈，是企业应该特别关注的渠道。然而，在品牌建设阶段，餐饮企业与农产品品牌的经营组合缺乏动力，品牌推广困难。

批发渠道：批发渠道是大宗农产品流通的主要方式，但批发市场不易体现产品和品牌价值，难以打造品牌。在以价值经营为核心的农产品品牌时期，批发渠道正以价格竞争的方式展开。

其他渠道：其他渠道包括团购渠道、电子商务渠道等新兴渠道。这些渠道在农业公共品牌发展中越来越重要，越来越受到企业的关注。

2. 品牌农业成长阶段

品牌农业成长阶段是农业公共品牌发展的第二阶段，企业品牌的崛起和快速发展是这一阶段的核心任务。发展战略的重点在于企业品牌的差异化定位和营销体系建设。企业可以通过子品牌差异化定位和营销体系构建，实现公共品牌下百花齐放的品牌发展目标。

（1）公共品牌子品牌的差异化定位

品牌差异化定位是有关企业产品的特殊功能、文化取向和个性差异的商业决策。它是建立鲜明的品牌形象的过程和结果。换言之，就是要为某一特定品牌确定一个不同于竞争品牌的卖点和市场地位，使商品在消费者心中占据特殊地位。根据品牌差异化定位模型可以看出，品牌差异化需要从产品核心优势分析、目标消费者分析和竞品定位诉求分析三个维度来实现（见图3-3）。

①产品核心优势分析

在子品牌差异化定位的过程中，要提炼产品的核心优势，给它一个不同于竞争品牌的"记忆点"。那么我们就应该尽力释放这个"记忆点"，让这个"记忆点"与目标消费者进行对话，从而占领目标消费者的心灵。

②目标消费者分析

在进行子品牌差异化定位的过程中，必须借助消费者行为调查，了解

```
        产品核心
        优势分析
           ↑
        品牌差异化
          定位
        ↙      ↘
   竞品定位    目标消费者
   诉求分析      分析
```

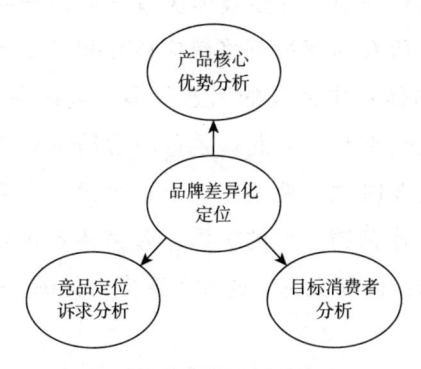

图 3-3　品牌差异化定位

目标受众的生活方式或心理个性化需求，以及消费者对品牌期望的价值满足。因此，我们必须站在消费者的立场来分析我们的产品趋势，找到符合消费者需求的品牌利益，从营销策略上就是对消费者市场进行细分。大众品牌建设阶段由于精力分散，基本上没有真正的细分市场，处于一把抓的状态。子品牌突破的方向是细分市场战略，成为细分领域的霸主。一般来说，市场细分策略可以从产品定位、品牌定位和品类细分三个方面进行探讨。

③竞品定位诉求分析

在子品牌差异化定位过程中，竞争品牌的品牌需求不容忽视。知己知彼，百战不殆。如果属于同一品类的产品，在挖掘诉求时，都锁定在某一点上，那么作为一个子品牌就会陷入品牌诉求的"红海"之中。在这个信息过剩的时代，消费者很难记住没有不同需求的品牌，更不能引起消费者的购买，因此必须跳出"红海"，在自己的"蓝海"中旅行，实现与竞争对手产品的差异。

综上所述，我们得出结论：在子品牌差异化定位上，必须以消费者个体差异化需求和产品核心优势为导向，树立鲜明的品牌形象，再以市场竞争为导向建立鲜明的市场形象，才能成功实现子品牌差异化。

(2) 营销体系构建

营销体系是各个子品牌发展的支撑体系。事实上，品牌只是暴露在海洋中的冰山，而海洋中的部分才是支撑品牌价值的基础。这部分是子品牌的营销体系。企业的经营目标决定着企业的发展方向，而营销体系的目标是实现企业经营目标最重要的保证。营销体系是一个动态的、有机整合的系统。营销体系运行过程中的许多具体决策都应在子品牌整体战略的指导下有机地结合起来。所有的营销策略都应该在相互联系、合作和协调的基础上协同工作。营销体系中涉及的因素很多,包括内部因素和外部因素,它们无一例外地在发展变化。因此,企业的营销策略及其组合应该能够随着内外部环境的变化及时做出调整。如果企业营销战略的调整滞后于环境的变化,就会带来企业营销工作的失败。营销体系包括产销协同、价值创造、终端联动、渠道协同和文化渗透五个系统(见图3-4)。

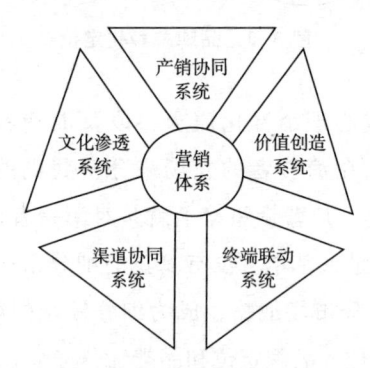

图 3-4 品牌营销体系构建

① 产销协同系统

产销协同系统是产品销售的良好保证。从原材料收集、生产到配送的过程是否顺畅,直接影响到产品的销售和消费者对品牌质量的感知。子品牌需要建立一套符合自身发展需要的产销合作体系,实现从生产到销售的无缝衔接,保证产品的顺利销售。

② 价值创造系统

市场在不断变化,所以各种产品的需求也在不断变化和细分。只有能够提前预测变化并提出解决方案的子品牌才能实现可持续发展。价值创造系统能够提前预测市场的变化,发现消费者的新需求,引导品牌跟随市场的节奏,在激烈的竞争中保持品牌的地位。

③ 终端联动系统

终端联动系统是品牌推广和产品销售的核心系统。通过在销售终端实施各种销售策略、品牌推广策略、促销策略、竞争策略,完成品牌推广和产品销售。

④渠道协同系统

渠道协同系统是指品牌销售的横向渠道和纵向渠道。横向渠道是渠道之间的沟通，而不是直接面对消费者。通过横向沟通，可以使市场信息流通更加迅速有效，从而避免信息不对称带来的品牌风险。纵向渠道直接面对消费者，是品牌与消费者对话的窗口。通过纵向沟通，企业可以及时了解消费者的关键信息。

⑤文化渗透系统

文化渗透系统是指利用各种品牌推广工具，实现品牌文化在消费者心目中的渗透，占据消费者在这一范畴选择的焦点，从而在市场竞争中脱颖而出，击败竞争对手，占领市场制高点的系统。

3. 品牌农业成熟阶段

在这一阶段中，大众品牌影响力有所减弱，行业发展已经非常成熟，产业链各个环节的专业分工已经形成。大众品牌已经完成了它的历史使命，成为区域内品质代言的子品牌，并在消费者心中建立起品质和价值的信任。随着品牌关系的变化，公共品牌逐渐弱化，以企业为主体的品牌成为历史主角，子品牌的命名也不规范。为了便于之前名称的划分和延续，我们将继续把区域品牌暂时定义为子品牌。

经过品牌差异化的第二阶段，行业内的品牌格局基本形成，形成了由高到低的多品牌发展序列。子品牌之间的竞争节奏加快，竞争模式多样化。因此，在这一阶段，品牌与营销进入更深层次的系统竞争阶段。目前，我国在这一领域还没有有效的竞争战略。从品牌竞争的核心驱动力来看，在战略规划层面加强品牌软实力竞争将是成熟品牌竞争的必由之路（见图3-5）。

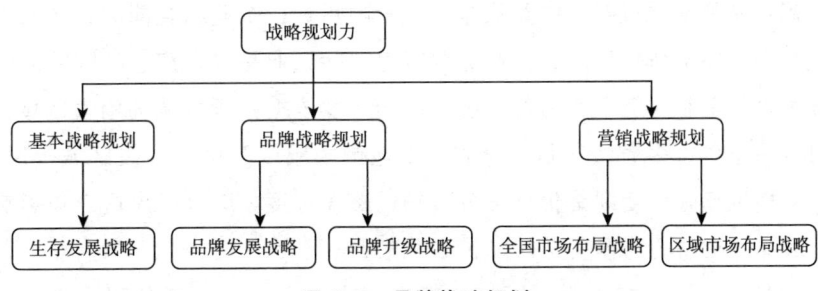

图3-5 品牌战略规划

（1）基本战略规划

为了在激烈的竞争中生存，子品牌必须选择自己的生存发展战略。本书认为子品牌在这个阶段共同的生存发展战略主要有以下四种。

战略一：靠品牌创造效益。选择这种战略的企业通常实力雄厚，有足够的资金实施高端媒体投放，开展品牌推广，通过大众媒体投放打造自己的品牌形象，形成一定的品牌影响力，带动产品销售。借助品牌力量，我们可以快速将产品推向全国市场，实现企业的商业效益。

战略二：通过扩张创造规模。选择这种战略的企业通常没有足够的资金进行广告轰炸，所以企业的产品推广以渠道推广为主，全国撒网，积少成多，形成规模效应。

战略三：用一个角落创造利润。采取这种战略的企业通常是区域性品牌，既没有资金进行高端品牌推广，也没有一定的品牌力量支持买断产品的开发。因此，只有依托具有地理优势的基础市场，或者说是机会市场，才能选择和采用集约培育，使企业利润最大化。

战略四：通过创新创造蓝色海洋。选择这种战略的企业，要么是有战略眼光的企业，要么是没有足够的品牌力和财务实力与行业内强势品牌竞争的企业。为了生存和发展，只能另辟蹊径，努力成为新品类第一。这样的企业通常会打破行业惯例，变得与众不同，但这种战略的选择需要企业承担很大的风险。

（2）品牌战略规划

品牌战略的发展直接影响企业决策的方向，因此企业在品牌战略规划的过程中需要谨慎。品牌战略一旦确定，企业就需要系统地集中人力和财力，增强综合竞争软实力。

①品牌发展战略

确定品牌发展战略，主要依据三大影响指标：企业综合能力、区域市场广度和产品档位细分程度。企业综合能力包括企业品牌资产、品牌的运营管理能力以及企业的资金实力等；区域市场广度依据其所可能的销售区域，通常可分为全国、多省级区域、全省、多地市区域以及单一县级区域等层级；而产品档位细分程度则是价格细分市场的覆盖程度。综合考虑这三项影响指标，其品牌战略的选择主要有如下几种情况（见表3-1）。

一是企业综合能力强—区域市场广度大—产品档位细分程度高：企业

资金实力与品牌管理能力较强，市场目标旨在全国或多省级市场作战，并且进行全档位产品布局，在这种情况下企业更适合运用分品牌战略，满足不同区域、不同档位市场需要。

二是企业综合能力强—区域市场广度大—产品档位细分程度低：企业完成原始资金积累，单一品牌在本区域有较好的表现，企业旨在进行全国或多省级市场拓展，此时采取明星聚焦品牌战略更有利于整体市场运作。

三是企业综合能力强—区域市场广度小—产品档位细分程度高：区域性企业，旨在通过密集型产品布局，打造区域寡头强势企业，复合品牌战略能有效地进行品牌精耕细作。

四是企业综合能力弱—区域市场广度大—产品档位细分程度低：企业综合实力较弱，在全国市场具有一定的品牌和网络基础，但企业资金实力支撑不了全方位的产品布局，此时适合运用托权或单一品牌战略，借助母品牌资产对局部档位进行市场切割。

五是企业综合能力弱—区域市场广度小—产品档位细分程度高：企业综合实力较弱，偏隅一方，但在当地市场具有一定社会资源关系，能对各档位产品进行全方位拓展，此时适用单一品牌战略，能有效节约资源集中进行品牌突破。

六是企业综合能力弱—区域市场广度小—产品档位细分程度低：区域小型企业，在市场竞争中生存压力较大，产品开发成本较高，不宜过大拉长产品线，此时企业应采取单一品牌战略集中资源盘活部分产品，解决生存后再考虑综合发展问题。

表 3-1　中国农业品牌发展战略全景

影响指标			品牌战略
企业综合能力	区域市场广度	产品档位细分程度	
强	大	高	分品牌战略
强	大	低	明星聚焦品牌战略
强	小	高	复合品牌战略
强	小	低	—
弱	大	高	—
弱	大	低	托权或单一品牌战略
弱	小	高	单一品牌战略
弱	小	低	单一品牌战略

②品牌升级战略

品牌升级是一个持续的过程。只有实现品牌的不断升级，才能在竞争中获得更多的优势和利润。子品牌可以通过以下六种方式来升级自己的品牌（见图3-6）。

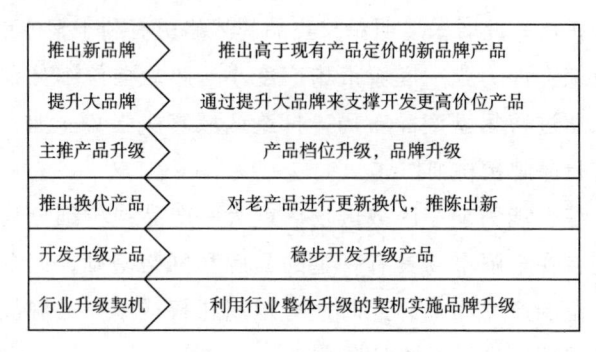

推出新品牌	推出高于现有产品定价的新品牌产品
提升大品牌	通过提升大品牌来支撑开发更高价位产品
主推产品升级	产品档位升级，品牌升级
推出换代产品	对老产品进行更新换代，推陈出新
开发升级产品	稳步开发升级产品
行业升级契机	利用行业整体升级的契机实施品牌升级

图3-6　品牌升级方式

（3）营销战略规划

①全国市场布局战略

农业品牌采取的全国市场扩张模式有三种。

第一种模式：品牌建设+国家布局。这种模式是加大广告投放力度，在中央电视台和地方电视台播出，使品牌迅速在全国形成广泛的影响力，企业将开发3~5个标准化产品在全国推广销售。

第二种模式：根据地+机会市场扩张。这种模式就是首先利用地缘优势做好大本营市场，然后选择机会市场进行扩张。选择的机会市场通常是基础市场的外围市场、具有巨大市场容量的市场和具有价格机会的市场。

第三种模式：多产品+综合撒网。这种模式是通过不断开发收购产品或根据市场需要在不同地区开发产品，在全国撒网。在这种模式下，企业国有化程度通常较高，但市场缺乏亮点，市场质量较差。

②区域市场扩张战略

从图3-7可以看出，区域市场扩张战略的选择必须综合产品优势与市场机会两个方面进行考虑。

扩张战略一：高举高打。当市场机会较大，且产品优势明显时，可采取控股、高拍的市场扩张策略，即聚集公司所有优势资源进行集中投资，

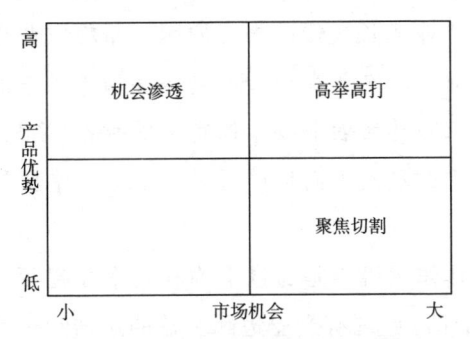

```
          高│
           │  机会渗透    │   高举高打
          产 │            │
          品 ├────────────┼────────────
          优 │            │
          势 │            │   聚焦切割
          低 │            │
           └────────────┴────────────
             小        市场机会        大
```

图 3-7　区域市场扩张战略选择矩阵

大力开拓市场。

扩张战略二：机会渗透。当市场机会小，但产品优势明显时，可采取机会渗透的市场扩张策略，即针对市场机会进行全面渗透。

扩张战略三：聚焦切割。当市场机会较大，但产品优势不明显时，可采用聚焦切割的市场扩张策略，即细分市场，选择合适的细分市场重点且有针对性地投入资源，以保证企业在某一细分市场上具有优势。

第二节　品牌农业成长性形成机理

品牌农业的发展有其自身内在的规律性，同时与其外部的发展环境密切相关。认真分析和研究成长的内部机理，对于准确把握品牌农业产业的发展规律，确定品牌农业正确发展的方针、政策和策略等有着积极而重要的意义。

一　品牌农业成长的动力机理

利益是一个产业从无到有、从小到大、从弱到强以及由盛转衰的原动力。这种利益既包括产业生产经营主体的经济利益（如生产商、经销商、服务中介提供商、农户、政府等的经济利益），也包括国家和民族的利益。一个产业投资的强与弱、产业贸易的兴与衰、产业规模的扩张与空间的转移，以及产业重组等诸多现象都可以用利益加以解释。人们总是能发现，在经济领域中，哪个产业领域能够带来更多的利益回报，它就能吸引更多的投资主体参与该领域的投资，带动产业的快速成长。因此可以说，利益驱动的强弱是一个产业成长快慢的根本原因。品牌农业之所以能够取代传统农业，其根本的原因就在于在当今的经济环境下，它能够为市场中的各种品牌农业主体带来较传统农业要丰厚得多的利益回报，这种利益回报不仅可以带来物质层面的利益，而且还可以带来更为重要的精神层面的情感利益和社会利益。

利益驱动的具体作用机制是通过平均利润率和超额利润率规律由价格（看不见的手）传导的。[①] 现有产业边际利益的递增和递减规律也起着重要的作用，当产业的边际利益（边际收入-边际成本，即 MR-MC）呈不断增长的趋势，这就意味着有足够诱人的投资回报，如果需求、政策和供给的可能性存在等条件具备时，便可以吸引多余的资源向该产业领域转移，这种转移的速度越快、规模越大就意味着该产业的发展速度越快和规模扩张越大。一般而言，投资回报率越高，则引发产业成长的速度就越快，规模就越大。反之，如果边际效益呈不断减少的趋势，则该产业的资源就可能发生转移，当 MC>MR 时，产业规模就会停止扩张。

二 品牌农业成长的供求机理

产业成长是以需求为前提的，换句话说，没有需求就没有产业的成长，这是一个不争的事实。要考察需求对产业成长的作用机理，首先必须清楚需求变化的规律。随着社会经济的不断发展，人们生活水平的提高和城市化进程的加快，消费者对食物质量和食品安全的需求不断提高，[②] 食物消费结构将发生显著变化，对具有高价值的农产品的需求呈现不断增加的趋势。在社会生产率水平低下的年代，迫于解决温饱的需要，人们通过农业生产技术的创新与应用，尽可能地提高农产品的产量，使人们对农产品数量的需要得以满足。然而，随着社会经济的快速发展，城乡居民的物质生活水平由原本的温饱型向小康型转变，消费者对农产品的需求亦由对量的需求转移到对质的需求上来，倾向于消费优质、安全、可靠、无污染、无公害

---

① 朱磊：《浙江制造业产业成长研究》，博士学位论文，浙江大学，2002。
② 中国科学院农业领域战略研究组编《中国至 2050 年农业科技发展路线图》，科学出版社，2009，第 1~6 页。

和具有特色的农产品。由于同类农产品具有较高的同质性，一般而言，消费者或许很容易识别农产品的新鲜度和清洁度，但对于农产品的品质特征，是否安全、无公害、无污染等却很难以肉眼去识别。因此，人们迫切需要有一种能够让其容易区别农产品，方便选购的办法。正是这些需求的变化为品牌农业产业的形成和发展提供了条件，品牌作为一种具有法律效力和信誉保障的载体，以其为核心资源整合农业的整体运营，能够为消费者提供极大的便利和诸多的利益。

农产品和人们的日常生活密切相关，当人们收入水平不高，只是满足于温饱时，人们重点关注的是物美价廉的农产品，传统农业也正是为了迎合消费者的这种需求而存在的。然而，随着社会的进步，人们收入水平的不断提高，人们越来越注重农产品的品质，不仅要求农产品能够满足其物质层面上的需要，还期望在消费农产品的同时能够获得更多的情感价值和社会价值，甚至是一种文化层面上的享受。这就为品牌农业的形成、成长提供了必不可少的前提条件。

三　品牌农业成长的内在本质机理

产业的成长和生物的成长一样，其自身的先天素质与后天成长有着密切的关系，不管后天如何努力，老鼠的后天成长都不可能像大象那样，这就是老鼠和大象先天素质（遗传基因）不同所决定的。产业也是如此，不同的产业其"遗传基因"是不同的，也就是说，不同产业之间在生产和技术方面是存在差异的。一般而言，技术条件要求高的产业其进入门槛也高，不容易成长；技术的突破性进步使得某些产业得以迅速成长与崛起，而后续不断的技术创新则会使产业始终处于旺盛的成长之中；产业技术创新快、传播应用快，则产业形成和成长也快。产业成长的"遗传基因"主要包括：产业规模起点、产业资本数量、产业技术条件、产业生产要素、产业组织方式、产业市场容量等。

从要素禀赋的角度看：要素禀赋状况对要素密集型产业的成长有着决定性的影响。劳动力丰富是劳动密集型产业成长的条件，同理，资本充足是资本密集型产业成长的条件，资源丰富是资源型产业的成长条件。品牌农业强调以农产品的差异化和区域特色为重点，这意味着农产品品牌的培育与锻造必须以个性化的区域农业资源禀赋为依托，从这个意义上说，品牌农业是一种资源型的产业，非常关键的资源是适合农作物生长的土地资源与气候资源，这是品牌农业的关键所在；此外，农业产业一般而言属于劳动密集型产业，因此，发展品牌农业要有丰富的劳动力资源，在区域农业资源禀赋满足品牌农业成长的基础上，劳动力素质的高低将成为品牌农业质量好坏的关键所在。

从市场容量的角度看：市场容量大的产业，产业发展空间大，有利于产业的成长。市场容量小的产业，产业发展空间小，产业有可能形成，但于发展不利。① 农产品是人们生活的必需品，从这一角度看品牌农业具有巨大的市场容量。但也必须注意，农产品的品种多，且高低档次也不尽相同，不同农产品其生产的技术条件也不同，因此，要想发展好品牌农业，必须准确对品牌农产品的客户群体进行清晰的定位，只有定位准确、清晰，才能做到有的放矢，促进品牌农业产业的持续、健康成长。

四 品牌农业成长的外部推动机理

任何事物的发展都是内因与外因共同作用的结果，外因通过内因而起作用。品牌农业的成长也同样离不开其良好的外部环境支撑。这就是品牌农业成长的外部推动要研究的关键所在。品牌农业成长的环境，如自然环境和条件、政治因素、人口、对外贸易和技术创新等对品牌农业的成长都具有重大作用。

自然环境和条件对品牌农业成长具有约束力和间接推动力。良好的自然环境和条件为品牌农业生产率的提高提供了一种便利的条件，也为品牌农产品质量保证提供了一个自然基础。但也应该注意，随着农业科学技术的不断进步和推广应用，品牌农业并非完全依赖于区域所特有的自然环境和条件，可以结合当地的自然环境，应用适当的科学技术，提高品牌农业的生产率和品牌农产品的品质。

政治因素对品牌农业的成长起到推动或阻碍的作用。从中国几次大的农业政策改革和农村经济震荡或产业波动的关系来看，品牌农业的成长和政治因素具有强相互作用。

人口增加可以扩大品牌农业的市场规模，增加品牌农产品的总需求，

---

① 朱磊：《浙江制造业产业成长研究》，博士学位论文，浙江大学，2002。

从而推动品牌农业的成长。但当劳动力供给结构与品牌农业的劳动力需求结构不相适应时，也会阻碍品牌农业的成长。

对外贸易也是品牌农业成长的外部推动力之一。我国农业的发展与西方发达国家相比还有很大的差距，通过积极发展与发达国家的农业经济贸易，一则可以充分利用国际资本和先进的农业技术发展本国品牌农业，二则可以通过与西方农业发达国家的合作，学习其先进的品牌农业运营理念与管理技术。同时通过国际农业贸易与合作可以提升我国农业在国际市场的影响力和竞争力。

技术创新是品牌农业产业成长的支持力与推动力，任何一个产业要获得可持续发展都离不开技术的支持和推动，因为技术创新不仅使产业成长有了现实基础，而且技术创新的速度决定了产业成长的速度。比如，用高效生物农药取代常规农药是发展无公害、无污染品牌农业必须跨越的门槛。目前，生物农药的药效明显不如化学农药，而且价格偏高，这样必然导致生物农药难以推广，直接影响着品牌农业产业的进一步发展。品牌农业技术是在品牌农业生产中，以生产安全无污染的营养、优质的农产品为目标的可持续农业技术，是生物防治技术、食品安全生产技术、无机肥料技术、农产品质量标准体系和检测技术等现代环保型农业技术的综合。发展品牌农业技术包括品牌农业技术的研究与开发、推广与应用。品牌农业技术广泛应用新技术、新设施、新肥料、新农药、新品种，如使用有机肥、生物农药，实行精量播种、工厂化育苗、立体无土栽培等。品牌农业技术是实现品牌农业产业化运作的必要条件，是发展品牌农业的基础与保障，可以说没有品牌农业技术的先行，就没有品牌农业的成长。

第三节 品牌农业系统动力学模型构建

品牌农业的成长是一个极为复杂的动态过程，呈现丰富的动态特征。品牌农业成长的动态性是品牌农业系统所处的外界环境因素与其自身内部结构综合作用的结果。为准确地把握作为系统的品牌农业的成长动态特征与规律，必须科学构建能够揭示品牌农业成长动态特征与规律的系统动态模型，并借助这一模型对品牌农业成长过程进行动态的模拟研究。把品牌农业放在其赖以生存的各种相关系统中考察，把品牌农业的问题放在其自身的动态系统中分析是非常必要和合理的。

从系统动力学的角度来分析，品牌农业从孕育、诞生、成长到成熟，其实就是一个不断增强的正反馈过程。品牌农业的成长可以使各种促进品牌农业进一步成长的要素得以发展。然而，不断增强的反馈环路一方面促使品牌农业快速成长，另一方面也使抑制企业成长的因素得到了成长，因此，在不知不觉中触发了一个抑制成长的调节环路，并开始起作用，这种抑制成长的调节环路将使品牌农业成长减缓或停顿。也就是说，品牌农业成长过程一定至少包含一个增强回路和一个调节回路。品牌农业成长过程可能包含多个连接在一起的成对的增强回路和调节回路，连接方式的不同，导致了品牌农业成长系统动态特性的不同。当促进品牌农业成长的正反馈起主导作用时，其增长速度加快；反之，当限制品牌农业成长的负反馈起主导作用时，其增长速度放缓，直至停止。

本节通过系统动力学建模，模拟分析品牌农业成长的基本结构、基本回路、典型的动态行为模式及其动力学性质，揭示了增强回路是品牌农业成长的动力，调节回路是品牌农业成长的稳定机制的本质，同时分析了它们之间的辩证关系，构建了品牌农业成长系统动力学模型。

一 系统动力学的系统结构描述方法

（一）连接

系统动力学所描述的系统是指：一个由相互区别、相互作用的各部分有机地连接在一起，为同一目的而完成某种功能的集合体。[①] 即系统是由构成系统的基本单元及基本单元之间的关系连接所构成的。因此，可以认为系统就是基本单元之间关系的集合。描述系统的结构首先要描述这些基本单元之间的关系联结。系统动力学为这种关系连接的表述提供了一种十分形象直观的表述方法——因果关系图示法。利用因果关系图示法，系统内部任何两个基本单元之间的关系都可以表示为由"原因"变量指向"结果"变量的有向连接（见图3-8），两个变量之间以箭线为连接。

如图3-8所示，在箭线的末端有"+"或"-"符号，"+"表示"结果"

[①] 王其藩：《系统动力学》，上海财经大学出版社，2009，第1页。

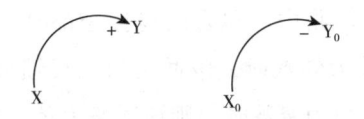

图 3-8　系统单元的连接

变量因"原因"变量的增加而增加,这种连接为"同向"连接;"-"表示"结果"变量因"原因"变量的增加而减少,这种连接为"反向"连接。

在现实系统中,"连接"所代表的数学关系表达式可能是十分复杂的,但概括起来不外乎就是"同向"和"反向"两类关系。这两类最基本的连接构成系统结构的最基本元素。

(二) 反馈回路

反馈是系统动力学的一个核心概念。[①] 在系统动力学中我们经常使用因果回路来表达系统的结构,因果回路图(CLD)是表示系统反馈结构的重要工具。通过因果回路中一个又一个的闭环,反馈充分展示了自己:代表因果链的回路最终连接到自己身上,整个回路没有起点也没有终点,每项事物都最终和其他事物产生联系,这样的回路就是"反馈回路"。[②] 系统思考的基本原则是,对于现实、复杂问题,最好用相互连接的反馈回路所形成的网络来描述。反馈回路是所有因果回路图的重要特征。按照反馈回路过程的特点,我们可以将反馈回路划分成正反馈回路和负反馈回路两种(见图 3-9)。

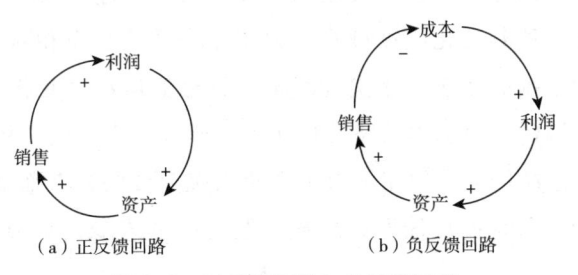

(a) 正反馈回路　　(b) 负反馈回路

图 3-9　正反馈回路与负反馈回路

[①] 钟永光等编著《系统动力学》,科学出版社,2009,第 57 页。
[②] 〔美〕丹尼斯·舍伍德:《系统思考》,邱昭良、刘昕译,机械工业出版社,2008,第 59~60 页。

图 3-9（a）所表示的是一种正反馈回路，图 3-9（b）所表示的是一种负反馈回路。当反馈回路中所包含的连接全部是"同向"连接，或者包含的"反向"连接个数为偶数时，该回路为正反馈回路；当反馈回路中所包含的"反向"连接个数为奇数时，则该回路为负反馈回路。

正反馈回路是指自身具有加强变量变化效果的能力的闭合回路。① 正反馈回路的特点是，当某一变量发生变化时，经过回路的作用，这种变化会进一步增强，使这个变化的幅度进一步加大，进而使系统呈现急剧增长或急剧减少的基本动态特征（见图 3-10）。正反馈回路是非常稳定的、非平衡的、增长的和自增强的。因此，正反馈回路也被称为"增强回路"。

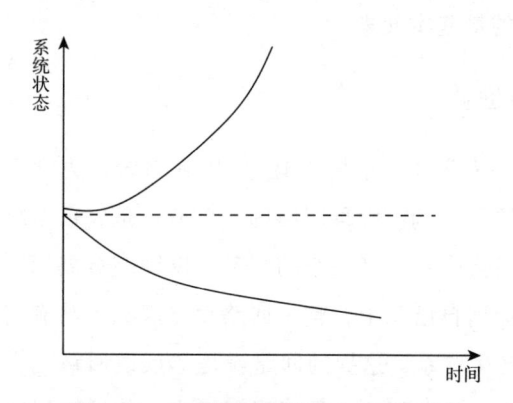

图 3-10　正反馈回路的基本动态特征

负反馈回路是指自身具有抑制变量变化和进行调节的能力的闭合回路。② 负反馈回路的特点是，当某一变量发生变化时，回路的调节作用会抑制这一变量的变化，使其变化幅度减小，力图缩小系统状态相对于目标状态的偏离，从而使系统的状态总是围绕着某个目标值运动（见图 3-11），维持系统的稳定。因此，负反馈回路又被称为"调节回路"或"稳定回路"。

反映真实系统的因果回路图由于现实系统变量的复杂而变得非常复杂，通常由很多相互联系的反馈回路组成。但无论系统多么复杂，最终形成的

---

① 李旭：《社会系统动力学：政策研究的原理、方法和应用》，复旦大学出版社，2009，第 29 页。
② 李旭：《社会系统动力学：政策研究的原理、方法和应用》，复旦大学出版社，2009，第 29 页。

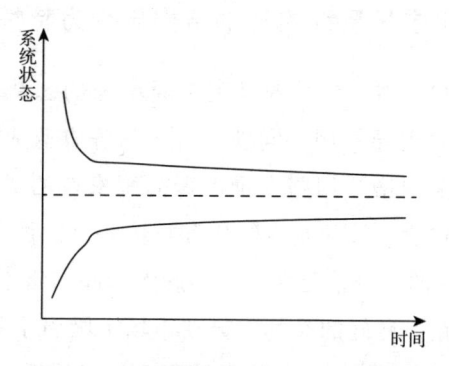

图 3-11　负反馈回路的基本动态特征

因果回路图多么繁杂，其基本构造总是离不开增强回路或调节回路这两种基本的回路。系统整体的动态行为特征也是由这两类基本回路组合而成的。分析系统的结构就是要辨别出系统中的每一个反馈回路以及两个回路之间的联系。

在系统成长的不同阶段，内部起主导作用的回路是不同的。当增强回路起主导作用时，系统表现出不断增强或减弱的行为特征；当调节回路起主导作用时，系统表现出诸如增长减缓、波动等稳定在某一固定水平周围的行为特征。为此，当系统表现出不断增长或不断减弱的趋势时，可以断定其内部存在增强回路，并正在起着主导作用；而当系统表现出增长乏力，难以改变其现状等趋势时，则可以断定其内部存在调节回路，并正在起着主导作用。在系统的发展与成长过程中，起主导作用的回路会不断发生转移，时而是增强回路，时而是调节回路，正是系统内部这种主导回路的转移，使得系统在发展过程中呈现极为复杂的动态行为特征。事实证明，由若干回路组成的反馈系统，即便各单独回路所隐含的动态特性都简单明了，使用直观形象的解释与分析方法解释其整体特征也往往束手无策。因此，反馈结构复杂的实际系统与问题，其随时间变化的动态特征与对其内部结构的关系的分析不得不求助于定量模型和计算机模拟技术。[1]

---

[1] 王其藩：《系统动力学》，上海财经大学出版社，2009，第 12 页。

二 品牌农业成长系统的基本结构与行为特性

从上述内容可知,当一个系统呈现不断增长的态势时,系统内部必定有一个增强回路起着主导作用。同理,对于品牌农业成长这种现象,其背后一定存在一个以上的增强回路在推动着品牌农业的成长。因此,可以用增强回路表示品牌农业成长的基本结构和行为特性。图3-12展示了一个由于在客户中具有良好的品牌信誉而实现品牌农产品销售不断增长的品牌农业成长现象的增强回路,良好的品牌信誉在市场上吸引了更多客户群体购买,品牌农产品的销售额不断增长,结果导致更多客户传播,使得农产品品牌信誉进一步上升,如此循环。每循环一次,回路中的每一个因素都会得到增强,从而推动品牌农产品销售额的不断增加,呈现品牌农业不断成长的态势。

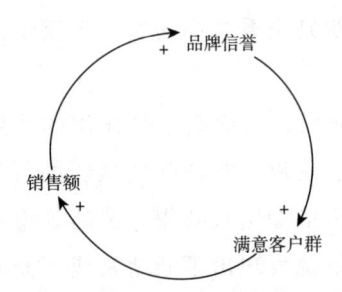

图3-12 品牌农业成长的品牌信誉增强回路

如果品牌农业一直遵循图3-12所示的系统结构运行,其成长是没有终止的,最后品牌农业将成长到一个无法想象的巨大规模,这显然是不现实的。因此,在现实品牌农业成长中肯定会遇到一些障碍,使品牌农业的成长速度下降或趋缓,最终品牌农业的成长将稳定在一定的规模上。依据前面的介绍,这个品牌农业成长的稳定机制可以用调节回路来表示。因此,在品牌农业成长的过程中必定还存在一个调节回路。图3-13展示了一个由于市场规模限制,品牌农业成长速度减缓的调节回路。

图3-13所展示的是:品牌农业成长的最大市场规模是给定的,在给定市场规模的情况下,随着品牌农产品销售额的增加,品牌农产品的潜在客户群将会变得越来越少,这将导致品牌农产品的销售增长也越来越小,品牌农业的成长最终会稳定在某一规模上。

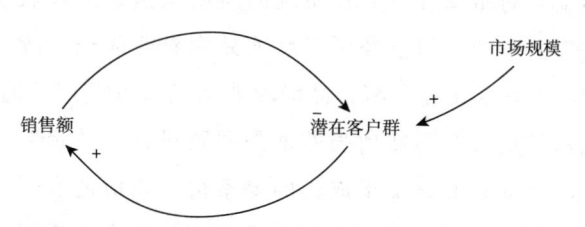

图 3-13　品牌农业成长的市场规模限制调节回路

我们将图 3-12 和图 3-13 连接起来，便可以得到一个能够反映某类品牌农业成长现象的完整的品牌农业成长系统（见图 3-14）。

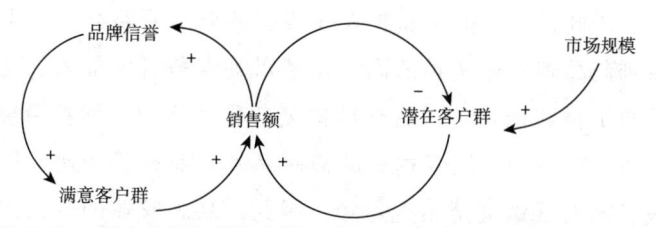

图 3-14　具有市场规模限制的品牌农业成长的品牌信誉因果关系

在图 3-14 展示的系统结构内，当品牌农业产业规模较小，潜在客户群的数量较多的时候，给定最大市场规模对品牌农业的成长约束作用很小，品牌农产品在市场上的销售在品牌信誉增强回路的推动下，产生较快的增长；随着品牌农业产业规模的扩大，在给定最大市场规模下潜在客户群的数量将越来越少，其对品牌农产品销售的阻碍也将越来越大，品牌农业产业成长的速度将越来越慢，并逐渐向给定最大市场规模趋近，但永远不会达到最大市场规模，更不可能超过最大市场规模（见图 3-15）。

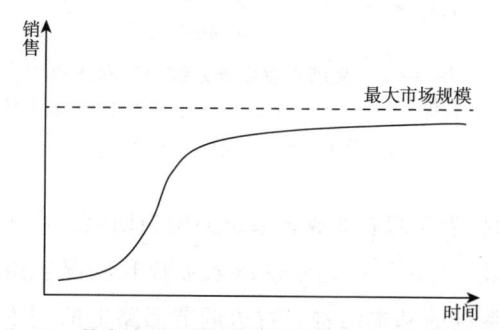

图 3-15　具有市场规模限制的品牌农业成长动态特性

尽管上述类型的品牌农业成长系统回路结构是从品牌农业成长的某一局部现象中提炼出来的，但已经可以反映品牌农业成长系统的一般结构及过程。从系统动力学的角度分析，品牌农业从品牌农业产业的孕育、形成、高速成长到成熟就是一个不断增强的增强回路过程。品牌农业产业的成长可以使各种促进品牌农业进一步成长的要素得到相应的发展。如品牌农业产业的成长可以使农业品牌的知名度、信誉度、美誉度提高，可以使市场的销路扩大、品牌农业技术得到提升、利润和成长资金增加、产业运营管理能力提高，同时聚合越来越多的品牌农业人才。这种不断增强的增强回路虽然能够促进品牌农业的快速增长，但抑制品牌农业成长的因素也一定伴随其成长，因此，一个抑制品牌农业成长的调节回路会被触发并开始起作用。这些抑制品牌农业成长的因素包括市场竞争者的加入、品牌农业营运管理人员自负情绪的增加、管理结构复杂程度增加、创新精神减弱、市场反应延迟等，这些抑制因素构成的抑制品牌农业成长的调节回路将使品牌农业的成长趋向减缓甚至出现停顿。因此，品牌农业的成长过程至少包括一个增强回路和一个调节回路。品牌农业成长过程可能包含多个连接在一起的成对的增强回路结构和调节回路结构，这种回路连接方式的不同导致品牌农业成长系统的动态特性也不相同。图3-16所展示的是品牌农业成长系统回路结构的常见连接方式。

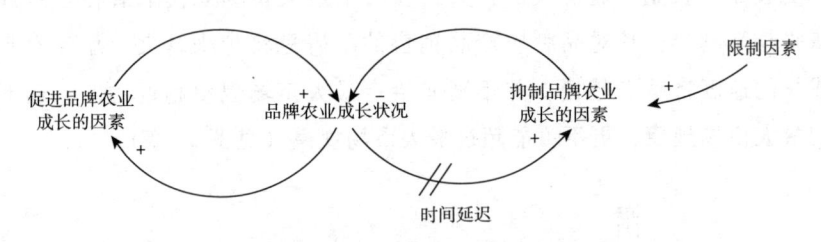

图3-16 品牌农业成长系统的基本结构

资料来源：〔美〕彼得·圣吉《第五项修炼——学习型组织的艺术与实务》，上海三联书店，1997，第103页。图3-16依据该页图例修改而成。

图3-16左边代表品牌农业成长系统的增强回路，右边代表品牌农业成长系统的调节回路。两个回路通过品牌农业成长状况连接在一起而形成一个品牌农业成长系统的基本结构。右边调节回路上的"//"符号，表示影响作用的"时间延迟"。在品牌农业的实际成长过程中，由增强回路和调节

回路相互影响所导致的系统动态行为往往呈现多种多样的特性，形成一种"动态复杂性"，这种动态复杂性形成的根本的原因在于：在系统的各种回路中，往往存在时间上的延迟现象，使得系统内部的相互矛盾无法在短时期内被识别，进而造成过度反应，使系统行为趋向更为复杂。

由于影响品牌农业成长的因素众多，不仅有其内在本质的影响因素，还有外部的环境因素（详见第四章品牌农业成长性影响因素研究），实际的品牌农业成长系统比图3-16所展示的要复杂得多，每个反馈回路内所包含的变量因素要多得多，且所有的品牌农业成长促进机制和抑制机制都联合在一起发挥作用，实际品牌农业成长系统所包含的回路还远不止两个，连接的方式也多种多样。但不论品牌农业成长系统多么复杂，推动品牌农业成长的总是那些起着"增长引擎"作用的增强回路，最后使得品牌农业成长稳定下来的总是那些起着"抑制增长"作用的调节回路。

在实际管理品牌农业成长中，任何一项新业务或者项目的创建，其关键都是要围绕品牌农业的"增长引擎"构建品牌农业的增强回路，无论从增强回路中哪一个促进品牌农业成长的因素入手，最终都要落实到尽量加快品牌农业增强回路的良性循环的原状上来，同时还要设法减弱品牌农业成长系统调节回路中各种抑制品牌农业成长的因素对品牌农业成长的阻碍作用。

三　品牌农业成长系统动力学模型构建

（一）品牌农业成长系统因果关系分析

在社会经济系统中，各个变量之间存在着错综复杂的关系，互为因果。[1] 品牌农业成长系统是一个复杂动态的经济系统。依据前面关于品牌农业成长性形成机理的分析可知，品牌农业的成长与其自身产业规模起点、产业资本数量、产业技术条件、产业生产要素、产业组织方式、产业市场容量等密切相关，与其外部环境诸如自然环境、政治、人口、外贸和科技等因素密切相关，也与品牌农业生产经营主体所能获得的利益及品牌农产品市场的供求情况密切相关。就目前而言影响品牌农业成长的因素主要有社会经济发展水平、品牌农业的市场容量、消费者的消费水平及品牌农业

---

[1] 李帅：《大连物流的系统动力学分析》，《技术与创新管理》2006年第4期，第87~89页。

自身的要素禀赋状况等。在品牌农业成长系统中主要存在以下几种因果回路。

1. 社会经济发展水平与品牌农业成长的关系

如图 3-17 所示，该因果关系描述的是社会经济发展水平与品牌农产品需求、品牌农业资源组成的一个调节回路闭环系统。表示社会经济发展水平的提高导致对品牌农产品需求的增加，而品牌农产品需求的增加将导致品牌农业资源的短缺，这种短缺状况最终不利于经济的健康发展。

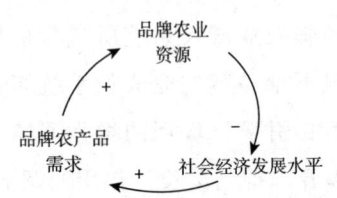

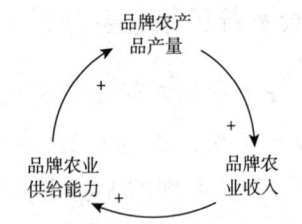

图 3-17　社会经济发展水平与品牌农业成长的关系

2. 品牌农业成长的自我调节关系

如图 3-18 所示，该因果关系描述的是品牌农业或品牌农业企业的自我发展增强回路。表示品牌农业供给能力的改善，将使品牌农业企业能够生产更多的品牌农产品，从而实现更多的品牌农产品销售，这将使品牌农业收入增加，进而使其能够在一定的条件下实现自我快速增长。

图 3-18　品牌农业成长的自我调节关系

3. 品牌农产品价格与品牌农产品供给及需求之间的关系

如图 3-19 所示，该因果关系描述的是品牌农产品价格对于品牌农产品需求和品牌农产品供给的调节机制。一般而言，品牌农产品价格的上升必然引致品牌农产品供给的增加，品牌农产品供给的增加又引致品牌农产品价格的下降；品牌农产品价格的下降必然引致品牌农产品需求的增加，而品牌农产品需求的增加又将引致品牌农产品价格的上升。

图 3-19　品牌农产品价格与品牌农产品供给及需求之间的关系

4. 品牌农业科技与品牌农业成长的关系

如图 3-20 所示，该因果关系描述的是品牌农业科技的进步对品牌农业成长的促进机制。品牌农业科技的进步将导致品牌农产品质量的提升，进而引发品牌农产品需求的增长，需求的增长导致品牌农业收入的增加，而收入的增加则意味着可以有更多的资金投入品牌农业的技术研发，这又导致品牌农业科技的进步。

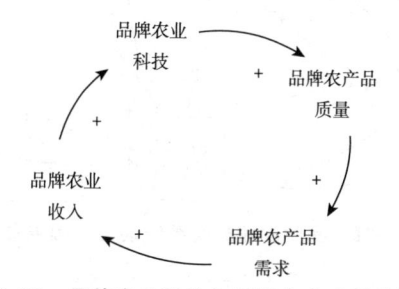

图 3-20　品牌农业科技与品牌农业成长的关系

5. 教育因素与品牌农业成长的关系

如图 3-21 所示，该因果关系描述的是教育因素对品牌农业成长的促进机制。农业专业教育能够提高品牌农业从业人员素质，随着品牌农业从业人员素质的提高，品牌农业的发展水平也将相应得到提高，优质的品牌农产品及其服务将增加消费者对品牌农产品的需求，而最终促成对农业专业教育的更大需求。

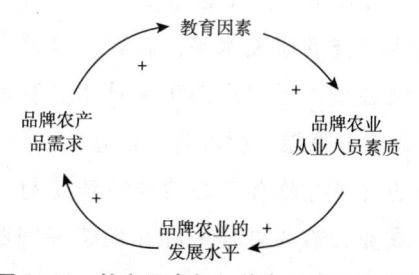

图 3-21　教育因素与品牌农业成长的关系

(二) 品牌农业成长系统动力学因果关系

依据前述对品牌农业成长系统的深入分析,我们可以得到品牌农业成长系统动力学因果关系(见图 3-22)。

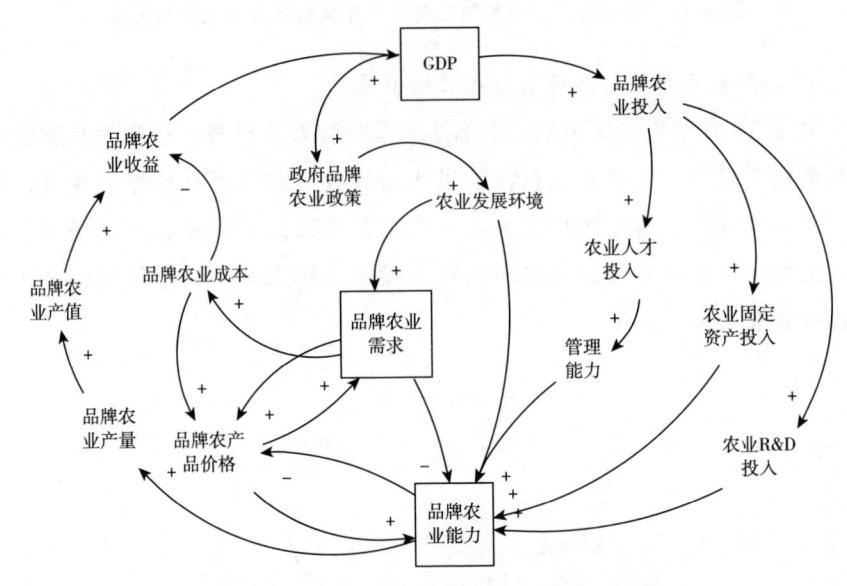

图 3-22 品牌农业成长系统动力学因果关系

品牌农业成长系统是一个复杂的社会经济子系统,系统中各个因素相互关联、相互制约,对品牌农业成长系统中各个因素进行分析有重要的现实意义,我们从中可以得到以下几点启示。

第一,品牌农业的成长必须加大品牌农业的科技投入。我国目前在品牌农业技术装备、信息化水平方面相比发达国家还存在较大的差距,加大对品牌农业的科技投入,一方面应积极引进国外先进的品牌农业技术装备和农业生产技术;另一方面应加大对农业的科研投入,加强我国农业科学技术的研发,提升农业科技的研发水平。在经济全球化、区域经济一体化时代,品牌农业的发展必须要用先进的生产技术、管理技术和信息技术武装起来,努力实现品牌农业发展的标准化、信息化。

第二,品牌农业的发展需要有良好的政策环境与之协调。目前处在迅速发展中的中国品牌农业,需要处理好存在的诸多问题,协调好品牌农业成长的诸多关系，这些问题和关系有赖于良好的政策环境。从中央到地方各级政府应积极制定相应的品牌农业发展的方针和政策以推动我国品牌农业的协调发展，使品牌农业真正成为中国农村经济发展的新增长点，进而促进"三农"问题的解决。

第三，要处理好品牌农业需求与供给的关系。品牌农业的发展是以需求为根本推动力的，品牌农业能在发达国家与地区得到率先发展，其最根本的原因就是现实需求的推动。从中国品牌农产品的供求关系来看，既有农产品市场化程度不高、需求相对不足的因素，也有品牌农产品供给能力不足以及服务水平相对落后的原因，难以满足个性化、多样化的品牌农产品需求。为此，想要加快我国品牌农业的发展，既要培育品牌农产品的市场，也要促进品牌农业资源的整合，努力提升品牌农产品的品质和服务水平以及竞争能力。

第四，品牌农业的成长需要加大对品牌农业技术和管理人才的培养。我国的品牌农业起步较晚，品牌农业技术人才和管理人才严重缺乏，一定程度上阻碍了我国品牌农业的发展。就目前的情况而言，除了积极引进品牌农业人才外，应重点加强多层次、多方面品牌农业在职人员的培训和农业高等教育的建设，力争在尽可能短的时间内，形成具有自身特色的品牌农业人才队伍。这是品牌农业成长的根本所在。

（三）品牌农业成长系统动力学流图模型

品牌农业成长系统动力学因果关系只能定性描述品牌农业成长系统的结构、功能和相互关系，并不能反映系统中不同变量的区别与变量之间的数量关系。因此，有必要构建品牌农业成长系统动力学流图以分析品牌农业成长系统内的变量及变量之间的关系，进而便于量化分析和计算机仿真。

系统动力学流图主要用于描述影响反馈系统的动态性能的累积效应，表示不同性质变量的区别。图3-23是依据图3-22的因果关系基本反馈结构绘制出来的品牌农业成长系统动力学流图模型，由4个子模块组成，即经济（GDP）子模块、人口子模块、品牌农业需求子模块及品牌农业能力（品牌农业供给能力）子模块。包含8个水平变量：GDP、人口、品牌农业供给能力、品牌农业需求、农业技术人员、农机总动力、化肥施用量和农作物播种面积。此外还有农村固定资产投资、供需比、品牌农业差异、农业中间消耗、品牌农业 GDP、投资效果、需求增长系数等反映品牌农业成长水平的辅助变量指标。需要指出的是,品牌农业对经济的阻碍不仅表现在供给短缺的影响,而且还表现在供过于求时造成的品牌农业资源的浪费。

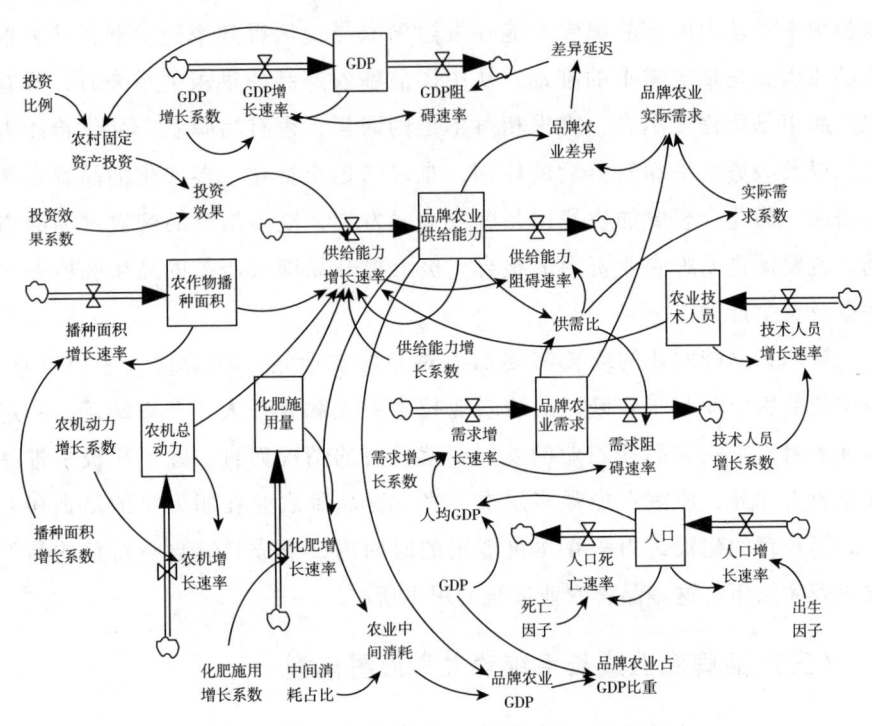

图 3-23 品牌农业成长系统动力学流图模型

(四) 品牌农业成长系统方程与参数说明

在确定参数时,对品牌农业增长速率进行了与农业技术人员、农机总动力、财政支农支出之间的回归分析,并将结果应用于模型之中,同时对品牌农业的需求速率进行了时间回归分析。以下是所有的参数和说明。仿真开始时间为 2000 年,结束时间为 2030 年。

(1) GDP = INTEG(GDP 增长速率 - GDP 阻碍速率,99214.6);

(2) GDP 增长系数 = 0.1578;

(3) GDP 增长速率 = GDP × GDP 增长系数;

(4) GDP 阻碍速率＝GDP 增长速率×差异延迟；

(5) TIME STEP ＝1；

(6) 中间消耗占比＝0.411；

(7) 人口＝INTEG（人口增长速率－人口死亡速率，12.6743）；

(8) 人口增长速率＝人口×出生因子；

(9) 人口死亡速率＝人口×死亡因子；

(10) 人均 GDP＝GDP／人口；

(11) 供给能力增长系数＝0.1055；

(12) 供给能力增长速率＝（－0.459409×品牌农业供给能力＋0.912233×农机总动力＋0.743766×投资效果＋3.01563×农作物播种面积－1.6149×农作物播种面积－1529.64×农业技术人员＋14.621×化肥施用量）×供给能力增长系数；

(13) 供给能力阻碍速率＝IF THEN ELSE（供需比＞1，供需比－1，0）×供给能力增长速率；

(14) 供需比＝品牌农业供给能力／品牌农业需求；

(15) 农业中间消耗＝中间消耗占比×品牌农业供给能力；

(16) 农业技术人员＝INTEG（技术人员增长速率，65.4138）；

(17) 农作物播种面积＝INTEG（播种面积增长速率，15630）；

(18) 农机动力增长系数＝0.05827；

(19) 农机增长速率＝农机动力增长系数×农机总动力；

(20) 农机总动力＝INTEG（农机增长速率，52573.6）；

(21) 农村固定资产投资＝GDP×投资比例；

(22) 出生因子＝0.01258；

(23) 化肥增长速率＝化肥施用增长系数×化肥施用量；

(24) 化肥施用增长系数＝0.02747；

(25) 化肥施用量＝INTEG（化肥增长速率，4146.4）；

(26) 品牌农业 GDP＝品牌农业供给能力－农业中间消耗；

(27) 品牌农业供给能力＝INTEG（供给能力增长速率－供给能力阻碍速率，24915.8）；

(28) 品牌农业占 GDP 比重＝品牌农业 GDP／GDP；

(29) 品牌农业实际需求＝实际需求系数×品牌农业需求；

(30) 品牌农业差异＝ABS（品牌农业供给能力－品牌农业实际需求）／

品牌农业实际需求；

（31）品牌农业需求=INTEG（需求增长速率-需求阻碍速率，21179.4）；

（32）实际需求系数=IF THEN ELSE［供需比>1，（1，供需比）］；

（33）差异延迟=DELAY1I［品牌农业差异，（1，0）］；

（34）技术人员增长系数=0.0099；

（35）技术人员增长速率=农业技术人员×技术人员增长系数；

（36）投资效果=农村固定资产投资×投资效果系数；

（37）投资效果系数=1；

（38）投资比例=0.0765415；

（39）播种面积增长系数=0.0015179；

（40）播种面积增长速率=农作物播种面积×播种面积增长系数；

（41）死亡因子=0.00665；

（42）需求增长系数=0.1186；

（43）需求增长速率=（2.0342×人均GDP+5641.4）×需求增长系数；

（44）需求阻碍速率=IF THEN ELSE［供需比<1，需求增长速率×（1-供需比），0］。

（五）品牌农业成长系统仿真结果分析

在Vensim PLE上运行品牌农业成长系统动力学模型，发现上述建立的品牌农业成长系统动力学流图模型所得到的仿真结果与实际数据之间具有较高的拟合度（见表3-2），这说明模型具有较强的可行性。

从品牌农业供给能力与需求仿真结果看，在现行政策下，2000年至2028年，品牌农业供给能力基本大于品牌农业需求［见图3-24（a）］，这说明我国农业已经处在一个相对过剩的时期，结合相关数据可知：我国农业的过剩并非总体过剩而是结构性过剩，农业处在一种结构性买方市场状态，这为品牌农业的发展提供了有利的市场条件。但在2028年以后农业将产生供不应求的局面，这主要是由于经济的发展和人口增长将加大对农业的需求，品牌农业的供需比变小，在2012年后供需比小于1，品牌农业差异则在2012年以后降为零［见图3-24（b）］。

品牌农业供给能力是品牌农业成长的关键性因素之一，从仿真的结果看，农村固定资产投资、农业技术人员、农机总动力、化肥施用量、农作

表 3-2 品牌农业成长系统主要变量仿真与实际数据比较

年份	GDP 实际	GDP 仿真	GDP 差异	人口 实际	人口 仿真	人口 差异	品牌农业供给能力 实际	品牌农业供给能力 仿真	品牌农业供给能力 差异	品牌农业需求 实际	品牌农业需求 仿真	品牌农业需求 差异
2000	99214.55	99214.60	-4.76281E-07	12.6743	12.674300	-1.52897E-08	24915.8	24915.801	-3.13556E-08	21179.41	21179.400	4.53713E-07
2001	109655.17	114870.66	-0.047562677	12.7627	12.749458	0.001037530	26179.6	27054.930	-0.033435564	22539.27	23737.027	-0.053140911
2002	120332.69	129799.42	-0.078671329	12.8453	12.825063	0.001575459	27390.8	29598.795	-0.080610823	25078.37	26579.777	-0.059868618
2003	135822.76	147418.80	-0.085376273	12.9227	12.901115	0.001670284	29691.8	32536.457	-0.095806150	27477.87	29690.543	-0.080525636
2004	159878.34	168039.23	-0.051044416	12.9988	12.977619	0.001629445	36239.0	35872.875	0.010103066	31972.72	33116.406	-0.035770069
2005	184937.37	192014.14	-0.038265775	13.0756	13.054577	0.001607814	39450.9	39620.742	-0.004305154	34708.28	36909.355	-0.063416437
2006	216314.43	219791.94	-0.016076189	13.1448	13.131990	0.000974497	40810.8	43800.281	-0.073252209	37643.16	41126.957	-0.092547943
2007	265810.31	251927.25	0.052229186	13.2129	13.209863	0.000229873	48893.0	48439.230	0.009280869	45405.16	45833.965	-0.009443967
2008	314045.43	289097.28	0.079441201	13.2802	13.288198	-0.000602214	58002.0	53572.977	0.076359840	55136.57	51104.066	0.073136642
2009	340506.87	332123.75	0.024619525	13.3474	13.366997	-0.001468208	60361.1	59244.863	0.018492650	57304.89	57021.891	0.004938486

注：1. 人口与 GDP 数据来源于 2010 年《中国统计年鉴》，http://www.stats.gov.cn/tjsj/ndsj/；

2. 由于目前缺少专门的关于品牌农业的统计数据，本书中品牌农业供给能力数据用农林牧副渔产值替代，具体根据 2000～2010 年《中国统计年鉴》整理而得；

3. 品牌农业需求＝农村恩格尔系数×农村居民人均消费支出×农村人口总数＋城镇恩格尔系数×城镇居民人均消费支出×城镇人口总数；

4. 差异＝（实际－仿真）/实际。

物播种面积等因素对品牌农业供给能力的提高都有不同程度的贡献（见图3-25）。这些因素在品牌农业成长的过程中，不同时期的贡献是不一样的。比如农村固定资产投资在2019年之前对品牌农业供给能力的贡献呈现增长的趋势，而在2019年以后则呈现降低的趋势，如图3-25所示，农村固定资产投资的增幅在2019年后比其所带动的品牌农业供给能力的增幅要大，这意味着更多的农村固定资产投资可能带来品牌农业供给能力的增加趋向减缓，说明其贡献率在降低。

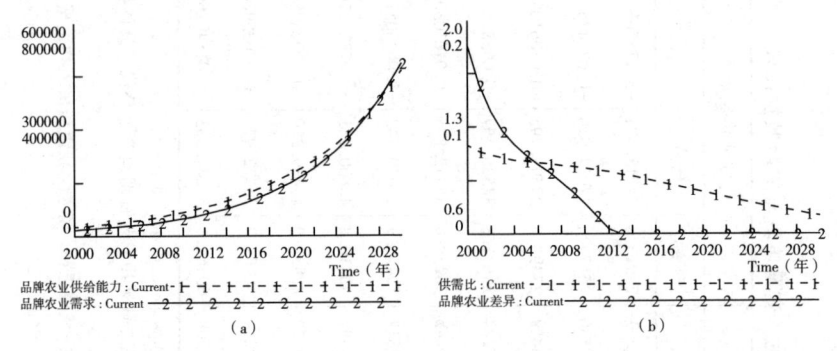

图 3-24 品牌农业供给能力与品牌农业需求、供需比及品牌农业差异仿真结果

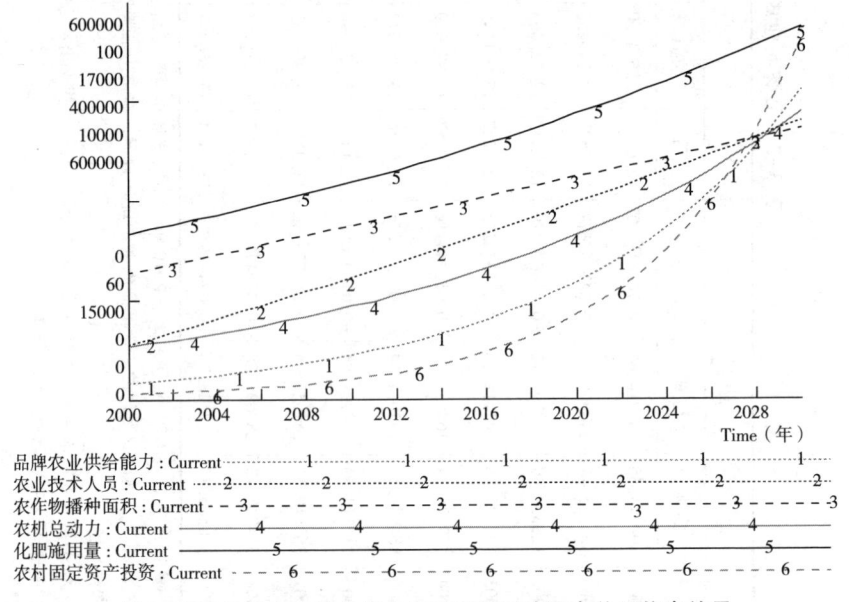

图 3-25 品牌农业供给能力与其主要影响因素关系仿真结果

四 品牌农业成长系统政策模拟分析

任何产业的发展都离不开市场的拉动，而市场的拉动最重要的便是需求能力和水平的提升。从上述仿真结果看，现有政策如果不加调整，品牌农业在 2028 年之前将一直处于供过于求的状态，这种状态如果得不到改变，必然将造成相应品牌农业资源的浪费。因此，要使品牌农业健康成长，必须采取有效措施刺激品牌农业需求的增长或者进行品牌农业的合理投资。为此，本书拟定五种政策对品牌农业成长政策进行模拟仿真（见表 3-3）。

表 3-3 品牌农业成长政策仿真相关方案

原始方案	初值	方案		
需求增长系数	0.1186	综合政策	需求政策	0.15
投资效果系数	1		投资政策	1.1
投资比例	0.0765415			0.009
播种面积增长系数	0.0015179		资源政策	0.03
技术人员增长系数	0.0099		技术政策	0.015
农机动力增长系数	0.05827			0.068
化肥施用增长系数	0.02747			0.04

从不同政策的模拟仿真结果看，不同政策的实施对经济发展起着不同程度的贡献（见图 3-26）。但相比较起来，实施品牌农业的需求政策要优于品牌农业的资源政策、技术政策和投资政策，这意味着在当前我国的经济环境下制约品牌农业成长的关键是相对于品牌农业的供给，有效的品牌农业需求不足。因此，提升我国城乡居民的收入，刺激品牌农业需求的增加是当前品牌农业发展与成长的关键，进行品牌农业资源政策、技术政策和投资政策的改善，对经济发展的贡献远小于需求政策的改善。如果能将各种政策综合起来考虑，则品牌农业的成长会变得更好，其对整个国民经济的贡献也要远远优于各种政策单独实行的效果，如图 3-26 所示，在实行综合政策下，供需比相对趋于稳定，不仅能带动品牌农业需求和品牌农业供给能力的同步增长，同时也能带动整个国民经济的较快增长。

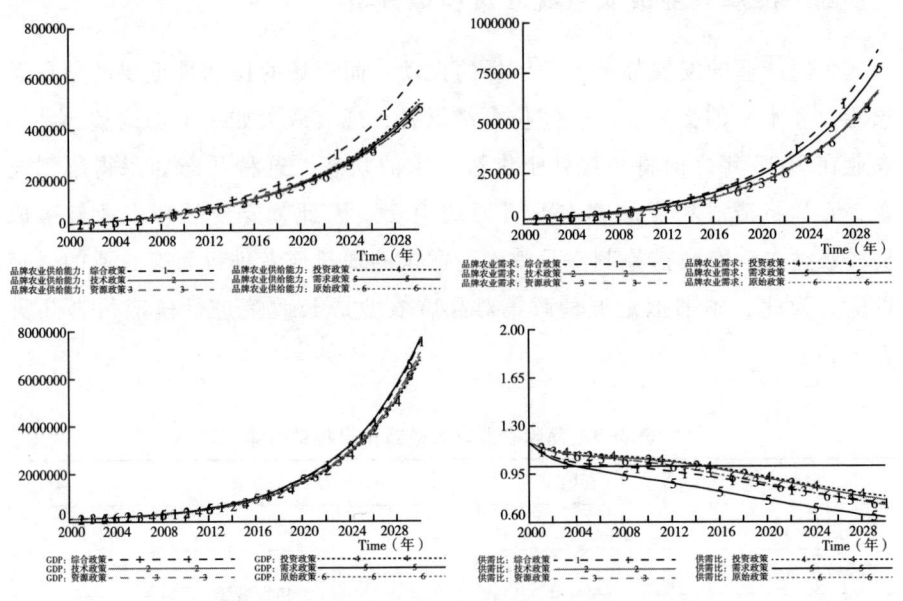

图 3-26　品牌农业成长政策仿真模拟有关结果

第四章 品牌农业成长性影响因素研究

人类发展是建立在农业文明基础之上的,[①] 农业的发展与成长对人类文明的进步具有重要的基础性意义。世界银行《2008年世界发展报告：以农业促发展》指出："农业是实现到2015年将全球赤贫和饥饿人口减少一半这一千年目标的重要发展工具。"在发展中国家，每4个穷人中有3个生活在农村。因此，农业成长与发展是一个永恒的世界性话题，可以说农业发展好了，农业经济增长了，农村和农民的问题也就相应解决了。我国是一个农业大国，农业养育着广大中国人口，可以说在中国，农业成长与发展的意义比世界上任何一个国家都要大得多。中国要想成为农业强国，必须解决如何实现农业经济增长目标的问题，而其中最为关键的问题之一便是农业成长及其影响因素的问题。

第一节 品牌农业成长的影响因素

一 品牌农业成长影响因素相关文献回顾

农业成长的影响因素一直以来是业界和学界关注的热点，从已有的文献看，众多的专家学者们从不同的角度对农业成长的因素做了大量研究：彭亮[②]，张浩、陈昭[③]，闫俊强、李大胜[④]等从全国的角度对农业经济增长

[①] 高旺盛主编《中国农业与世界农业概论》，高等教育出版社，2010，第3页。
[②] 彭亮：《我国农业经济增长因素分析》，硕士学位论文，四川大学，2003。
[③] 张浩、陈昭：《中国农业经济增长的要素贡献度研究——基于分省非稳定面板的实证分析》，《南方经济》2008年第1期，第65~75页。
[④] 闫俊强、李大胜：《我国广义农业经济增长的要素贡献研究——基于面板数据模型的实证分析》，《经济问题》2009年第3期，第60~62、71页。

的全要素进行了分析，陈莉、张士云[1]，宋蕾、郭俊华[2]等则从省域和区域的角度对农业经济增长全要素进行了研究；McMillan、Whalley、Zhu[3]从制度变迁的角度研究了在中国农村经济制度中家庭联产承包责任制和价格改革对农业成长的影响，林毅夫[4]从微观角度分析了制度对农业成长的影响；李焕彰、钱忠好[5]，魏朗[6]，刘涵[7]等从全国和区域的角度对财政支出对农业成长的影响展开了研究；郑云[8]，杜红梅、安龙送[9]，胡求光[10]，陈龙江、黄祖辉、周文贵[11]研究了农产品进出口对农业成长的影响；顾焕章、王培志[12]，刁怀宏、陶永勇[13]，周兵、冉启秀[14]等从全国或区域的角度研究了农业科技进步对农业成长的影响。此外，还有很多专家学者分别从不同的角度研究农业机械化、人力资本、农村金融、农业结构、农业信息化及物流

---

[1] 陈莉、张士云：《安徽省农业经济增长影响因素的通径分析》，《运筹与管理》2004年第4期，第126~130页。
[2] 宋蕾、郭俊华：《1990—2004：陕西农业经济增长因素分析》，《西安邮电学院学报》2006年第4期，第39~42页。
[3] J. McMillan, Whalley, L. Zhu, "The Impact of China's Economic Reforms on Agricultural Productivity Growth", *Journal of Political Economy*, 1989, 97 (4): 781-807.
[4] Justin Yifu Lin, "Rural Reforms and Agricultural Growth in China," *The American Economic Review*, 1992, 82 (1): 34-51. 林毅夫：《制度、技术与中国农业发展》，上海三联书店、上海人民出版社，1994，第63~92页。
[5] 李焕彰、钱忠好：《财政支农政策与中国农业增长：因果与结构分析》，《中国农村经济》2004年第8期，第6页。
[6] 魏朗：《财政支农支出对西部农业经济增长的贡献》，《财经科学》2006年第4期，第111~118页。
[7] 刘涵：《财政支农支出对农业经济增长影响的实证分析》，《农业经济问题》2008年第10期，第30~35页。
[8] 郑云：《中国农业技术的国际扩散模式及竞争策略》，《改革》2006年第3期，第78~84页。
[9] 杜红梅、安龙送：《论我国水果罐头出口现状、机遇及挑战》，《国际经贸探索》2007年第12期，第14~18页。
[10] 胡求光：《农产品进出口贸易对浙江农业经济增长的影响——基于出口扩展型生产函数的实证分析》，《国际贸易问题》2007年第9期，第45~50页。
[11] 陈龙江、黄祖辉、周文贵：《中国农产品对外贸易对农业经济增长的贡献——基于1981—2003年数据的实证分析》，《经济理论与经济管理》2005年第10期，第48~54页。
[12] 顾焕章、王培志：《农业技术进步贡献率测定及其方法研究》，《江苏社会科学》1994年第6期，第7~11页。
[13] 刁怀宏、陶永勇：《生产要素的配置变化与科技进步——中国1980—2001年农业技术进步率的估计》，《农业现代化研究》2003年第6期，第438~442页。
[14] 周兵、冉启秀：《科技进步对西部农业经济增长贡献的实证分析》，《中国流通经济》2007年第8期，第24~26页。

等对农业成长的影响。

应该说，上述不同的专家从不同的角度对农业成长影响因素的研究为我国农业发展提供了积极的理论指导，对促进我国农业成长起到相当积极的推动作用。但研究也存在一定的局限性：一是很多研究者只列举了一些影响因素，[①]却没有对这些因素与农业成长的关联强度进行深入的分析，人们很难知道究竟哪些影响因素更为重要。二是品牌农业成长是一个复杂的经济系统，其影响因素众多，各种因素相互关联、互为因果，不同专家学者只是选取其中的一些因素进行分析，难以准确反映品牌农业成长系统的结构特性及其动态的行为特征。三是在对品牌农业成长进行分析以及对品牌农业发展进行规划或制定品牌农业发展战略时，仅仅考虑其中的一个或局部的几个因素容易带有片面性，导致决策的偏差与失误。

通过上述文献的研究可以发现，品牌农业的成长受到众多因素的影响。品牌农业的成长首先受到生产要素投入的影响，如可供农作物播种的面积、有效的灌溉面积、物质的投入（如种子、化肥、农膜等）、劳动力的投入，同时制度变革、财政支农支出、农村固定资产投资、农业科技进步、农业结构、人力资本、农业信息化水平、农业物流等对品牌农业成长的影响也是不容忽视的。因此，在对品牌农业成长进行分析以及对品牌农业发展进行规划或实施品牌农业发展战略时，不能仅仅考虑其中一个或几个方面，最重要的是要考虑各种因素的综合影响。[②]只有这样，才能实现品牌农业持续、健康的发展。

二 品牌农业成长的影响因素

如前所述，影响品牌农业成长的因素很多，但归结起来主要有社会经济发展因素、制度因素、技术因素、市场因素、资本因素、成本因素、风险因素。

（一）社会经济发展因素

社会经济发展因素是品牌农业成长的基础因素。众所周知，品牌作为

[①] 方双龙、余维祥：《农业经济增长影响因素的文献综述》，《惠州学院学报》（自然科学版）2011年第1期，第49~55页。

[②] 方双龙、余维祥：《农业经济增长影响因素的文献综述》，《惠州学院学报》（自然科学版）2011年第1期，第49~55页。

一种消费形态，是社会经济发展到一定阶段以后才得以产生和发展起来的。这主要表现在，随着社会经济的发展，人们的收入水平得以提高，其消费水平和层次也将随着收入水平的提高而提高，当人们的消费水平提升到一定层次后，市场就会产生对产品质量、包装、款式、功能、品位等方面的更高需求，品牌便应运而生。[①] 品牌农产品的消费也不例外，一般而言，当一个国家或地区的人均 GDP 在 500 美元以下时，社会的需求属于一种生存型需求，当人均 GDP 在 500 美元至 1000 美元时，社会的需求属于温饱型需求，以上这两种社会需求状态下，品牌一般很难成长与发展。当人均 GDP 达到 1000 美元至 3000 美元时，社会的需求为小康型需求，这时人们的收入在满足温饱以外还有较大的剩余，人们的消费需求开始从数量满足向质量满足转变，而当人均 GDP 超过 3000 美元后，社会进入一种富裕型需求结构，这时，伴随着生产力水平的提高需求产生了质的变化，品牌的内涵也随之发生深刻的变化，由原来仅仅作为一种名称、标记、术语、符号或组合运用，演变成为一种与消费者的互动关系，消费者除了关注产品实体的品质以外，更加关注品牌所带来的社会价值和情感价值。从我国品牌农业的发展历程看也证实了上面的观点，2001 年我国人均 GDP 达到 8622 元人民币（约合当年 1040 美元），2010 年我国人均 GDP 超过 29000 元人民币（约合当年 4280 美元），从相关的数据和农业的重要事件可以看出，我国品牌农业正是在进入 21 世纪以后快速发展和成长起来的。这说明社会经济发展因素起到了关键的作用。

（二）制度因素

制度是品牌农业成长的一个不可或缺的重要支撑因素。品牌农业成长系统作为一个耗散结构总是处于一种不平衡的状态，需要不断与外界的物质、信息与能量进行交换。品牌农业成长过程则是这一耗散结构从低级到高级、从无序到有序的成长转化的过程，要实现在不平衡状态下的转化，就必须受制于制度的影响，理性地与其他系统（如经济系统、环境系统、社会系统等）进行物质、信息与能量的交换。制度对品牌农业产生作用主要是通过政府的行政干预、财政对农业的支持、合理的产权安排、农业信

[①] 王成荣：《品牌价值论》，中国人民大学出版社，2008，第 60~68 页。

贷的支持以及价格机制的安排等来进行的。从实际看，制度对品牌农业成长的作用是显而易见的，我国在1978年之前农业的发展相当缓慢，但1978年中国在农村实行一系列的改革以后，农业中所有主要方面的增长率都提升了，其增长水平比这之前的长期平均水平要高出好几倍。这主要得益于家庭联产承包责任制的成功实施以及政府自1979年以来在市场流通政策及农产品收购政策等方面的改革。林毅夫[1]、文贯中[2]等都认为家庭联产承包责任制是1978年以后农业产出率加速增长的主要原因。21世纪，我国的农业进入品牌农业发展时代，这除了与前面所说的社会经济发展因素有关以外，应该说与政府对"三农"的高度重视和不断加大对农村、农业的改革是密不可分的，政府自2004年以来连续颁发的多个中央一号文件均以"三农"问题为主题。通过一系列举措，中国不仅结束了粮食受援国的历史，而且还成为位于世界前列的粮食捐助国。据世界粮食计划署不完全统计，在2005年，中国对外捐助粮食就达到57.7万吨，仅次于美国和欧盟，居全球第三位。[3]

（三）技术因素

技术是品牌农业成长另一个重要的支撑因素，也是农业生产率增长所依赖的最重要因素。[4] 作为产业成长层级的一种标志，技术创新构成了产业成长的内在统一体。[5] 一方面，技术创新使产业成长有了现实基础，技术创新的速度决定了产业成长的速度；另一方面，产业成长和发展促进技术创新的实现，为技术创新提供了良好的环境，产业的健康成长可以有效地提升技术创新的速度与质量。技术是一种不同于土地和劳动力的特殊生产要素，土地作为一种自然资源具有很明显的稀缺性特征，其供给数量不可能无限增长，在土地供给不足而劳动力资源充裕的情况下，劳动力的连续不

---

[1] 林毅夫：《制度、技术与中国农业发展》，上海三联书店、上海人民出版社，1994，第30~62页。
[2] 文贯中：《中国现行土地制度的弊病及其对策》，《科技导报》1988年第4期，第41~44页。
[3] 《在希望的田野上放飞梦想——从新世纪七个中央一号文件看"三农"发展》，新华网，http://news.xinhuanet.com/politics/2010-05/02/c_1269538.htm，最后访问日期：2021年7月1日。
[4] 林毅夫：《制度、技术与中国农业发展》，上海三联书店、上海人民出版社，1994。
[5] 吕明元：《技术创新与产业成长》，经济管理出版社，2009，第67页。

断增加必然导致边际收益的递减甚至出现负值的情况，如果劳动力稀缺则容易导致生产成本的增加。而技术则不一样，其可以不断创新与改进，新的技术出现可以替代旧的技术，具有供给弹性大的特征，从农业发展的现实看，技术对农业的贡献率要远大于土地和劳动力因素，有数据表明，当今发达国家技术对农业的贡献率早在 20 世纪 70 年代初期就已经达到 60%~70%。

农业技术是人类应用科学在农业领域反复实践积累起来的经验和知识。[①] 科学技术是第一生产力，现代农业技术是品牌农业成长的重要组成部分，改革开放以来，我国现代农业技术的发展对品牌农业的成长起到了积极的推动作用。从我国品牌农业的实践看，技术对品牌农业的推动作用主要有以下三个方面。

其一，农业技术的进步与创新促进了品牌农业资源配置的优化，提高了品牌农业的效率与效益。品牌农业成长与发展的根基是品牌农业资源的投入，但品牌农业的成长与发展水平却并非完全取决于区域品牌农业的资源状况。这主要是因为农业技术因素可以在一定程度上代替品牌农业某些稀缺的资源（如土地等），进而促进品牌农业资源的优化，使原有品牌农业资源得到更好、更加有效的利用。正如舒尔茨认为，对经济增长的实现进行解释的关键是把技术变迁引入经济增长的要素之中。这意味着生产要素不仅仅是土地、物质资本和劳动力的问题，还应包括技术。技术在农业发展中的作用可以表现为有经验和知识的资源要素的组合与没有经验和知识的资源要素的组合之间的区别，它们的效率是不一样的，前者所带来的效率与效益往往要比后者高得多。但值得注意的是不同地区由于资源禀赋的不同，品牌农业技术的选择也是不同的。日本的速水佑次郎和美国的拉坦在研究日本与美国品牌农业成长过程中的发现证实了这一点，日本与美国的农业资源有着很大的不同，日本是典型的人多地少的国家，其农业发展最稀缺的资源是土地，因此在其品牌农业的发展过程中，日本选择了良种、化肥及水利等农业技术以增加耕地面积的有效供给；美国则与日本不同，其人少地多，在美国农业发展中其最稀缺的资源是劳动力，因此美国在发

[①] 郑大豪：《农业技术产业化及其成果与服务的价格问题》，《农业技术经济》1999 年第 3 期，第 1~4 页。

展品牌农业上选择的农业技术主要是农业的机械化技术。尽管美日两国的农业技术选择方向不同,但他们最终都有效实现了农业成本下降的目的。这说明技术因素可以促成品牌农业要素的合理配置,有效促进品牌农业生产效率和效益的提高。

其二,农业技术的进步与创新有效提升了品牌农产品质量。良好的品质保障是产品、企业、产业等赖以生存和发展的基础,这在当代经济社会显得格外重要,"优质、生态、安全"既是品牌农业目标和品质保障的体现,也是当代消费者对农产品消费的基本诉求。农产品质量的安全不仅关系到人民群众的生活质量,而且还涉及人民群众的健康与生命。然而,由于农业生产受制于复杂的自然环境,加之农产品的生产周期长和工业社会对环境的污染加重及农产品本身具有易腐性特征等,农产品从生产到销售的过程中的质量控制较工业品要复杂得多,而解决这一问题的根本出路就是农业技术的进步和创新。因此,可以说农业技术的进步和创新是农产品品质得以提升和保障的基础支撑。以荷兰为例,荷兰是位于欧洲西北部的一个小国,国土总面积只有近4.2万平方公里,陆地面积不足3.4万平方公里,人均耕地仅有1.3亩,但就是这样的一个小国家,却成为世界品牌农业强国,以其不到世界耕地的0.07%的耕地,不足世界农业人口的0.02%的人口,创造了世界9%的农产品出口份额,[①] 其农产品的品质也是数一数二的,被誉为"世界农业的奇迹",究其原因,最为根本和突出的就是荷兰在全国建立了以农业为核心,农业科研(Onderzoek)、推广(Voorlichting)与教育(Onderwijs)三位一体的"OVO"技术创新体系。

其三,农业技术的进步与创新有效提升了品牌农业生产力要素的质量。一般而言,有投入便相应的会有产出,投入是产出的首要推动力,但经济的发展和产业的成长并非只是简单地追求投入产出,毕竟很多资源是稀缺或不可再生的,然而消费却伴随着人口的不断增加而增加,因此,我们总是希望以尽可能少的投入获取尽可能多的产出,这便是经济发展的效率与效益的问题,也只有这样才能不断满足日益增加的人口的消费需求。然而,要想获取尽可能多的产出以增加产出的效率与效益,先决条件是必须提高投入要素及投入过程的质量,而投入要素及其过程的质量的提高则必须依

---

① 谭淑豪:《荷兰农业创新》,《农经》2009年第10期,第68~69页。

赖于技术因素。诸多研究表明：在相同的投入成本下，技术的变迁使得要素的投入方式产生不同，其产出的效率与效益也往往不一样。从技术经济学的角度看，品牌农业产出的增长可以分解为品牌农业要素投入增加的贡献及品牌农业要素生产率提高的贡献，而后者又源于品牌农业技术进步与效率的提高，是品牌农业技术进步与创新和品牌农业资源配置效率变动的综合作用所致。品牌农业的技术进步会促使品牌农业资源投入增量结构的优化，进而促进品牌农业生产要素的生产率及其配置效率的提高，达成推进品牌农业成长之目的。这便是农业技术进步与创新提升品牌农业生产力要素质量的表现所在。

（四） 市场因素

市场是物品买卖双方相互作用并决定其交易价格和交易数量的一种组织形式或制度安排。① 市场因素是产业成长中最为活跃的因素，供给和需求是市场的两个主要方面，市场因素对品牌农业成长的影响主要有以下几个方面。

1. 市场供求状态对品牌农业成长的影响

市场的供求状态一般分为两种，一种是供不应求的状态，我们通常把这种状态的市场称为卖方市场，而另一种是与其相对应的买方市场，即市场处于一种供过于求的状态。当农产品市场处于卖方市场状态时，作为买方的消费者更为关注的是农产品量的满足，即便对品质有需要，但因为主动权在卖方，这种需要很难得到满足，这样的一种市场供求状态很难催生出品牌农业，我国计划经济商品奇缺的时代便是一个很好的例证。而当农产品市场处于买方市场状态时，主动权由供方向需方转移，作为需方的消费者关注的不仅仅是产品的量，而更多关注产品的品质以及与产品品质紧密相关的服务，在这样一种市场供求状态下，作为供方要想在市场的竞争中获取相应的利益以求得自身的生存与发展，就必须为消费者提供优质的产品及相关服务。这种市场状态是品牌农业得以催生和成长的前提条件，在 20 世纪 90 年代中后期我国农产品供求状况开始由原来的总量不足向结构性过剩转变，正是在这样的情况下催生了我国的品牌农业，1999 年《农业

---

① 高鸿业主编《西方经济学（微观部分）》，中国人民大学出版社，2001，第 52 页。

部关于创名牌农副产品的若干意见》的下发也正是基于对农产品市场出现结构性过剩的市场供求状态的考虑，中国传统的数量型农业从此向质量效益型的品牌农业转变。

2. 市场结构对品牌农业成长的影响

市场结构是指在特定的市场中，产业内企业之间的市场联系及由此决定的竞争形式。市场结构主要反映为市场上的竞争与垄断的关系的状况，这种竞争与垄断的关系问题往往对市场行为和市场绩效有着决定性的作用。市场结构一般可以分为完全竞争、不完全竞争和完全垄断三种情况，不同市场结构对品牌农业成长的影响是不一样的。市场结构对品牌农业成长的影响主要表现在不同市场结构对品牌农业企业技术创新的作用是不同的。

在完全竞争的状态下，市场结构对品牌农业企业的创新存在两种不同方向的影响。一个是有利方向的影响，在市场经济条件下，竞争是品牌农业生产经营主体生存的基本环境，品牌农业生产经营主体为了保证自身在市场竞争中不被淘汰出局和获取相应的竞争优势，必须通过各种手段或途径来增强其自身的竞争能力，而随着现代科学技术的发展及其在农业领域应用的不断推广，品牌农业生产经营主体之间的竞争越来越多地表现为技术的竞争，因此，品牌农业生产经营主体为了自身的生存和发展，必须将技术创新作为其自身生存和发展的根本手段。换言之，市场竞争给品牌农业生产经营主体带来的压力会促使其持续进行技术创新，进而促进品牌农业的成长与发展。另一个则是不利方向的影响，众所周知，竞争会促进产业主体进行技术创新从而带动产业的成长与发展，但并非竞争的程度越高就越有利于产业主体的技术创新。这是因为产业主体在进行技术创新时还必须同时具备一定的能力与条件。在完全竞争的状态下，完备的信息往往使品牌农业经营主体的技术创新具有外部性的特征而导致其不愿意开展相应的技术创新。完全竞争的市场尽管可以带来高效率，但其前提条件是行业中所有生产经营主体经营完全相同的产品，产业主体之间竞争的唯一方式是价格竞争，以此为前提的情况下，一般而言，产业主体很少有主动进行技术创新的愿望。同时，由于在完全竞争的市场结构中，产业主体的规模一般都比较小，往往自身进行创新的能力也不足，在这种情况下，即便有些产业主体开展技术创新，也很难取得突破性的技术创新成果，而更多的是适应市场需要的渐进性技术创新。此外，如果竞争程度进一步加强而演变为一种过度竞争状态（低价竞争），会使产业主体所能获取的利润低于社会的平均利润，在这种情况下，由于资金匮乏及产业主体积累不足，产业主体进行技术创新变得极为困难。可以说，过度竞争对产业主体的技术创新而言百害而无一利。从这一角度看，品牌农业如果处于完全竞争的状态下，很难谈得上成长与发展。

完全垄断的市场结构对品牌农业成长的影响与完全竞争的市场结构一样，也有两个不同方向的影响。从有利的方向看，随着某些或少数几个品牌农业生产经营主体对市场垄断和控制程度的提高，别的品牌农业生产经营主体进入该行业的困难就越大，形成一种难以模仿垄断品牌农业生产经营主体的创新活动，而垄断品牌农业生产经营主体依靠其技术创新所能获取的高额利润就越能持久。垄断品牌农业生产经营主体可以享受到创新活动带来的远高于社会平均利润水平的经济利益，这种经济利益会刺激垄断品牌农业生产经营主体产生更多的投资，在更大范围及更高层次上进行品牌农业的技术创新活动，进而推动品牌农业的成长与发展。但完全垄断的品牌农业市场结构也会对品牌农业技术创新存在不利方向的影响，这是完全垄断的市场结构排除了市场竞争所致，由于排除了市场竞争，垄断品牌农业生产经营主体在不进行技术创新的时候也能获得品牌农业高额的垄断利润。我们知道，企业在市场经营中的目的是企业利润的最大化，如果改进生产技术能够有效促进其利润最大化目标的实现，它就会进行相应技术创新，改变原来相对落后的生产经营技术。反之，如果不进行创新或生产经营技术的改变也可以实现其在市场上利润最大化的目的，其进行技术创新活动的动力就可能丧失，从这一角度看，完全垄断的市场结构可能起到保护落后技术的作用，而不利于品牌农业向更高层次技术成长与发展。

不完全竞争的市场结构往往被理论界认为是最有利于产业经营主体进行技术创新的市场结构。这是因为不完全市场竞争结构扬弃了完全竞争和完全垄断两种极端市场结构，吸取了两种极端市场结构的有利因素而克服了其不利的因素。其对品牌农业成长的影响表现在：在不完全竞争的品牌农业市场结构中，品牌农业生产经营主体的技术创新既有竞争前景的推动，又有垄断前景的推动。这两种前景的兼具使得品牌农业生产经营主体的技术创新活动得以持续进行，并由此形成持久的收益。如果只有竞争前景而无垄断前景，技术创新一般难以形成，因为在一般情况下，人们都不愿做风险大且成本高的创新者,而更愿意做风险小且成本低的模仿者[1];如果只有垄断前景而无竞争前景,由于处于垄断地位的品牌农业生产经营主体可以独占高额的垄断利润,其创新活动到一定阶段后将会消失。因此,从技术创新是产业成长的现实基础,其速度决定产业成长的速度的角度看,品牌农业不完全竞争的市场结构最有利于品牌农业的成长。[2]

(五) 资本因素

资本因素是农业产业升级最重要的推动力量,[3] 综观发达国家的品牌农业发展无一不是依靠资本推动来实现的。品牌农业不同于传统农业,传统农业是劳动密集型的行业,而品牌农业则更多的是资本和技术密集型的行业,其规模化的运作、品牌技术创新活动等都需要大量的资本。可以说农业资本推动是农业品牌化发展的一般规律,在商品市场经济条件下,货币资本表现为发动整个生产过程的"第一推动力"[4]。我国品牌农业相对于发达国家而言还存在很大的差距,其中一个重要的因素便是农业资本存在较大的缺口,致使农业在发展过程中难以进行品牌的技术创新和规模化发展。这其中的主要原因有两个方面:一是我国农业自我累积不足导致品牌农业存在累积性资本缺口,如表4-1所示,从2005年到2009年我国城乡居民收入差距呈现进一步加大的趋势,2005年农村居民家庭人均纯收入占城镇居民家庭人均可支配收入的33.59%,而到2009年这一比例却只有30.00%,5年之间下降了3.59个百分点,农村居民家庭恩格尔系数虽有所下降,但5年的平均水平仍在43%以上的高位上,这种城乡二元化加剧的趋势和农村低收入的状况,很难使农业的发展有充分的储蓄和积累,甚至连简单的再生产资金都可能无法得到应有的保证,农民低水平收入以及农业经营性收入提速缓慢严重制约和限制了品牌农业对农业资本的需求。二是我国内外资对农业投资的不足形成了品牌农业成长性资本缺口。从国内对农业投资

---

[1] 严海宁:《市场结构及其影响因素对中国企业技术创新的作用研究》,博士学位论文,华中科技大学,2009。
[2] 吕明元:《技术创新与产业成长》,经济管理出版社,2009,第67页。
[3] 侯国栋:《农业资本缺口的制度解释及其政策内涵分析》,《生产力研究》2009年第23期,第57~59页。
[4] 《马克思恩格斯全集》(第24卷),人民出版社,1972,第393页。

的角度看，以 2009 年为例，当年全社会固定资产投资总额为 224598.8 亿元，投向农村的有 30678.4 亿元，仅为全社会固定资产投资总额的 13.66%，而投向农户的只有 7434.5 亿元，仅为全社会固定资产投资总额的 3.31%。从外资对国内农业的投资看，2009 年实际利用外资 900.3 亿美元，其中用于农业的外资只有 14.3 亿美元，占全部利用外资份额不足 1.60%。难以获取外部投资致使农业失去发展机会，这种成长性资本缺口的问题导致我国品牌农业的发展与发达国家相比略为缓慢。

表 4-1 2005~2009 年城乡居民生活状态

指标	2005 年	2006 年	2007 年	2008 年	2009 年
农村居民家庭人均纯收入（元）	3524.9	3587.0	4140.4	4760.6	5153.2
城镇居民家庭人均可支配收入（元）	10493.0	11759.5	13785.8	15780.8	17174.7
农村居民家庭恩格尔系数（%）	45.5	43.0	43.1	43.7	41.0
城镇居民家庭恩格尔系数（%）	36.7	35.8	36.3	37.9	36.5

资料来源：2010 年《中国统计年鉴》，http://www.stats.gov.cn/tjsj/ndsj/2010/indexch.htm。

（六）成本因素

农业成本对品牌农业成长的影响表现为，在市场需求价格一定的情况下，农业成本的上升会导致品牌农业生产经营主体降低对品牌农产品生产的积极性，进而影响品牌农业的成长。近年来，在全国各地很多地方均出现农业成本不同程度的上升，造成农业成本上升的原因主要有两个方面：一是我国农业基础设施相对较差，存在很多不够完善的地方，农业生产抵御自然灾害的能力弱，而近年来由于全球气候变化进入不稳定状态，自然灾害频发的现象比较严重，农业出现严重减产的局面。根据广东汕尾市价格成本调查队 2009 年对汕尾市近年农业成本与收益的调查，2006 年受霜冻影响，茶叶出现大幅度减产的现象，每亩茶叶产量仅 49 公斤，比正常年份下降约 20%；2008 年汕尾市因受暴雨天气和病虫害的影响，水稻的产量平均每亩仅 318 公斤，比 2007 年下降 14.5%。[①] 自然灾害的发生使得农作物

---

① 汕尾市价格成本调查队：《汕尾市近年农业成本与收益现状探析》，《粤港澳市场与价格》2009 年第 7 期，第 46~48 页。

减产，最终导致成本上升。二是农业生产要素成本的不断上升，近年来各种农业生产所用的化肥、农药、农膜、柴油等农业生产资料的价格都出现不同幅度的上涨，尤其是以化肥为代表的农资价格上涨迅猛，[①] 燃料价格的上升导致农业机械作业成本上升。受国家相关政策影响，农村土地成本也呈上升趋势，这些要素价格的上升最终推高了农业的生产成本，在品牌农产品市场销售价格增幅低于生产要素成本增幅的情况下，作为品牌农业生产经营主体的品牌农业企业、农户等的生产积极性都将受到打击，一定程度上影响和制约着品牌农业的成长。

（七）风险因素

品牌农业的成长过程自始至终都伴随着各种风险，其具有不可规避性。品牌农业的风险是指品牌农业在其成长过程中，由于自身条件及其外部环境的不断变化给品牌农业生产经营主体的生产经营及其成长与发展带来的不确定性。品牌农业的成长一般而言会受到自然风险、技术风险、市场风险、质量风险、资金风险、决策风险、政策法律风险等的影响，风险越大对其成长则越不利。

1. 品牌农业成长的自然风险

品牌农业成长的自然风险是指品牌农业生产经营自然环境的变化给品牌农业主体生产经营活动带来的不确定性。品牌农业较品牌服务业对自然环境有着较大的依赖性。品牌农业成长的自然风险主要表现为农业气候灾害、生物灾害和地质灾害等风险的影响。品牌农产品数量的多少与质量的好坏往往取决于自然环境的优劣。如果品牌农产品生产的自然环境优良则高质量的农产品供应充足，一方面可以有效满足初级农产品市场的需求，另一方面也可以更好地满足农产品加工企业的需要，使农产品加工企业所需原材料的质量得到有效的保障，同时由于数量的充足，还可以有效降低农产品加工企业的采购成本。如果自然环境恶化，则品牌农产品的数量和质量都很难保证市场需要的满足，以农产品的生物灾害为例，一旦农作物生产中病、虫等在一定条件下暴发或流行，如果为了保证其品质而不使用

---

① 宏观经济研究院产业所课题组：《安徽、江苏农业成本及补贴问题调查报告》，《宏观经济管理》2008 年第 10 期，第 45~47 页。

农药，则农产品必然会出现减产的趋势，同时也使得进入市场的农产品品相变得不好而影响品牌农产品的销售；如果为了保证农作物的正常生产加大农药的使用，这样一来既增加了品牌农产品的成本，也可能过量使用农药导致农产品的农药残余过量而引发农产品的质量安全危机，进而导致品牌农产品在消费者心目中的信誉度下降，制约着品牌农业的正常成长。

2. 品牌农业成长的技术风险

品牌农业成长的技术风险主要来源于品牌农业生产经营主体的技术创新。品牌农业生产经营主体的技术创新活动和其他行业企业的技术创新活动一样，是一种既存在潜在高效益同时又兼具潜在高风险的活动。受到诸多因素的影响，加之还要承担比其他行业更高的自然风险及农产品品牌具有区域外部性特征，品牌农业技术创新主体对品牌农业技术创新的成果转化和市场投入更具不确定性，品牌农业的技术风险由此产生。另外，品牌农业的生产必须以标准化生产为基础，品牌农业的运作都有着自己的技术规程和指标，且品牌农产品一般都是与人民群众日常生活密切相关的食品，为保证食品的安全以维护社会的稳定，国家对农产品的规定都有着严格的标准。然而，由于受品牌农业技术创新主体自身技术装备水平及科学研发能力的限制，其所开展的技术创新活动很可能因达不到国家要求的标准而中途"流产"，这也是导致品牌农业生产经营主体技术风险的一个重要因素。

3. 品牌农业成长的市场风险

品牌农业成长的市场风险主要是指品牌农业生产经营主体在品牌农业生产供给要素市场与品牌农产品消费者市场面临的不确定性。品牌农业生产要素市场如果出现供给短缺的情况，品牌农业生产经营主体就不得不面临上游供应商讨价还价能力的增强，这将使品牌农业生产经营主体必须面对品牌农业生产成本增加或品牌农业生产不连贯的困扰。在品牌农产品的消费市场上，品牌农业的风险主要表现为由于品牌农产品消费者饮食文化的变化而产生需求变化所带来的不确定性，随着消费者收入水平的提高，消费者对品牌农产品的需求也会产生不断变化，这种变化对已有品牌农产品在市场上的销售会产生很大的影响，我们经常发现在过去流行的食品，现在变得不流行，在现在流行的食品而在之后可能就变得不流行，所有这些都会导致品牌农业市场风险的产生。此外，品牌农业的市场风险还表现在行业风险和流通风险上面。从行业的角度看，品牌农业市场上新进入者及潜在进入者都会产生市场的行业风险，这意味着，如果新进入者和潜在进入者越多，市场所面临的竞争就越激烈，风险也将随之变得越大；从流通的角度看，由于品牌农业产品生产具有明显的区域性，而人们对品牌农产品的需求随着消费水平的日益提高，个性化和多样化的趋势将越来越明显，这就必然要求品牌农产品在不同的区域之间进行流通交易。但因大部分品牌农产品都有着含水分高、保质期短、易腐、易烂、易变质等特性，品牌农产品在不同区域之间的流通交易变得困难，如果要顺利进行则必须确保品牌农产品高效率运输和符合保鲜的高要求，冷链物流的技术必须非常先进。但就我国而言，由于我国农业物流基础设施和冷链物流技术都相应比较落后，绝大部分农产品主要采取的物流形式是自然物流和常温物流，这样导致的结果是，农产品的流通渠道极为不畅，农产品在流通过程中所产成的损失巨大，严重制约着我国品牌农业的发展。相关统计表明：我国水果、蔬菜等农产品在物流环节造成的浪费和损失率高达 25%~30%，[①] 每年有近 4 万吨的果蔬在农产品的物流过程中遭遇损失，这样意味着可以解决两亿人的生活问题。[②]

4. 品牌农业成长的质量风险

品牌农业成长的质量风险是由于品牌农产品质量得不到可靠保证而产生的品牌农业成长的不确定性。其一，我国品牌农业发展因受经济发展的限制起步比较晚，尽管当今全国各地品牌农业企业纷纷崛起，但一些品牌农业企业由于其直接集中采购农产品的数量不足，往往通过向分散农户进行采购或向相关中介组织进行采购的办法加以弥补，农产品的质量在源头上难以获取可靠的保障。其二，我国品牌农业发展的历程较短，品牌农业企业规模相应较小，品牌农产品的生产加工技术、能力有限，很多还停留在传统手工作坊的层面上，品牌农产品生产过程不够标准化、规范化，常常引致产品质量得不到保障。其三，即便有些品牌农业企业在生产环节中能够实现标准化，但进入流通领域后因前述的农产品物流技术的落后所致，也常常导致品牌农产品变质受损。其四，我国农产品的质量安全保障体系

[①] 陈小霖、冯俊文：《农产品供应链风险管理》，《生产力研究》2007 年第 5 期，第 28~30 页。
[②] 王填：《农产品物流损失率超 25%》，凤凰网，http://finance.ifeng.com/roll/20110308/3586176.shtml，最后访问日期：2021 年 7 月 1 日。

建设因起步较晚，至今尚未形成完整的品牌农产品质量标准及检测体系，缺乏完整的农产品安全质量评价体系，这些农产品质量管理体系的缺失致使品牌农产品的质量风险时有发生，增大了品牌农业的质量风险。其五，在国际农产品进出口贸易中没有形成统一的农产品进出口标准及相关的检疫检验措施，常常导致国际间农产品贸易发生摩擦，使我国品牌农产品在国际市场上处于不利的地位。所有这些品牌农业的质量风险都在很大程度上限制和制约着我国品牌农业的成长与发展。

5. 品牌农业成长的资金风险

总结世界发达国家品牌农业发展的过程，我们可以清楚地看到，品牌农业发展的明显趋势便是区域特色规模化、专业化和分工社会化。品牌农业区域特色规模化要求品牌农业必须走产业化经营之路，农业产业化是农业自身的一次模式改造，是实现农业现代化的必由之路。① 而品牌农业的规模化运作必须有充分的资金作为保障，可以说，资金是品牌农业成长与发展的血液。然而，我国品牌农业发展起步较晚、历程较短，加之我国品牌农业生产经营主体绝大多数是从县域、乡域农业企业脱胎而来，企业的经营主要依靠的是当地优势农产品，直接面向市场组织生产，其经营规模一般偏小、经营的品种也相对单一，企业内源融资能力弱、先天性缺乏自有资金，当品牌农业项目实施后，往往很容易出现资金短缺的问题甚至出现严重的持续性资金短缺，很多品牌农业企业因此寻求贷款以解决资金不足的问题，但往往因自身规模小及偿债能力弱等，寻求担保和贷款十分困难。② 农业银行及其他银行或信托投资公司往往因追逐利税大的企业而将规模小、效益相对较差的品牌农业企业拒之门外。因此，品牌农业在其成长与发展的过程中很容易面临严重的资金短缺风险。

6. 品牌农业成长的决策风险

品牌农业生产经营主体在进行相关决策方案选择时，无论是其所拥有的信息不完备还是受其自身经验和所掌握知识的限制等，均有可能导致决策方案选择的偏差与失误，这种偏差与失误将不可避免地给品牌农业生产经营主体带来损失。如果偏差与失误较小，品牌农业生产经营主体可以很

---

① 蔺全录、王翠琳：《特色农产品产业化经营》，中国社会科学出版社，2008，第88页。
② 王维：《农产品加工企业成长能力研究》，博士学位论文，哈尔滨工程大学，2008。

快加以解决，但如果这种偏差与失误巨大，则往往是致命的。在品牌农业项目、品牌农业生产设备、品牌农产品技术创新、品牌农产品广告等选择上都可能面临决策风险。

7. 品牌农业成长的政策法律风险

国家所制定的农业经济政策、相关法律法规及它们的稳定性都会给品牌农业的建设与发展带来相应的影响，这种由于国家农业经济政策及相关法律法规的制定与调整所产生品牌农业成长与发展的不确定性就是品牌农业政策法律风险。如品牌农业的生产资料价格失控或农产品收购资金不到位等都会给品牌农业的生产经营带来很大的影响。

在品牌农业的成长过程中，一般而言，上述七项风险并非只是单独对品牌农业成长产生影响，而是由于不同风险之间存在相互影响、相互作用，所以往往以一种共同作用的形式影响品牌农业的成长，图 4-1 所展示的便是品牌农业成长过程中不同风险之间的相互作用关系。

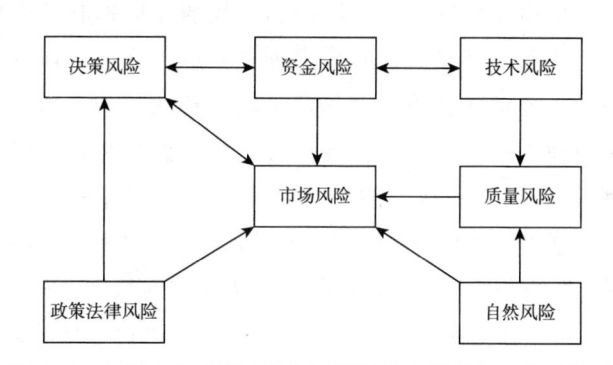

图 4-1　品牌农业成长过程中不同风险之间的相互作用关系

第二节　品牌农业成长因素灰色关联分析

自 1999 年《农业部关于创名牌农副产品的若干意见》下发以来，中央政府及相关部门高度重视品牌农业，全国上下大力开展农产品创名牌的活动，目前全国三十一个省份（不包括香港、澳门和台湾地区）中绝大多数省份均出台了关于发展名牌农产品的战略举措。这些举措的出台加快了我国以"三品一标"（绿色食品、无公害农产品、有机农产品及农产品地理标志）为标志的品牌农业的发展进程，我国农业国内生产总值从 2000 年的 14944.7 亿元增加到 2009 年的 35255.9 亿元，十年间增长了 1.36 倍。这些成就的取得与前述品牌农业成长中各种影响因素的改善有着密切的关系。但相对于发达国家，就农业经济发展中存在人力资本禀赋稀缺、人均农业资源匮乏、农业生产生态环境压力增强、品牌农业技术创新不足等多重约束的我国而言，如何抓住影响品牌农业的主要因素，更为科学合理地配置品牌农业资源，对于品牌农业健康成长、持续发展更具现实意义。本节正是从这种观点出发，基于品牌农业成长和各种影响因素之间内在的灰色特性，利用灰色关联分析，通过计算品牌农业成长与各种影响因素之间的灰色关联度来确定哪些是当前品牌农业成长中的主要影响因素。

一 灰色关联分析概述

（一）灰色关联分析的基本思想

灰色关联分析的基本思想是依据序列曲线的几何形状的近似程度判断其联系是否紧密。曲线越接近，相应序列之间的关联度就越大，反之则越小。它是对一个系统发展变化态势的定量描述和比较的方法。发展态势的比较，依据空间理论的数学基础，按照规范性、偶对称性、整体性和接近性这四条原则，确定参考序列（母序列）和若干比较序列（子序列）之间的关联系数和关联度。灰色关联分析弥补了数理统计中回归分析、方差分析、主成分分析用于系统分析所导致的缺憾，其无论样本量多少和样本有无规律都同样适用，而且其计算量小，十分方便，更不会出现量化结果与定性分析结果不符的情况。[①]

两个系统或两个因素间关联性的大小，称为关联度。关联度描述了系统发展的过程中，因素间相对变化的情况，也就是变化的大小、方向与速度等相对性。如果两者在发展过程中，相对变化基本一致，则认为两者关联度较大，否则认为关联度较小。

（二）多因子灰色关联分析的基本步骤

系统行为有多个因子，不妨设因子集为 $X = \{x_i | i = 1, 2, \cdots, l\}$，如

[①] 刘思峰主编《灰色系统理论及其应用》，科学出版社，2008，第 23~29 页。

果因素数列 x_i 满足下列条件：

（1）序列 x_i 的数据之间具有可比性，即 $x_i(k)$ 与 $x_j(k)$ 之间的数值是可以比较的，或者相等，或者接近，或者同数量级，等等；

（2）序列 x_i 之间具有可接近性，即非平等性；

（3）序列 x_i 之间具有同级性，即同为正（极大值）极性，或负（极小值）极性，或中极性。

以因子集 X 中的一个因子 x_i（$1 \leq i \leq l$）为参考序列（母序列），$\forall x_j \in X$，记 $\Delta_{ij}(k) = |x_i(k) - x_j(k)|$（$k = 1, 2, \cdots, n; j = 1, 2, \cdots, l$），相对应的差数列为：

$$\Delta_{ij}(k) = [\Delta_{ij}(1), \Delta_{ij}(2), \cdots, \Delta_{ij}(n)]$$

则比较序列 x_j 对参考序列 x_i 在第 k 点的关联系数为：

$$r[x_i(k), x_j(k)] = \frac{\min_i \min_j \min_k \Delta_{ij}(k) + \alpha \max_i \max_j \max_k \Delta_{ij}(k)}{\Delta_{ij}(k) + \alpha \max_i \max_j \max_k \Delta_{ij}(k)}$$

则灰关联度计算公式为：

$$r_{ij} = r(x_i, x_j) = \frac{1}{n} \sum_{i=1}^{n} r[x_i(k), x_j(k)] \quad i = 1, 2, \cdots, m; j = 1, 2, \cdots, l$$

二 影响因素灰色关联分析数据来源及说明

如前分析，影响品牌农业成长的因素很多。综合农业经济学界的观点认为：农业经济的增长首先受到生产要素（如土地面积、种子、化肥、农膜等物质投入）的影响，同时制度变革、财政支农支出、农业科技进步、农产品进出口贸易、农业机械化水平、农业结构、人力资本、农村金融的发展情况、农业信息化水平、农业物流等对农业经济增长的影响也不容忽视。本书在认真汲取前人研究的成果和深入分析的基础上，充分考虑到指标数据获取的可能及政策制定的现实意义，在模型中（见表 4-2）选取 1999 年至 2009 年的农业 GDP（X_0）近似表示品牌农业的成长，作为系统行为的参考序列；选取 GDP（X_1）表示社会经济发展状况，选取土地播种面积（X_2）表示物资要素的投入，选取农村固定资产投资（X_3）和财政支农支出（X_4）表示农业制度支撑和农业资本，选取农机总动力（X_5）和农业 R&D（X_6）表示品牌农业技术支撑，选取城镇居民家庭人均可支配收入（X_7）和农村居民家庭人均纯收入（X_8）及物流发展情况（X_9）表示消费市场因素，选取农业生产资料价格总指数（X_{10}）和农业受灾面积（X_{11}）表示农业成本和风险，选取农村自然灾害救济（X_{12}）表示抵御风险的影响因素。$X_1 \sim X_{12}$ 均为系统的相关因素。

关于模型中所用数据来源，财政支农支出、农村自然灾害救济数据来源于2000～2010年《中国农村统计年鉴》，农业 R&D 依据2000～2010年《中国农村统计年鉴》的农业财政支出数据与2000～2010年《中国财政年鉴》R&D 占 GDP 比重计算而得。其他数据来源于2000～2010年《中国统计年鉴》。

表 4-2　品牌农业与主要影响因子情况

因子	年份										
	1999	2000	2001	2002	2003	2004	2005	2006	2007	2008	2009
X_0	14770	14945	15781	16537	17382	21413	22420	24040	28627	33702	35226
X_1	89677	99215	109655	120333	135823	159878	184937	216314	265810	314045	340507
X_2	156373	156300	155708	154636	152415	150553	155488	152149	153464	156266	158639
X_3	6123	6696	7212	8011	9755	11449	13679	16629	19859	24090	30678
X_4	1086	1232	1457	1581	1755	2338	2450	3173	4318	5956	7253
X_5	4900	5257	5517	5793	6039	6403	6840	7252	7659	8219	8750
X_6	8.22	11.12	13.85	16.91	19.89	28.75	32.34	44.10	60.46	87.55	123.30
X_7	5854	6280	6860	7703	8472	9422	10493	11760	13786	15781	17175
X_8	2210	2253	2366	2476	2622	2936	3255	3587	4140	4761	5153
X_9	40496	44212	47710	50686	53859	69445	80258	88840	101419	110300	122133
X_{10}	95.8	99.1	99.1	100.5	101.4	110.6	108.3	101.5	107.7	120.3	97.5
X_{11}	49980	54688	52215	46946	54506	37106	38818	41091	48992	39990	47214
X_{12}	36	41	41	40	53	32	63	79	80	610	199

三　灰色关联系数的计算及其结果解读

依据多因子灰色关联的计算步骤，以品牌农业即农业 GDP（X_0）为参考序列，其余因子（$X_1 \sim X_{12}$）为比较序列。为了增强其可比性，利用浙江大学唐启义教授研发的 DPS 数据处理软件进行灰色关联分析，首先对参考序列和比较序列进行均值化无量纲数据处理，得到品牌农业与相关影响因子均值化数据变换结果（见表4-3）。

表4-3　品牌农业与相关影响因子均值化变换结果

X_1	X_2	X_3	X_4	X_5	X_6	X_7	X_8	X_9	X_{10}	X_{11}	X_{12}	X_0
0.4845	1.011	0.437	0.367	0.742	0.203	0.567	0.680	0.550	0.923	1.075	0.311	0.664
0.536	1.010	0.478	0.416	0.796	0.274	0.608	0.693	0.601	0.955	1.176	0.354	0.671
0.5924	1.006	0.515	0.492	0.836	0.341	0.664	0.728	0.648	0.955	1.123	0.354	0.709
0.6501	0.999	0.572	0.534	0.877	0.417	0.746	0.762	0.689	0.968	1.010	0.345	0.743
0.7337	0.985	0.696	0.592	0.915	0.490	0.821	0.807	0.732	0.977	1.172	0.458	0.78
0.8637	0.973	0.817	0.789	0.970	0.708	0.913	0.903	0.944	1.066	0.798	0.276	0.962
0.9991	1.005	0.976	0.827	1.036	0.797	1.016	1.001	1.091	1.043	0.835	0.544	1.007
1.1686	0.983	1.186	1.071	1.098	1.087	1.139	1.103	1.207	0.978	0.884	0.682	1.080
1.436	0.992	1.417	1.457	1.160	1.490	1.335	1.274	1.378	1.038	1.054	0.691	1.286
1.6965	1.010	1.719	2.010	1.245	2.157	1.528	1.465	1.499	1.159	0.860	5.267	1.514
1.8395	1.025	2.189	2.447	1.325	3.038	1.663	1.585	1.660	0.939	1.015	1.718	1.583

在均值化数据变换的基础上计算品牌农业与其他因子的绝对差值，得到如表4-4的计算结果，最后计算品牌农业与其他因子的关联系数，得到如表4-5的结果。

表4-4　品牌农业与其他因子的绝对差值

X_1	0.1791	0.1354	0.1166	0.0929	0.0472	0.0983	0.0082	0.0885	0.1499	0.1824	0.2569
X_2	0.3471	0.3387	0.2974	0.2565	0.2041	0.011	0.0023	0.0967	0.2943	0.5042	0.5573
X_3	0.2267	0.1937	0.1945	0.1714	0.0849	0.1452	0.0313	0.1064	0.1307	0.2046	0.6061
X_4	0.2971	0.2557	0.2173	0.2095	0.1887	0.1731	0.1805	0.0094	0.1709	0.4956	0.8648
X_5	0.0786	0.1248	0.1266	0.1344	0.1337	0.0077	0.0287	0.0183	0.1261	0.2693	0.2574
X_6	0.4611	0.3975	0.3678	0.3263	0.2909	0.2537	0.2105	0.0064	0.2034	0.6428	1.4551
X_7	0.0966	0.0633	0.0446	0.003	0.0395	0.0496	0.0089	0.0588	0.049	0.0142	0.0807
X_8	0.0163	0.0216	0.0188	0.0187	0.0256	0.0589	0.006	0.0234	0.0126	0.0496	0.0025
X_9	0.1132	0.0705	0.0606	0.0541	0.0489	0.0182	0.0835	0.1274	0.0923	0.015	0.0773

续表

X_{10}	0.2594	0.2833	0.2457	0.2253	0.196	0.1035	0.0361	0.1022	0.2485	0.3552	0.6433
X_{11}	0.4112	0.5046	0.4138	0.2665	0.3911	0.1641	0.1725	0.1964	0.2326	0.6542	0.5673
X_{12}	0.3527	0.3174	0.355	0.3976	0.3233	0.6857	0.4633	0.3979	0.5954	3.7528	0.1356

表 4-5 品牌农业与其他因子的关联系数

	X_8	X_7	X_9	X_5	X_1	X_3	X_{10}	X_2	X_4	X_6	X_{11}	X_{12}
关联系数	0.944	0.894	0.849	0.780	0.766	0.694	0.638	0.636	0.623	0.544	0.534	0.463

依据灰色关联分析的相关理论，一般来说，灰色关联系数大于 0.5 便可以认为影响因子与品牌农业之间的关系密切。从表 4-5 的结果看，在影响品牌农业的 12 个因子中，只有农村自然灾害救济（X_{12}）因子与品牌农业成长的关联不够紧密，其他因子与品牌农业成长的关联都是紧密的。在品牌农业发展的现阶段中，影响品牌农业成长最为明显的前 4 个因子依次是农村居民家庭人均纯收入（X_8）、城镇居民家庭人均可支配收入（X_7）、物流发展情况（X_9）和农机总动力（X_5）。

城镇居民家庭人均可支配收入和农村居民家庭人均纯收入与品牌农业成长密切相关，说明市场消费水平因素的提升对品牌农业的成长起着至关重要的推动作用，当前发展品牌农业的重中之重应放在消费者收入的提高上，只有提高消费者对农产品的消费层次，才能更为有效地拉动品牌农业成长水平的提升。物流发展情况与品牌农业成长密切相关，说明市场流通渠道是否畅通对扩大品牌农产品的辐射范围，促进品牌农产品在不同区域之间进行交易，满足消费者个性化、多样化的需求起到非常关键的作用。进入 21 世纪以来，我国物流业在国家宏观经济政策的刺激和经济发展的拉动下迅速发展，已经成为国民经济中的一个重要产业，但我国农产品物流的发展与发达国家相比，仍存在很大的差距，主要是冷链物流技术非常落后，目前冷链物流中主要采用的物流方式还是常温物流和自然物流，导致每年农产品在物流过程中由于技术问题而招致的损失足以满足两亿中国人的基本生活需要。[①]因此，为促进品牌农业的健康成长与发展，当前和今后一段时间非常重要

---

① 王填：《农产品物流损失率超 25%》，凤凰网，http://finance.ifeng.com/roll/20110308/3586176.shtml，最后访问日期：2021 年 7 月 1 日。

的任务就是要在完善农产品物流相关基础设施的基础上,重点解决冷链物流的技术难题。农机总动力和品牌农业成长密切相关则说明了品牌农业的成长离不开技术的重要支撑,品牌农业发展的一个重要方向是产业化、规模化,它不同于传统劳动密集型的农业,而是一种资本和技术密集的现代新型农业,发展品牌农业必须加大资本和技术要素的投入,只有这样才能更为有效地朝着其方向迈进。

第三节 品牌农业成长与其主要影响因子的互动关系

通过前面品牌农业成长与其影响因子的灰色关联分析,我们发现在12个影响因子中,除了农村自然灾害救济因子以外,其余11个影响因子与品牌农业成长之间都有着紧密的关联。为进一步了解这些因子与品牌农业长期之间的相互作用,我们运用《中国统计年鉴》1991年至2009年的年度相关经济面板数据,以与品牌农业成长关联性最强的4个因子即城镇居民家庭人均可支配收入、农村居民家庭人均纯收入、物流发展情况及农机总动力,通过ADF检验(单位根检验)、Johansen协整检验和Granger因果关系检验对品牌农业成长与上述4个影响因子之间的关系进行实证研究。深入分析它们与品牌农业成长之间的互动关系。

一 变量选取和模型的建立

(一) 变量的选取与数据处理

1. 变量的选取

产业成长是一个极为复杂的经济现象,其成长的原因与机制并非可以简单地说清楚,决定产业成长的原因与机制一直以来都是人们关注和研究的重点。我们选取农业国内生产总值($AGDP$)作为品牌农业成长的衡量标准,选取城镇居民家庭人均可支配收入(CR)和农村居民家庭人均纯收入(NR)两个变量作为品牌农业需求的衡量标准,选取货运周转量(HY)作为品牌农业物流的衡量标准,选取农机总动力(DL)作为品牌农业技术的衡量标准。$AGDP$为被解释变量,CR、NR、HY、DL为解释变量。

2. 数据处理与模型

为使研究结果对现实解释具有更强的说服力和基于对时间序列平稳性的考虑，我们对与 CPI 有着密切关系的 AGDP、CR 和 NR 三个指标进行了标准化数据处理，以 1978 年为 100，利用历年的增长指数，对 AGDP、CR 和 NR 进行平减，得到如表 4-6 所示的数据。并建立品牌农业与相关因子关系的模型，其函数表达式为：

$$AGDP = f(DL, HY, CR, NR)$$

其中，AGDP 为农业国内生产总值（亿元），DL 为农机总动力（亿千瓦），HY 为货运周转量（亿吨公里），CR 为城镇居民家庭人均可支配收入（元），NR 为农村居民家庭人均纯收入（元）。

表 4-6　1991~2009 年品牌农业与其影响因子相关数据

年份	AGDP	DL	HY	CR	NR
1991	2006.1113	2938.9	27987	729.3816	424.0464
1992	2100.4150	3030.8	29218	799.7786	449.1632
1993	2199.1703	3181.7	30647	876.0134	463.4584
1994	2287.1481	3380.3	33435	950.5312	486.7048
1995	2401.5230	3611.8	35909	996.8902	512.4896
1996	2524.0202	3854.7	36590	1035.694	558.5816
1997	2612.3494	4201.6	38385	1071.065	584.2328
1998	2703.7635	4520.8	38089	1132.877	609.3496
1999	2779.4689	4899.6	40568	1238.300	632.5960
2000	2846.1758	5257.4	44321	1317.626	645.8224
2001	2925.8707	5517.2	47710	1429.574	672.9432
2002	3010.7217	5793.0	50686	1621.297	705.2744
2003	3085.9883	6038.7	53859	1767.136	735.6016
2004	3280.4064	6402.8	69445	1903.123	785.5680
2005	3451.9953	6839.8	80258	2085.812	834.3320
2006	3624.5950	7252.2	88840	2303.184	896.0552
2007	3760.2999	7659.0	101419	2584.085	981.1584
2008	3962.5469	8219.0	110300	2801.114	1059.6510
2009	4128.3220	8749.6	122133	3074.804	1149.7220

二 数据分析

为消除异方差的影响,我们首先对所有变量进行对数化处理。并利用 Eviews 6.0 软件对数据进行分析。

(一) ADF 检验

对时间序列进行分析的前提条件是要保证时间序列的平稳性,[①] 这主要是因为非平稳时间序列参与回归建模分析容易导致伪回归的问题,不适合长期模型。为检验时间序列数据的平稳特征,我们采用 ADF 检验来检验表 4-7 中个变量的平稳水平。

表 4-7 个变量 ADF 检验结果

变量	检验形式	ADF 统计量	临界值	D-W 值	结论
$\ln AGDP$	(C, 0, 0)	0.181864	-3.040391	1.184756	不平稳
$\ln DL$	(C, 0, 0)	-1.082506	-3.052169	2.055249	不平稳
$\ln HY$	(C, 0, 0)	2.074399	-3.040391	1.721278	不平稳
$\ln CR$	(C, 0, 0)	1.820096	-3.040391	1.173980	不平稳
$\ln NR$	(C, 0, 0)	1.740014	-3.052169	1.938373	不平稳
$\Delta \ln AGDP$	(C, 0, 1)	-2.555529	-3.052169	2.079410	不平稳
$\Delta \ln DL$	(C, 0, 1)	-2.941746	-3.052169	1.876603	不平稳
$\Delta \ln HY$	(C, 0, 1)	-2.731239	-3.052169	2.058598	不平稳
$\Delta \ln CR$	(C, 0, 1)	-2.168117	-3.052169	1.867711	不平稳
$\Delta \ln NR$	(C, 0, 1)	-1.901190	-3.052169	2.006708	不平稳
$\Delta^2 \ln AGDP$	(C, 0, 2)	-5.447562	-3.065585	2.021366	平稳
$\Delta^2 \ln DL$	(C, 0, 2)	-4.278758	-3.065585	2.077545	平稳
$\Delta^2 \ln HY$	(C, 0, 2)	-5.487406	-3.065585	2.239090	平稳
$\Delta^2 \ln CR$	(C, 0, 2)	-3.855036	-3.081002	1.834337	平稳
$\Delta^2 \ln NR$	(C, 0, 2)	-6.102232	-3.065585	2.009365	平稳

---

① 李敏、陈胜可主编《Eviews 统计分析与应用》,电子工业出版社,2011,第 52 页。

表 4-7 的检验结果表明：$\ln AGDP$、$\ln DL$、$\ln HY$、$\ln CR$、$\ln NR$ 在水平和一阶差分下的 ADF 检验均存在单位根，而在二阶差分下均呈现平稳趋势，即为二阶单整 I（2）。因此满足协整分析和构造协整方程的条件。下面将进一步对其协整关系（长期均衡关系）进行检验。

（二）Johansen 协整检验

本处采用 Johansen 方法进行协整检验并确定模型中协整向量的个数，依据 SC 原则确定其最佳的滞后数为 1，得到如表 4-8 的协整检验结果。如表 4-8 所示，检验结果表明在 1991~2009 年的样本区间内，个变量之间存在长期均衡关系，协整向量的估计参数为：

$$\beta = (\ln AGDP, \ln CR, \ln DL, \ln HY, \ln NR)$$
$$\beta = (1.000000, -0.067593, -0.361651, -0.062611, -0.067993)$$

表 4-8　Johansen 协整检验结果

原假设	特征根	迹统计量	0.05 水平临界值	P 值
无协整向量	0.965519	159.8557	69.81889	0.0000
至多 1 个协整向量	0.942232	102.6108	47.85613	0.0000
至多 2 个协整向量	0.877383	54.1384	29.79707	0.0000
至多 3 个协整向量	0.567308	18.4607	15.49471	0.0174
至多 4 个协整向量	0.219790	4.2193	3.84147	0.0400

上式中的值根据 $\ln AGDP$、$\ln CR$、$\ln DL$、$\ln HY$、$\ln NR$ 做了规范化处理，由于变量都是自然对数形式，这些值反映了各个变量之间的长期弹性，为此，其协整方程可以做如下表示：

$$\ln AGDP = 0.067593\ln CR + 0.361651\ln DL + 0.062611\ln HY + 0.067993\ln NR$$

上述协整方程表现了 1991~2009 年品牌农业与各个因子之间存在长期稳定关系：城镇居民家庭人均可支配收入、农机总动力、货运周转量和农村居民家庭人均纯收入每上升 1%，品牌农业就会分别上升 0.068%、0.362%、0.063% 和 0.068%。从表 4-9 残差序列 ADF 检验结果看，在 5% 的显著性水平下也不存在单位根，这说明品牌农业与其 4 个影响因子之间的协整关系是成立的。

表 4-9　残差序列 ADF 检验

		T 统计量	P 值
增强的 Dickey Fuller 检验统计量		−6.885116	0.0161
测试临界值	1%的显著性水平	−8.033476	
	5%的显著性水平	−4.541245	
	10%的显著性水平	−3.380555	

（三）Granger 因果关系检验

Granger 因果关系检验是基于 VAR 模型进行的一组系数显著性检验。它可以用来检验某一个变量的所有滞后项对另一个或几个变量的当期是否有影响。如果影响显著则说明该变量对另一个或几个变量存在 Granger 因果关系，反之则不然。从表 4-10 城镇居民家庭人均可支配收入和货运周转量是品牌农业的 Granger 原因，品牌农业是农机总动力的 Granger 原因，城镇居民家庭人均可支配收入是货运周转量的 Granger 原因，也是农村居民家庭人均纯收入的 Granger 原因，农村居民家庭人均纯收入是农机总动力的 Granger 原因，货运周转量是农村居民家庭人均纯收入的 Granger 原因。这一结果较好地反映了品牌农业与各影响因子及各影响因子之间的相互关系。

表 4-10　各变量 Granger 因果关系检验结果

原假设	样本数	F 统计量	P 值
$\ln CR$ 不是 $\ln AGDP$ 的 Granger 原因 $\ln AGDP$ 不是 $\ln CR$ 的 Granger 原因	18	15.0667 0.24953	0.0015 0.6247
$\ln DL$ 不是 $\ln AGDP$ 的 Granger 原因 $\ln AGDP$ 不是 $\ln DL$ 的 Granger 原因	18	0.35981 14.4836	0.5576 0.0017
$\ln HY$ 不是 $\ln AGDP$ 的 Granger 原因 $\ln AGDP$ 不是 $\ln HY$ 的 Granger 原因	18	10.1635 0.29858	0.0061 0.5928
$\ln NR$ 不是 $\ln AGDP$ 的 Granger 原因 $\ln AGDP$ 不是 $\ln NR$ 的 Granger 原因	18	1.28642 0.02621	0.2745 0.8736
$\ln DL$ 不是 $\ln CR$ 的 Granger 原因 $\ln CR$ 不是 $\ln DL$ 的 Granger 原因	18	1.00491 0.10731	0.3320 0.7478

续表

原假设	样本数	F 统计量	P 值
$\ln HY$ 不是 $\ln CR$ 的 Granger 原因 $\ln CR$ 不是 $\ln HY$ 的 Granger 原因	18	0.09888 5.20010	0.7575 0.0376
$\ln NR$ 不是 $\ln CR$ 的 Granger 原因 $\ln CR$ 不是 $\ln NR$ 的 Granger 原因	18	0.12405 6.26041	0.7296 0.0244
$\ln HY$ 不是 $\ln DL$ 的 Granger 原因 $\ln DL$ 不是 $\ln HY$ 的 Granger 原因	18	0.03757 1.25259	0.8489 0.2807
$\ln NR$ 不是 $\ln DL$ 的 Granger 原因 $\ln DL$ 不是 $\ln NR$ 的 Granger 原因	18	5.17587 1.83108	0.0380 0.1960
$\ln NR$ 不是 $\ln HY$ 的 Granger 原因 $\ln HY$ 不是 $\ln NR$ 的 Granger 原因	18	0.29562 17.6766	0.5946 0.0008

三 简单结论与启示

通过对上述品牌农业与其主要影响因子的互动关系的分析，结合前面品牌农业影响因子的灰色关联分析，可以看出：当前努力提高城乡居民的收入水平，提高品牌农产品消费者的消费能力和层次，改善农业物流的发展环境，突破冷链物流技术瓶颈是发展品牌农业的重点任务。这些任务的实现，不仅有利于品牌农业的发展，也将对提高农村居民的收入产生重大的影响。改善物流环境对扩大品牌农产品的辐射范围，促进品牌农产品在不同区域之间的流通，满足消费者对品牌农产品个性化、多样化的需求起到非常关键的作用。进入21世纪以来，我国物流业在国家宏观经济政策的刺激和经济发展的拉动下迅速发展，已经成为国民经济中的一个重要产业，但我国农产品物流的发展与发达国家相比，仍存在很大的差距，主要是冷链物流技术非常落后，目前冷链物流中主要采用的物流方式还是常温物流和自然物流，每年农产品在物流过程中由于技术问题而招致的损失足以满足两亿中国人的基本生活需要。因此，为促进品牌农业的健康成长与发展，当前和今后一段时间改善农产品物流的一项非常重要的任务就是要在完善农产品物流相关基础设施的基础上，重点解决冷链物流的技术难题。

此外，尽管农机总动但并非品牌农业的 Granger 原因，但反过来却成立，这说明品牌企业的发展会引发品牌农业对技术的需求，这符合品牌企业发展产业化、规模化的趋势。同时，农村居民家庭人均纯收入虽不是品牌农业的 Granger 原因，但农村居民家庭人均纯收入却是农机总动力的 Granger 原因。这间接说明农村居民家庭人均纯收入的增加，可以促进农业资本的积累，并引发对农业技术的需求，进而推动品牌农业的成长与发展。

第五章 品牌农业成长性测评方法与指标体系

随着农业生产力水平日益提高和社会经济发展总水平不断提高，农产品数量已不再是农业生产的主要目标，此时，农业经济发展与工业经济发展一样，随着短缺经济时代的结束和市场经济向纵深发展，需要寻找新的市场和出路。人们对农产品的需求也变得多元化，对利于健康、安全可靠、品种多样、品质优良的农产品有了更多的需求。因此，农业生产将趋向于生产高品质、高科技含量、高附加值，具有广阔市场前景，深受消费者欢迎的名、优、特、新农产品，并在经营中不断提升其知名度，以占有更多的市场份额。相对于数量农业，这种农业生产经营活动就被称为品牌农业。从我国农业发展的趋势来看，由数量农业向品牌农业转变是其发展的必然趋势。在市场经济快速发展、竞争日益激烈的环境下，农产品的竞争也进入了品牌竞争时代。

品牌农业的成长受多种因素的影响，其中一些影响因素往往具有不确定性和模糊性，采用传统评价方法很难对其进行正确评价，怎样科学正确地建立品牌农业成长性测评指标体系，是值得我们关注和探索的问题。模糊综合评价法能较好地处理多因素、模糊性以及主观判断等问题，本书根据品牌农业成长的特点运用模糊数学和模糊统计的方法建立品牌农业成长性的模糊综合评价模型，以期获得较好的评价效果。

第一节 品牌农业成长性测评指标体系的构建原则

品牌农业成长性测评指标体系由各种单项指标构成，构建品牌农业成长性测评指标体系要牢牢把握品牌农业和农村经济发展实际情况，顺应时代要求，体现品牌农业的本质和核心，体现科学发展观，其应当遵循的原则如下。

一 前瞻性与指导性

指标体系应具前瞻性与指导性，既能准确把握品牌农业的基本特征，符合农业发展方向，又能突出未来一段时间主导优势产业的构成与规模，并将其反映到指标体系之中。

二 客观性与科学性

测评指标应具有可量化、具体化的特点。为此要尽可能采用有客观数据支撑的指标，或通过相应计算可以间接得到的指标数据，尽可能地舍弃不可量化的指标。同时，指标中的资料来源和评价标准也尽可能采用权威性的数据。

三 地域性与通用性

品牌农业有强烈的地方特色，其指标体系应既具有地域性，同时又具有一定的通用性。即在一定的空间范围内，自然资源、生态环境与社会经济发展水平大体相近的地域，其指标体系应能够对内部大单元的发展水平及进程进行衡量、比较。

四 扩展性

衡量品牌农业成长的阶段，其测评指标主要在农业的范畴内。然而，目前我国农业的领域正在向二、三产业延展或融合，因此，其指标体系需要有一定的扩展性，适度超出农业的范畴。

五 可比性

品牌农业成长性测评指标体系应该要注意时间、地点和适应范围的可比性，以便于纵横对比，区别不同时期、不同区域的品牌农业成长状况。

第二节 品牌农业成长性测评指标体系的构建

一 测评指标的选择

(一) 品牌农业的需求力

品牌农业的需求力主要用来测评农业运用品牌竞争已经取得的市场竞争优势状况。主要由三个分力组成：产品能力，包括品牌农产品质量、品牌农产品价格和品牌农产品销售服务三个指标；市场生命力，包括品牌农产品进入和退出市场的难易度、品牌农产品生命周期两个指标；市场领导力，包括品牌农产品市场地位和品牌农产品对市场的影响程度两个指标。

(二) 品牌农业的投资力

品牌农业的投资力可从两个方面进行评价：生产要素投资力和品牌要素投资力。生产要素投资力体现在三方面：第一，土地自然资源及其可持续利用能力，由于耕地质量缺乏统一的衡量标准，也缺乏地力分等的历史数据，因此，对于土地自然资源及其可持续利用能力，用年末耕地数量、标准农田面积来度量。第二，农业劳动力资源及其可持续利用能力，农业劳动力资源包括劳动力数量和质量两方面，由于缺乏反映农民素质的历史资料，难以进行品牌农业生产能力量化分析，只能用务农劳力受教育程度来衡量。故农业劳动力资源及其可持续利用能力用农村农业劳动力数和务农劳力受教育程度来度量。第三，资金、物资等农业生产要素的运筹能力，由于农民对农业生产资金的筹集缺乏一致的数据资料，这里主要用国家财政支农资金及其占当年财政收入的比重两个数据来度量农业生产资金的运筹能力，而用种畜存栏量、农机总动力、化肥总用量、农业用电量等来度量农业生产物资的运筹能力。①

农业品牌力是由产品力、品牌文化力、品牌营销力有机整合而成的复合体。其中产品力既是区域自然资源力的再现，具有独特性，又是新科技

---

① 姚於康：《浅谈农业综合生产能力及其评价指标体系的构建》，《消费导刊》2008 年第 19 期，第 89、111 页。

的结晶，具有一定的专属性。因此，农业品牌是农业核心竞争力的载体。品牌要素投资力，即品牌农业的传播力，可通过品牌农业的品牌文化建设、传播投入、传播范围、传播强度等指标体现。

（三）品牌农业的增值力

品牌农业的增值力，可从品牌农业的获利力、延伸力、联合力等方面进行评价。获利力包括品牌农业市场占有率、市场份额增长率、销售量增长率、销售额增长率及利润率等指标；延伸力主要通过品牌向其他产品和市场的延伸能力来衡量；联合力包括品牌联合情况、关系资源交换平台建设和运行、与竞争对手合作情况等指标。随着品牌竞争时代的发展，企业的联合力在品牌农业的成长中将日趋重要。

（四）品牌农业制度和技术的支撑力

农业制度是指农业产业发展的制度环境，不仅包括一个国家的政治、经济、法律等正式制度，还包括道德、文化习俗、意识形态等非正式制度。品牌农业制度的支撑力，即品牌农业的受支持力，可用品牌农业受媒体关注度、政府支持度和其他社会组织的支持度来衡量。

技术的支撑力，即农业的科技创新能力。农业科技成果大多具有外部性，可转化为商品的不多，目前农业科技成果仍以提高社会效益和生态效益为主，农业科技能力重点是科技的推广应用能力，但这一因素难以量化和取得实际数据，因此这里仅以农业技术人员数、农牧业技术培训人次和农业科技进步贡献率等来衡量。

（五）品牌农业的风险抵抗力

品牌农业在成长过程中，一方面，农业主要是利用自然资源在自然环境条件下进行，各种自然灾害都有可能发生，可采用旱涝保收面积、有效灌溉面积和机电灌溉面积等计算农田设施保障、抗御自然灾害能力指标。另一方面，品牌农业的风险也会体现在管理力方面，可用组织机构设置、市场服务与应急机制和市场研究分析能力来衡量。

二 测评指标体系框架

通过以上对反映品牌农业成长性五个方面能力的指标的选择，形成品牌农业成长性测评指标体系。其基本框架如表 5-1 所示。

表 5-1 品牌农业成长性测评指标体系基本框架

一级指标	二级指标	三级指标
需求力	产品能力	品牌农产品质量 品牌农产品价格 品牌农产品销售服务
	市场生命力	品牌农产品进入和退出市场的难易度 品牌农产品生命周期
	市场领导力	品牌农产品市场地位 品牌农产品对市场的影响程度
投资力	生产要素投资力	土地自然资源及其可持续利用能力 农业劳动力资源及其可持续利用能力 资金、物资等农业生产要素的运筹能力
	品牌要素投资力	品牌文化建设 传播投入 传播范围 传播强度
增值力	获利力	品牌农业市场占有率 市场份额增长率 销售量增长率 销售额增长率 利润率
	延伸力	向其他产品的延伸能力 向其他市场的延伸能力
	联合力	品牌联合情况 关系资源交换平台建设和运行 与竞争对手合作情况

续表

一级指标	二级指标	三级指标
制度和技术的支撑力	受支持力	受媒体关注度 政府支持度 其他社会组织的支持度
	创新力	农业技术人员数 农牧业技术培训人次 农业科技进步贡献率
风险抵抗力	自然力	农田设施保障 抗御自然灾害能力
	管理力	组织机构设置 市场服务与应急机制 市场研究分析能力

三 品牌农业成长性模糊评价方法

美国控制论专家艾登（Eden）于 1965 年创立了模糊综合评价法，品牌农业成长性的评价具有模糊性是品牌农业成长性模糊评价的理论依据。模糊评价法有单因素的模糊评价和多层次的模糊评价两种，由于品牌农业成长性受多因素的影响，宜采用多层次的模糊评价来评价品牌农业的成长性。

（一）建立因素集

通过以上指标体系的构建和筛选，把影响品牌农业成长性的因素构成集合，称为因素集。用 U 表示，$U = \{u_1, u_2, \cdots, u_n\}$，其中 u_i 表示第 i 个影响因素，n 为影响因素的个数。这些因素通常都具有不同程度的模糊性。在此，可定义：

$$U = \{u_1, u_2, u_3, u_4, u_5\}$$

其中，u_1 代表需求力对品牌农业成长性的影响，u_2 代表投资力对品牌农业成长性的影响，u_3 代表增值力对品牌农业成长性的影响，u_4 代表制度和技术的支撑力对品牌农业成长性的影响，u_5 代表风险抵抗力对品牌农业成长性的影响。

（二）设立评价集

评价集是评价者对评价对象可能做出的各种评价结果的集合。用 V 表示，$V = \{v_1, v_2, \cdots, v_m\}$，其中 v_j 代表第 j 个评价结果，m 为总的评价结果数。评价品牌农业成长性时，评价集可设为：$V = \{$好，较好，一般，较差，差$\}$。

（三）确立权重集

在影响品牌农业成长的诸多因素中，各个因素的重要程度各不相同，为了反映各因素的重要程度，应对每个因素 u_i 赋以一定的权重，建立起对应于 U 的权重集 A。$A = \{a_1, a_2, \cdots, a_n\}$，并满足 $\sum_{i=1}^{n} a_i = 1$。通过向农业相关部门、机构、企业及专家进行问卷调查，得到反映品牌农业成长性的五个影响因素的权重分别为 10%、15%、30%、40%、10%，那么，对应于 U 的权重集 A 记为：$A = (0.1, 0.15, 0.3, 0.4, 0.1)$。

（四）专家评价

在介绍品牌农业成长性问题的背景、数据和情况的基础上，通过采用民意测验方法，向农业、政府、知名企业、税务、技术、金融等领域的专家展开问卷调查，由专家们对品牌农业成长性影响因素进行模糊评价，并采集专家们的评价意见。

（五）建立评价矩阵

对某地区品牌农业成长性进行评价，首先就"需求力"这一影响因素进行考虑，有关专家根据自己的把握确定隶属度，有 10% 的人认为高，25% 的人认为较高，40% 的人认为一般，20% 的人认为较低，5% 的人认为低，则关于需求力对品牌农业成长性的影响的评价可得一个模糊集 R_1。

$$R_1 = \{0.1, 0.25, 0.4, 0.2, 0.05\}$$

同理，关于投资力、增值力、制度和技术的支撑力、风险抵抗力对品牌农业成长性的影响的评价可依次设为：

$$R_2 = \{0.15, 0.3, 0.4, 0.1, 0.05\}$$
$$R_3 = \{0.35, 0.3, 0.15, 0.1, 0.1\}$$
$$R_4 = \{0.2, 0.35, 0.25, 0.1, 0.1\}$$
$$R_5 = \{0.1, 0.15, 0.4, 0.25, 0.1\}$$

由此，可得到一个模糊关系矩阵 R。

$$R = \begin{Bmatrix} 0.1 & 0.25 & 0.4 & 0.2 & 0.05 \\ 0.15 & 0.3 & 0.4 & 0.1 & 0.05 \\ 0.35 & 0.3 & 0.15 & 0.1 & 0.1 \\ 0.2 & 0.35 & 0.25 & 0.1 & 0.1 \\ 0.1 & 0.15 & 0.4 & 0.25 & 0.1 \end{Bmatrix}$$

模糊综合评价的数学模型为 $B = A \cdot R$，即将 A 中从左到右每个数与 R 中第 j 列（$j = 1, 2, 3, 4, 5$）从上到下相对应位置的数相比较取小者，得到 5 个数，然后再取这 5 个数中的最大者作为 B 中第 j 个数，则对品牌农业成长性影响因素的评价结果为：$B = A \cdot R = (0.3, 0.35, 0.25, 0.1, 0.1)$。对 B 进行归一化处理，$0.3 + 0.35 + 0.25 + 0.1 + 0.1 = 1.1$，$B' = \left(\dfrac{0.3}{1.1}, \dfrac{0.35}{1.1}, \dfrac{0.25}{1.1}, \dfrac{0.1}{1.1}, \dfrac{0.1}{1.1} \right) = (0.27, 0.32, 0.23, 0.09, 0.09)$。

从需求力、投资力、增值力、制度和技术的支撑力、风险抵抗力五个因素综合来看，品牌农业成长性好的隶属度为 0.27、成长性较好的隶属度为 0.32、成长性一般的隶属度为 0.23、成长性较差的隶属度为 0.09、成长性差的隶属度为 0.09。根据最大隶属度原则，可以得出该地区品牌农业成长性为 0.32，对应的评价集为"较好"。

四 结论

品牌农业成长性是一个复杂的系统，其意义重大，品牌农业的成长与诸多因素有关。本书提出的品牌农业成长性测评指标体系及方法是企业、组织、机构培育品牌农业的一个重要依据，但还必须同时考虑自身的具体情况，将两者有机地结合在一起，通过培植、塑造和提高品牌农业，增强品牌农业竞争优势，并保持其持续性，实现农业可持续发展，从而使品牌农业的培育工作更为科学、更为有效。

第六章　国内外品牌农业成长经验借鉴

品牌农业是现代农业发展的高端模式。依靠品牌带动农业转型升级符合其发展规律，符合经济发展趋势。[①] 研究农产品的品牌建设和发展，有利于农业的品牌化和现代化，促进农村经济的发展。这也是发达国家几十年来发展现代品牌农业的根本途径。

日本农产品质量处于世界前列；美国农业发达，"新奇士"橙、加州巴旦木等农业品牌在国际市场广受好评；法国的酒和荷兰的花卉举世闻名；德国农业协会更是世界农村经济合作组织的代表；中国台湾农业在世界范围内也有相当的影响，其产业竞争力在世界上高居第六位。[②] 本章选取国外日本与欧美、国内台湾地区作为案例进行研究，探索品牌农业发展成功的国内外经验。

第一节　日本品牌农业的发展经验

但凡去过日本的外国人，无不对当地食品的高价格感到惊讶。根据世界贸易组织的报告，东京的食品价格比世界其他主要城市要高出25%~100%。在日本，每一个普通家庭在"食物"上的支出都必须经过仔细的计算。尽管日本国内农产品的价格普遍高于进口产品，但本国农产品在日本人心目中的地位仍然不可动摇，这与日本农产品的品牌效应密不可分。本节主要介绍日本建设品牌农业的思路、方式和方法。

[①] 张曼丽：《农业品牌发展存在的问题及建议》，《农村·农业·农民》2018年第24期，第56~58页。

[②] 《中国台湾农业竞争力竟然排名世界第六位！学习了！》，搜狐网，https://www.sohu.com/a/278218238_99915831，最后访问日期：2021年7月1日。

一 日本品牌农业的品牌战略

日本以1979年大分县开展的"一村一品"运动为契机，逐步发展起了日本的品牌农业，建立了大分香菇、大分小麦烧酒、松阪奶牛、高知酱油、青森苹果等知名农产品品牌。由于充分发掘和生产了值得本地区骄傲的地方特色产品，以及不断进行技术改进和创新，"一村一品"已成为振兴日本地方经济、打造区域品牌的有效活动。后来，这一运动在日本甚至世界各地广泛开展。韩国、法国、英国、美国、俄罗斯等国家在互惠互利的基础上与大分县进行了交流。洛杉矶启动了"一村一品"节日，路易斯安那州启动了"一州一品"活动。马来西亚和菲律宾发起了"1K1P"运动。印度尼西亚还在东爪哇推出了"一村一品"咖啡标签。

日本品牌农业战略的发展经历了从农产品品牌建设的"一村一品"到各县农产品区域品牌的建立，直至国家农产品"品牌日本"的一个自下而上的路径。品牌建设是一项复杂的系统工程。从地方到中央的"品牌农业"之路不能单靠政府或品牌所有者的努力来完成。日本品牌农业主要是由农协体系、农产品加工企业、各级政府相关部门、专业研究机构、广告公司等共同协力打造的。[1]

农协体系与农产品加工企业是日本农产品生产和品牌化的主体。在日本，农产品多半以一定区域作为产地进行商品化生产、销售。因此，府县的名字，在日本的消费者心目中就是农产品的品牌标志，而从事农产品流通业者则以代表产地的农协名字作为品牌标志。农产品加工企业与工商业产品生产企业一样，作为市场的主体，也是日本农产品品牌化发展的主力军，包括独立的大型农产品加工、流通企业和农协所属的农产品加工、流通企业。作为协会的组成部分，协会的附属企业使用协会的品牌。自主农产品企业大多开发自己的企业品牌或产品品牌，其产品生产和品牌管理模式与工商业产品生产企业相似。因此，在日本，农业协会或大型农产品加工企业成为原产地品牌的管理者，是农产品生产经营和品牌化的主体。在"一村一品"运动中，创建地方特色农产品品牌和都道府县区域公共品牌的

---

[1] 胡晓云、八卷俊雄、张恒：《日本"品牌农业"的发展战略与启示》，《农村工作通讯》2014年第24期，第62~64页。

活动如雨后春笋般涌现，基层农协和都道府县农协成为日本农产品品牌创建的主力军。

在日本，政府是品牌的倡导者、引导者和支持者。从日本品牌农业和"一村一品"运动的发端来看，日本政府是品牌农业的发起者、倡导者和支持者。在打造品牌农业的过程中，日本各级政府作为品牌的倡导者、引导者和支持者，通过宣传思想、设立或委托专业机构、设立品牌化事业和实施细则、制定标准规则等，在政策引导和支持方面发挥了积极作用。农产品的"安心与安全"问题是消费者非常关注的重要话题。日本大部分县政府都成立了食品安全促进委员会，由县卫生福利部、农业和渔业部、生活和文化部、教育委员会等部门组成。卫生福利部负责农产品市场流通的监督管理，农业和渔业部负责农产品生产过程管理，生活和文化部负责农产品质量安全标志和标签，教育委员会负责开展农产品质量安全宣传教育活动，全面推进农产品整个生产、加工、流通、零售等环节的质量安全工作。

专业的研究机构是品牌发展的智力保证。1989 年，大分县成立了县香菇研究指导中心，应用生物工程新技术，开发新品种，对农民进行技术培训。因此，大分县的香菇生产一直长盛不衰。其出口量占日本全国产量的 20%，其质量被评为日本第一。大分县先后建立了县农业技术中心、温泉花卉研究指导中心、动物生产试验场、农副产品综合指导中心、食用菌研究指导中心、海洋水产品研究中心、工业科技中心等科研机构，为生产加工提供专业技术指导。与此同时，日本的大学和研究机构也通过大量的研究工作和专业研讨会支持当地农产品品牌的创立和发展。在农业发达的北海道，北海道大学已启动成立一个专门研究机构，为北海道以农业为基础的区域品牌提供建设性建议。

日本品牌策划与传播机构在农产品品牌建设中发挥了重要作用，成为日本品牌农业建设中的亮点和特色。从品牌命名、品牌设计和品牌传播工作产生的初始阶段，到品牌研究和战略制定的核心阶段，日本的品牌策划和传播机构已成为日本农产品品牌化的军师。

二　日本品牌农业的创建特色

（一）不断创新和提高农产品品质

日本的耕地面积只有 504 万公顷，约占国土总面积的 13.3%。农业生产只能满足40%的国内需求，绝大多数农产品都是进口的。尽管如此，日本农产品并没有单方面追求高产量，而是追求增加产品的营养成分和改善产品的口味，达到品牌高附加值的效果。例如，日本松阪奶牛品牌就是追求高品质以实现高品牌价值的代表之一。松阪奶牛的饲养程序极为严格。饲料必须是大麦和豆饼的混合物。奶牛长胖后，为了增加食欲，他们每天给奶牛喝啤酒，给奶牛按摩，甚至让奶牛听音乐，享受阳光。虽然一只高品质的松阪奶牛的价格是4000万到5000万日元，但它仍然很受日本人的欢迎，拥有其他牛肉不可替代的地位。此外，为通过优质水产品打造"千叶品牌"，千叶县致力于培育耐高水温养殖品种。

（二）积极推行品牌认证制度

日本在全国各地推出的"本地本物"认证体系，以及各县实施的各种形式的认证体系和认证标志，都非常健全。"本地本物"的标志是传统制造商的标志，它已成为日本消费者品尝味道的象征。

除了国家"本地本物"认证，在日本各地以县为单位，还有各种品牌认证体系。山梨县推广农产品品牌，创建"山梨品牌"，建立农产品专项认证体系。认证项目由认证委员会认定，对品种、口味、新鲜度、创意、安全性等进行评价。根据本标准认证，推进并强化以适地、适种为基础的新型品牌产品的生产、流通和销售体制。在适合本县自然环境、采用高精度技术培育的优质农产品中，通过对外观、低农药、低化肥等的评价，认定一批桃子、葡萄、李子等优质农产品为精选农产品，并认真组织这些精选农产品的生产。

（三）高度重视品牌人才培养

日本面积小，资源匮乏，但却形成了具有地域特色并领先世界的品牌农业，其另一个非常重要的原因就是日本高度重视品牌人才培养。

"一村一品"运动的基本原则就是培养人才。"一村一品"的最终目标是培养各地区的品牌人才，不断发展和建设品牌。大分县"一村一品"运动的经验告诉日本，正是因为拥有一群具有全球战略愿景和挑战精神的地区领导人，才成就了覆盖不同地区，甚至辐射世界的"一村一品"运动。为培养人才，大分县开办了各个领域的人才培训讲习班，如服务于农业生产者的"21世纪大分农业讲习班"、服务于创造区域文化的"区域文化道场"、服务于培养能够适应信息化社会的人才的"丰之国 IT 讲习班"等。

（四）高度重视品牌农业相关标准的建设

以《日本农林物质标准化及质量标志管理法》为依据，日本建立了对农林产品及有关加工产品进行标准化管理的制度，即日本农林标准制度（JAS 制度）。该制度涉及农产品生产环境、生产过程和工艺、农产品的标准化等 3 个方面，共包含 400 余项标准。在日本市场上销售的农林产品及其加工品（包括食品）都必须遵守 JAS 制度的管理规定，接受按照 JAS 制度标准进行的监管。日本农林水产省下属的农林产品标准调查会是日本的农林产品标准化管理机构，负责组织制定、审议、监督 JAS 制度的普及和实施工作。

三 日本品牌农业的典型案例

（一）北海道夕张市哈密瓜品牌农业

北海道是日本四个主岛中最北端的岛屿，面积 83520 平方千米，是日本第二大的岛屿，在世界岛屿排名中居第 21 位。北海道南面与日本第一大岛本州岛以津轻海峡相隔，北面以宗谷海峡（俄罗斯称拉彼鲁兹海峡）与俄罗斯萨哈林岛隔海相望，东面为千岛群岛，西面与日本海毗邻，东南面则是世界第一大洋——太平洋，东北面与鄂霍次克海毗邻。北海道属温带季风气候。冬季寒冷干燥，夏季暖热多雨，四季分明。平均气温：1 月，-10~-4℃；8 月，18~20℃。年降水量 800~1200 毫米。12 月至次年 3 月有积雪，最深达 4 米。夏季东南岸多海雾，冬季北岸和东岸有流冰。

从历史上看，北海道的农业起源于 1583 年，当时大和人将蔬菜种植技术引入北海道西南部。在此之前，北海道大部分属于山林原野。明治维新第二年（1869 年）设置开拓使以后，北海道的开发正式开始，北海道的农业开始逐步发展。在中央政府的大力指导和财政援助下，北海道聘请国外农业生产专家指导生产，从欧美引进了以旱作和乳品业为中心的现代农业，为北海道现代农业的发展奠定了基础。经过几代人的不懈努力，北海道已经能够生产出多种农作物，尤其是小麦、大豆、红豆、绿豆、土豆、甜菜、荞麦、洋葱、胡萝卜、南瓜、甜玉米、白萝卜，在日本名列前茅。目前，北海道是日本最大的粮食供应基地，也是日本47个都道府县中最大的产粮县，农业产量最大，土地管理面积也是日本最大的，农民专业化程度更高——以农业收入为主（50%以上）的农户占全道农户总数的87.7%，远高于38.4%的日本平均水平。

夕张市的哈密瓜产业是北海道比较知名的品牌农业代表。1922年，北海道从美国引进了一个名为"斯帕伊西"的哈密瓜品种，在北海道农业试验研究所进行品种改进后，于1935年将"卡塔斯·阿尔斯费伯利"和"斯帕伊西"杂交得到一代品种，此品种也成为北海道哈密瓜的基础品种。夕张市位于北海道中部，其独特的气候和土壤条件非常适合"卡塔斯·阿尔斯费伯利"和"斯帕伊西"的杂交一代哈密瓜品种的种植。1960年，夕张市农业协同组织[①]（以下简称"农协"）建立并培育出新型哈密瓜品种——"哈密瓜王子"，经过逐年研发、育种、种植、推广，最终发展到夕张市当前的哈密瓜产业规模，以夕张市农协为核心形成夕张市哈密瓜品牌商业模式（见图6-1）。夕张市的哈密瓜也因此成为日本水果中的贵族，常年占据世界最贵水果排行榜先列，价格也是逐年递增，2019年"夕张夫妻"拍出了30万一对的史上最高价的哈密瓜。这还不是最厉害的，更厉害的是它所在的北海道夕张市，这座城市在政府破产后的自救和逆袭之路，堪称经典。根据夕张市农协的介绍，2019年收获大约3844吨的甜瓜，销售总额预计达22亿日元（约人民币1亿3780万元）。[②]

夕张市哈密瓜产业品牌经营的骄人业绩主要依赖以下四个方面。

首先，充分发挥自然资源的优势，结合夕张市独特的土壤与气候条件，通过引进种植，以特色为引领，积极培选符合自身资源优势的特色主导农产品，最终确立了夕张市哈密瓜的种植优势，为"夕张哈密瓜"品牌农业的发展奠定产业基础。

其次，充分发挥夕张市农协的综合服务功能，将分散的农户生产经营

[①] 日本的农业协同组织系统包括国家级、都道府县级、市町村级三级农协组织。农业协同组织是本着组合成员互助的精神设立的，其由组合成员出资设立，致力于农业经营的改善和农业社会地位的提高。其主要业务包括农业经营之道、农业生产资料的提供、农产品的收购和销售、金融（储蓄、贷款、货款回收）、相互保险制度、医疗等。近年来，农业协同组织面对农户数的减少、农畜产品价格的下滑、金融改革等问题，为了提高运营效率，正在推进跨市町村区域的合并事业。

[②] 《品牌营销的极致！一个哈密瓜，拯救了一个破产城市》，搜狐网，https://www.sohu.com/a/367291897_100262312，最后访问日期：2021年7月1日。

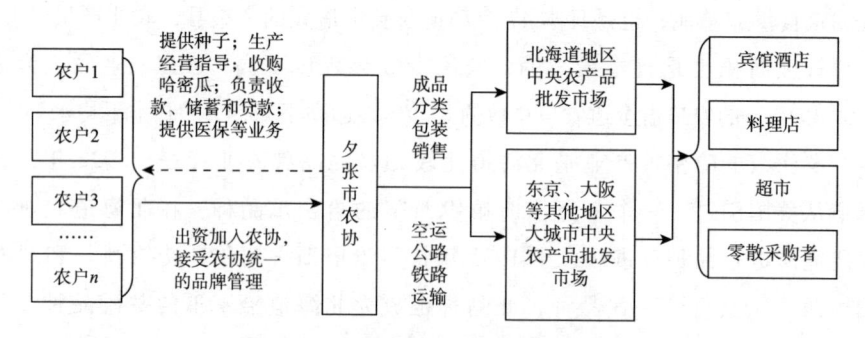

图 6-1　夕张市哈密瓜品牌商业模式

资料来源：王中：《高端特色品牌农业的理论与实证研究》，中国海洋大学出版社，2012，第30页。

活动纳入农协的品牌生产流通管理。在整个品牌经营模式中，农民只需要按照农协统一的品牌管理要求进行生产经营、病虫害防治等。农协将完成成品包装、运输和销售（大型生产农民完成成品包装并运输到协会），最后还替农民收取货款并汇入农户在农协开立的账户。同时，农协还负责夕张市哈密瓜的整体宣传和品牌营销。

再次，通过控制产地以确保"夕张哈密瓜"的垄断供应。夕张农协内部设有一个哈密瓜种子育种机构，主要负责哈密瓜种子的选育；哈密瓜种子资源库专门保存夕张哈密瓜种子。同时，夕张农协也严格限制所选种子的使用，确保其只能由农协成员使用，不允许哈密瓜种子流出。因此，通过对哈密瓜种子的有效控制，既保证了夕张哈密瓜品种的纯度和独特性，又控制了夕张哈密瓜的产量，防止其他地区生产假冒夕张哈密瓜，从而有效保护了农协成员的经济利益。

最后，科学播种，确保"夕张哈密瓜"品牌经营效益最大化。为了最大化"夕张哈密瓜"的市场份额和经济效益，夕张农协还采取了压茬种植策略，每隔两天种植两公顷，保证每年5月15日至8月20日为"夕张哈密瓜"的收获期。通过科学延长"夕张哈密瓜"上市周期，最大限度地创造"夕张哈密瓜"的品牌效益。

（二）京都蔬菜品牌农业

东京在1200年前就是日本的首都，它崇高的历史和政治地位决定了它在日本人心目中的独特地位。与其他地区相比，京都美食是日本餐饮体系中知名的区域性餐饮品牌，因此，作为其主要原料的"京都蔬菜"也是日本人高度认可的品牌农产品。

历史上，京都蔬菜品牌成立于1988年，其生产本身是二战后京都地区农业结构持续调整的结果。具体来说，日本在二战中战败后，随着城市化的加速，粮食短缺困扰着日本的社会和经济发展。很长一段时间以来，和日本其他地区一样，京都的作物生产以大米为主，其次是蔬菜。到20世纪60年代，水稻产量出现过剩，农业生产及时重组，减少水稻种植面积，转向其他作物。在这种背景下，受传统美食的影响，蔬菜种植面积有所增加，京都以北地区一度出现了2000公顷的蔬菜开发基地，巨大的种植面积带来了蔬菜销售难的现实问题。相比之下，京都没有大型蔬菜种植基地，该地区农民的土地面积相对较小，平均每户2公顷至5公顷，呈现空间分布分散的特点。因此，如何将零散的蔬菜产品集中销售，逐渐成为困扰京都农业生产经营活动的现实问题。在此背景下，结合京都传统"美食"文化，充分挖掘京都美食的传统优势和深厚文化内涵，依托京都传统蔬菜[①]资源培育品牌蔬菜，发展观光农业的现代农业发展思路顺时提出，最终于1988年确立了"京都蔬菜"这一知名蔬菜品牌。到目前为止，"京都蔬菜"已经形成了以"京都家乡农产品协会+京都JA会馆+京都农林研发中心+农户"为特色的品牌蔬菜经营模式（见图6-2）。

"京都蔬菜"品牌农业的成功主要依赖于以下三个方面。

首先，充分发挥京都特有的传统蔬菜的优势，与京都传统"食文化"进行融合，确定了以观光旅游农业为主导的现代农业发展路径。

其次，京都家乡农产品协会运行高效的品牌管理。"京都蔬菜"的品牌农业管理工作具体由京都家乡农产品协会负责，主要包括三个方面。一是"京都蔬菜"品种的选择与确定。协会制定统一的"京都蔬菜"品牌标准，从现有的36种京都传统蔬菜中挑选23种与京都烹饪密切相关的蔬菜，进行

[①] 传统蔬菜主要是指在明治维新时期以前引进来的，在京都府地区生产的蔬菜品种，包括历史有记录但现在已灭绝的蔬菜种类。据统计，截至目前京都府共有38个传统蔬菜品种（现存35个种植历史久远的蔬菜品种和1个种植历史较短的蔬菜品种，还有已经灭绝的2个蔬菜品种）。其中，23种传统蔬菜由于保持较大规模的市场需求量并且是京都料理的主要食材而被指定为进行品牌经营的蔬菜，统一品牌定为"京都蔬菜"。

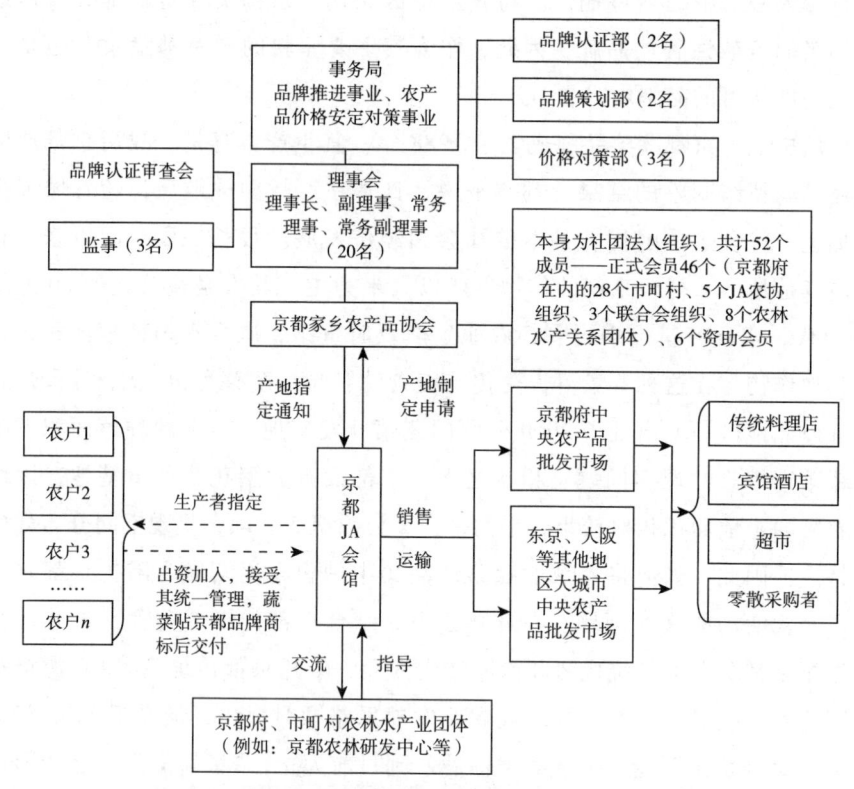

图 6-2 京都蔬菜品牌经营与京都故乡农产品协会结构

资料来源：王中：《高端特色品牌农业的理论与实证研究》，中国海洋大学出版社，2012，第32页。

相应的品牌生产。二是系统规范"京都蔬菜"品牌认证工作。协会的内部品牌认证审查会将负责蔬菜品牌认证，包括蔬菜品种审核、品牌认证标准制定、原产地认证等程序性工作。三是严格的"京都蔬菜"品牌经营管理手段。其一，京都家乡农产品协会规定"京都蔬菜"商标的使用。只有遵守协会产地指定，同时品质符合"京都蔬菜"品牌认证等条件时，京都家乡农产品协会才发放相应数量的"京都蔬菜"商标标签供京都JA会馆指定的生产者出货使用。其二，构建"京都蔬菜"成品蔬菜的可追溯制度。"京都蔬菜"的销售包装盒（袋）由京都家乡农产品协会统一设计印刷。"京都蔬菜"的指定生产者使用的每个标签都标明了成品蔬菜的品种、质量、味道、使用的农药、生产者的具体信息和其他内容。一旦出现蔬菜产品消费者投诉现象，京都JA会馆将根据产品标签内容对相关农户进行调查处理。

其三，严格"京都蔬菜"的生产规范。在蔬菜生产过程中，京都家乡农产品协会安排 5 名检查员负责"京都蔬菜"生产标准和质量的监督管理。对于所有申请"京都蔬菜"品牌标签的农户，协会检查员将对所有生产环节进行全面检查，并提出相应的指导意见。不遵守指导的农民将被协会撤销。

其四，加强"京都蔬菜"的流通管理。在流通阶段，京都家乡农产品协会负责"京都蔬菜"的市场信息跟进收集及品牌推广营销。在东京等主要销售目的地，协会设立了专门的办事处（主要在大型超市和京都蔬菜加工店设立蔬菜销售柜台）。京都家乡农产品协会在销售"京都蔬菜"的同时，及时收集市场销售信息和消费者反馈的需求信息，并向京都家乡农产品协会理事会报告，由理事会通过其他成员反馈给指定生产农户，督促指定生产农户进行相应的生产调整。在品牌营销方面，京都家乡农产品协会将"京都蔬菜"的销售与传统节日和京都旅游活动有效地联系起来。通过稳定供应传统节日所需的优质"京都蔬菜"，并为"京都蔬菜"专卖店提供导游员，有效巩固和拓展了"京都蔬菜"的市场销售空间。上述工作的费用主要由三部分收入支付：京都家乡农产品协会会员（含 46 个正式会员和 6 个资助会员）的年费；"京都蔬菜"品牌标签费由指定生产农户支付（年收入约 850 万日元）；使用"京都蔬菜"的京都餐厅支付京都家乡农产品协会的广告费用。

最后，建立以政府为主导，多元参与的蔬菜生产经营保障体系。主要包括两个方面：一是构建"京都蔬菜"在流通环节的第三方检验制度。除了京都家乡农产品协会外，京都政府部门也委托非营利组织（NPO）等第三方机构对流通中的"京都蔬菜"进行品牌标准检验。到目前为止，这项工作所需的费由京都政府全额支付。二是构建"京都蔬菜"的价格保护制度。"京都蔬菜"一般通过农产品批发市场销售，其价格受市场需求和产出供给的影响，充满不确定性，造成农民收入的波动和不稳定。为鼓励农民持续稳定生产"京都蔬菜"，确保生产"京都蔬菜"的农民的经济利益，"京都蔬菜"品牌在运营过程中逐步形成"政府主导（京都政府），多元参与（京都家乡农产品协会、京都 JA 会馆、农户）"的价格保障机制（见图 6-3）。当"京都蔬菜"的市场价格低于其生产成本时，京都政府将向京都家乡农产品协会支付农产品价格补偿，而京都家乡农产品协会将根据先前签订的相互减免合约，通过京都 JA 会馆向指定生产农户支付相应的减免资金，从而确保指定生产农户在蔬菜价格下跌时能够获得正常的经营收入。

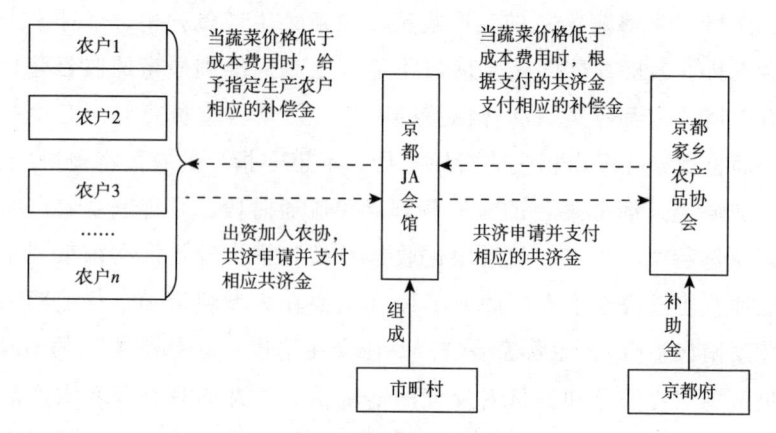

图 6-3　京都蔬菜价格保护机制

资料来源：王中：《高端特色品牌农业的理论与实证研究》，中国海洋大学出版社，2012年，第 34 页。

第二节　欧美发达国家品牌农业的发展经验

一　美国品牌农业的发展经验

美国作为世界上最大的农产品出口国，其农业的发展在世界范围内一直有着重要的地位。美国气候温和、土地肥沃，现有约 205 万个农场，总面积达 3.89 亿公顷，平均面积约 190 公顷，2017 年农业就业人数为 285 万人，在美国全国就业人数中的占比仅为 1.66%。鸡肉、牛肉和猪肉产量分别位居世界第一、第二和第三。2017 年，牛肉产量 1187.84 万吨，鸡肉产量 2161.05 万吨，猪肉产量 1160.47 万吨。粮食总产量占世界的五分之一，其玉米、大豆、小麦产量分别位居世界第一、第二和第三。2017 年玉米产量 3.7096 亿吨，大豆产量 1.7329 亿吨，小麦产量 4737 万吨。[①] 美国之所以有如此巨大的成就，主要得益于其对品牌战略的高度重视，其自身的农业品牌得到了充分发展。

（一）因地制宜，发展区域优势农业

美国根据各个农产品产区的自然禀赋和当地条件，生产出能够最大化当

[①] 罗鸣等：《美国农业产业体系发展经验及其对中国的启示》，《世界农业》2019 年第 4 期，第 43~46 页。

地自然禀赋的优势农产品。美国主要有五大优势农产品产区。东北部的五大湖附近，继续向东直到大西洋沿岸，这一地带气候温良，不适合谷物的生长，但却有利于多汁牧草的生长，是有名的乳畜带，以乳制品生产为主。该地带工业发达，城市众多，具有广阔的乳制品消费市场。乳畜带西南面的区域，土壤肥沃，气候温和湿润，是世界上最大的玉米生产地带。玉米生产地带的东南面则是混合农业区，主要出产蔬菜、鸡肉等。玉米生产地带的南北两侧，分布着小麦生产地带。北部小麦生产地带热量不足，黑土广布，是优质的春小麦生产地带，可加工成做面包的高筋面粉；南部小麦生产地带热量充足，为冬小麦生产地带，该地带的小麦可加工成低筋面粉做蛋糕。墨西哥湾沿岸是亚热带作物区，水热丰富，盛产柑橘等亚热带水果。通过合理划分各种农产品的生产区域，充分发挥当地的自然资源优势，美国各种农产品的产量和质量都得到了很好的保证，在国际上有着很好的口碑。

（二）健全的法律法规体系，科学的农产品质量安全认证体系

美国农产品质量安全法律体系建设起步较早，以国家基本法案为标准，以各州地方法律为补充，形成了一套完整的农产品质量安全法律体系。该法律体系的特点如下：第一，健全的法律基础，联邦法律和各州的法律为美国农产品质量安全保驾护航。美国于1906年就颁布了《肉类检查法》和《食品和药品法》。美国现有相关法律法规多达30部，这些法律对保障农业生产产前、产中、产后等环节的顺利进行，发挥了重要的作用。第二，各部门都有明确的职责，并履行各自的职责。在农产品质量和安全领域，美国建立了以美国农业部和食品药品监督管理局为基础的管理体系，共同确保农产品的质量和安全。第三，采取农产品质量和安全生产补偿政策。2012年《农业改革、粮食与就业法》重点支持有机农业的发展，不断提高有机农业生产补偿标准。

（三）完善的农业金融体系，确保农业生产资金的供应

虽然美国农业人口不到300万，占总人口不到2%，但在政府政策的支持下，美国建立了完整的农业金融体系，有效解决了美国发展大规模农业所需的资金问题，为美国成为世界农业强国发挥了重要作用。首先，国家针对不同的客户设立了不同的金融服务机构。在政策服务机构中，农村电气化管理局主要负责为农村基础设施建设提供优惠贷款服务；商品信贷公司主要为普

通农民发展农业生产提供农业保险服务,以降低农业生产中的风险。其次,多样化的贷款方式允许农民自由选择。合作金融机构主要服务普通农民,联邦土地银行主要提供长期房地产抵押贷款服务。最后,国家为农业金融服务体系的发展提供法律和金融保障。其一,美国建立了健全的法律体系来支持农业金融服务体系的发展,如《农业贷款法》和《农业信贷法》等。这些法律法规的颁布有利于规范和引导农业金融服务体系的健康发展,有效解决农业发展过程中的金融问题,提高美国农产品的国际竞争力。其二,美国政府对农业给予了大量的财政支持。农业是一个特殊而薄弱的行业,其生产周期相对较长,生产具有较强的季节性,生产过程中存在诸多不确定因素,农业科技研发周期相对较长,科研成果的适用性具有一定的区域性特点。这些因素的存在导致工商资本不愿意投资农业。因此,为了支持农业的发展,美国政府对农业生产者给予了大量的财政补贴,以降低他们从事农业生产活动的风险,调动农民的积极性,帮助国家发展现代农业。

二 法国品牌农业的发展经验

(一)品牌认证制度

法国品牌认证制度结合农业标准化建设与农产品品牌战略,从质量管控和政府扶持入手,根据传统文化和地方资源,制定产品认证体系,具有代表性的是"原产地命名控制"认证体系(AOC认证)。AOC认证的农产品品质优良,有独特优势,如法国AOC葡萄酒,深受消费者信任和喜爱。

(二)组织化和规模化经营

法国农业组织化程度高,与政府联系紧密,以合作化、产业化和专业化服务农户,保障质量和品质。法国大多农户都加入农业组织,农产品通过组织进行流通。法国实行农业产业化经营,鼓励农地流转,采用现代化投入,组建公司化生产运作组织,推行农业教育体系,壮大农业企业规模,实现规模经营。

(三)政府支持与管理

法国政府大力支持农产品品牌管理和建设。政府出台政策,增加科研投入,帮助品牌推广和营销,立法保障农业生产持续发展。同时,组织农业大赛,增加市场曝光,建立农产品品牌文化,并用国际交流将品牌文化推向国际市场。

三 德国品牌农业的发展经验

(一) 农业机械化程度高

德国农场经营者素质高,机械设备普及度高,兼业化现象普遍,农场管理现代化。机械让农业生产高质量、高效率,随着机械设备的不断发展,农业生产也不断进步。

(二) 高标准

德国农业生产高标准体现在两个方面。农民准入标准高,一个合格的农民,要经过严格的实践劳动锻炼和理论学习;农产品质量标准高,德国对农产品实行严格的质量检测和品质认证,不仅有产品标准,还有详细的、操作性强的生产环节标准。

(三) 专业组织结构

德国农协在各环节间发挥着中介和联络作用。德国农协重视农业教育培训,实行严格质检认证,促进农业科技进步。德国农协是欧洲领先农业非政府组织之一,在世界架起农业理论和实践交流的桥梁,推动德国以及世界农业发展。

四 荷兰品牌农业的发展经验

(一) 特有的发展链——"OVO"三位一体

"OVO"即荷兰语中的"农业科研"、"教育"和"推广",这三项被誉为荷兰农业发展和一体化经营的支柱,三者协同发展形成三位一体的"OVO"技术创新体系。"OVO"主要内容为结合各方力量推动农业发展:出台政策提高产量,运用科技提高质量、研究新品种,提高从业人员素质。

(二) 灵活的经营销售模式

荷兰农产品经营灵活,采用拍卖场与农户连接模式:农场主生产,拍卖场销售推广。农产品拍卖场对农产品分类、分级、包装等进行标准化管理，提供物流、储存设施和冷库设备等来适应多样化的市场需求。

第三节 中国台湾品牌农业的发展经验

一 台湾品牌农业的发展历程

台湾品牌农业的发展经历了从低级到高级，从初级农产品到加工农产品，再到农产品品牌建设的逐步演变，在此期间，农产品品牌建设的主导农产品也经历了从低附加值到高水平经济附加值的转变（见表6-1）。

表6-1 中国台湾品牌农业发展的阶段性特征

时期	主导农产品	品牌农业发展的阶段性特征	目标市场
20世纪50年代	稻米、香蕉、茶叶、凤梨罐头及糖等	主打产品为初级加工品，约占农产品总出口价值（10亿美元）的70%	包括日本、中国香港、新加坡和美国等。其中，日本、中国香港、美国是前三大农产品出口市场。据统计，2002年中国台湾销往日本、中国香港以及美国的农产品金额达到了21亿6000美元，占农产品总出口价值的68%
20世纪60年代	洋菇罐头	农产品从初级加工品向提升竞争力和附加值方向发展	
20世纪70年代	猪肉及其产品、水产品及其加工品、花卉等	重点发展出口型农业，农业发展紧密围绕提升农产品竞争力及其附加值进行，农产品的出口种类得以拓展	
20世纪80年代	花卉、种苗、米食加工、调理食品等	已经形成现代农业的格局，出口产品的附加值更上一个台阶，以多样化的资本及技术密集型农产品为主打产品	
20世纪90年代	资本及技术密集型农产品	90年代后期，台湾农业在地区经济中的地位逐渐下降，开始由出口型转为"三生"（生产、生活和生态）型	
21世纪以来	果蔬类、畜产品类、鱼产品、林产类	发展转向高附加值、低环境成本、市场与技术开发潜力大的各科技产品，包括精致农业、休闲农业、无污染农业等，谋求农业的可持续发展	

资料来源：台湾"农委会"：《加强农产品国际行销方案》，2003；郑风田、穆建红：《农业"软实力"提升的战略政策——我国台湾打造国际知名农业品牌的经验及启示》，《农业现代化研究》2007年第2期，第185~189页。

二 台湾农产品品牌建设体系概况

(一) 目标市场定位

台湾农产品原有目标市场为日本、中国香港、美国和新加坡,其中前三者所对应的是台湾农产品前三大目标市场。台湾"农委会"[①] 在原有市场的基础上,加强对目标市场的研究,积极选择新的目标市场进行台湾农产品的推广和宣传。目前,台湾正在积极探索新的新鲜农产品目标市场,包括欧盟、新西兰和澳大利亚。

(二) 品牌产品类别

台湾根据自身的优势与国际农产品消费市场的变化,主打其具有比较优势的农产品,提高出口额,使得台湾出口型农业获得了快速发展。以2002年为例,全岛农产品年出口总额31.49亿美元,包括以下主要产品类别:(1) 果蔬类:蔬菜及其制品9800万美元,谷类及其制品8300万美元,水果及其制品7300万美元,花卉及种苗5300万美元。其中,蔬菜类以冷冻毛豆(4200万美元)为首,比2001年增长1%。(2) 畜产品类:以皮及其制品为主,8.18亿美元;羽毛1.16亿美元;羊毛及其制品1.16亿美元。上述产品除羽毛外,均以进口再加工出口为主。(3) 鱼产品:鱼及其制品1.08亿美元,其中冷冻鱼受国际市场普遍低价影响,销售额减少了3%;鳗鱼(主要是活鳗)1.2亿美元,增长53%;冷冻鱿鱼4700万美元,增长2%;冷冻秋刀鱼1100万美元,出口量是2001年的两倍;冷冻吴郭鱼6000万美元,增长15%。(4) 林产类:以木材及其制品为主,9800万美元,比2001年减少了1.6%。[②] 另据台官方统计,2020年台湾出口生鲜冷藏菠萝为45621吨,产值16.4亿元左右。出口到大陆的生鲜冷藏菠萝为41661吨,产值14.9亿元左右,占总出口量及总出口价值均约九成。其次为日本2160

---

① 台湾"农委会"是农业者的公会,以专业农民为主要会员,兼具农政(农业行政)、农事(农业事业运营)、农推(农民教育推广)三大功能。下设农业推广、农业信用、农业运销机构。

② 郑凤田、穆建红:《农业"软实力"提升的战略政策——我国台湾打造国际知名农业品牌的经验及启示》,《农业现代化研究》2007年第2期,第185~189页。

吨、中国香港 1186 吨、新加坡 421 吨，加拿大、中国澳门、马来西亚、泰国、韩国占少数。①

目前，台湾根据国际市场消费需求的变化，根据生产技术进步、出口潜力和业绩以及国际市场竞争环境三大指标，将岛内农产品分为三类，并对每一类实施不同的品牌建设方案：（1）具有技术优势、独特性或过去出口占优势的农产品，如莲雾、番石榴、阳桃、冷冻海产品等，这类农产品要建设成为具有国际形象的台湾品牌，并保证稳定的供应量；（2）为了保证出口稳定增长，品种或技术必须加强研发改进，防止被替代的农产品出现，如木瓜、凤梨、冷冻菠菜、杧果等，这类农产品要加强与产业的结合，健全产销体系，提升产品区隔性，并加强国外市场促销；（3）遭遇国外同类产品激烈竞争的农产品，如香蕉、柠檬、米醋、竹炭等，这类农产品必须开拓营销通路或加强新产品的研发以扩大出口。②

（三）台湾品牌农业建设的主要措施

2003 年，为加强农产品品牌建设，台湾发布了《品牌建设专项规划——强化农产品营销规划》（农合字第 0920060725 号），对整个国际农产品品牌建设做出了全面的总体规划，并预留资金进行全方位建设。主要采取了以下措施。

1. 生产研发体系

其一，积极改进品种、保存和运输技术。为提升和保持农产品出口质量，加强采后处理和保鲜技术的研究和改进。为此，台湾农委会联同农业改良农场、工会及农民组织，针对新鲜蔬菜、水果及花卉的具体情况，开展相应的科研活动，有效促进了农产品品质提升。

其二，设置农业生物技术园区。台湾当局以提升农产品品质及农产品国际竞争力为重点，积极推进各类科技园区建设，努力将台湾建设成为亚太农业生物科技中心，如台南县屏东农业生物科技园区、台南县兰花生物科技园区、彰化县国家花卉园区、嘉义县香草生物科技园区、依兰县海洋生物科技园区等。

---

① 《台媒：台湾出口大陆菠萝占总出口量9成、年产值近15亿》，今日头条，https：//www.toutiao.com/a6933487965431988743/? channel=&source=search_tab，最后访问日期：2021 年 7 月 1 日。
② 郑风田、穆建红：《农业"软实力"提升的战略政策——我国台湾打造国际知名农业品牌的经验及启示》，《农业现代化研究》2007 年第 2 期，第 185~189 页。

其三，制定并实施严格的品牌农产品生产标准。以台湾板桥市农会为例，为了推动发芽大米的国际化行销，从最初的原料大米收购，到后期的生产加工，都遵循品牌建设标准。例如，挑选来自台湾东部的一种无污染的优质大米粳八号，并利用生物技术激活其酶，提高糙米的经济价值。除了严格挑选原料米外，还需要经过规范严格的程序，包括米粒选色、超声波清洗、高效杀菌发芽、低温烘烤、干燥包装、重金属残留检测等。

2. 加工供应体系

台湾农业经营者针对不同类型的农产品，有意识地强化不同类型农产品的加工水平，旨在提升相应农产品的经济附加值。重点建设具有地方特色的小规模加工系统、农民团体在原产地的初级加工系统（卫星工厂）和新兴的加工食品系统，发展壮大台湾休闲农业、农产品加工业和中式食品业。同时，由于生鲜食品易腐烂变质以及对运输时间的严格要求，为解决出口农产品质量问题和供应部门的稳定，台湾方面制定并实施了"旗舰计划"①，建立了从原产地到境外的供应链体系；与此同时，在境外设立了展销基地和配送仓库，设立了专门的销售区域和出口集散地，并与银行合作为农民和贸易商办理农产品出口保险。

3. 销售推介体系

其一，市场推介方式——参展促销，利用外贸协会和有经验的国际营销公司的力量开拓目标市场。选择国际优质农产品，参加并举办国际综合性食品展览会和专业展览会。通过外贸协会和国际专业营销公司，以公关、传媒、促销等营销手段，针对中国大陆、日本、中国香港、新加坡、加拿大、美国等目标市场办理促销活动。同时，台湾美食节与国际营销公司合作举办相关的专业活动。

其二，台湾当局正积极与农产品主要进口方进行谈判，以降低进口关税和消除非关税壁垒，从而减少台湾农产品品牌国际化的障碍。

4. 配套设施体系

台湾在加强市场资讯及人才建设方面主要采取以下措施：设立专门的

---

① "旗舰计划"指选定具有较高竞争力的农产品，加强推动农产品的出口，解决农产品从生产、制成、运销配送以及检验检疫等层面所遭遇的各种问题，推动品质认证、品牌营销和品牌形象等"三品"农业，创造出口附加值。

国际行销建设单位，统筹处理各种国际行销事务；建立农产品国际营销信息网站，发布农产品商业信息，提供出口商机；培训与农产品出口有关的人员；设立农产品出口奖励计划，以鼓励全岛大规模出口农产品。

5. 标准化管理体系

其一，强化农产品卫生安全管理。从上游农业资金来源、农业安全、生产管理，到下游农产品卫生，进行全面、严格的检查。除建立食品卫生安全反向跟踪机制外，台湾当局还大力推行农产品安全认证标签制度、推进优质农产品质量认证、"吉园圃"安全用药标签、有机农产品认证、"海宴"优质水产品认证、危害分析与安全控制点（HACCP）认证、优质畜产品认证体系等。同时，还实行了农产品安全责任制。

其二，健全动植物防疫检疫体系。加强检验检疫处理技术的研发，建立出口农产品检验检疫相关措施，同时建立卫生检验检疫措施咨询查询系统。

三 台湾品牌农业的发展经验

以上分析表明，台湾品牌农业的发展和建设主要是通过品种改良、质量认证、品牌营销等环节完成的。以优质、高经济价值的产品为发展目标，通过建立农业专业区，全面整合小农户参与经营，发展外向型农业，创造了许多国际知名的农产品品牌。从总体上看，台湾的品牌农业建设已经有了一个比较完整的体系。品牌化、信息化、产销网络化和技术化是台湾发展品牌农业的显著特征。

第七章 我国品牌农业成长历程、问题与对策

第一节 我国品牌农业成长的历程

品牌是商品经济的产物，其伴随商品经济而产生并伴随商品经济的发展而发展，品牌农业亦然。在我国品牌农业的成长大致经历了1949年以前新中国成立前简单商品经济时期的品牌初级阶段、1950~1978年新中国成立后至改革开放前的品牌停滞阶段、1979~1990年品牌法律实施后的品牌觉醒阶段、1991~2004年品牌法律法规不断完善至加入WTO过渡时期的品牌发展阶段，以及2005年至今品牌农业做大做强阶段。

一 新中国成立前简单商品经济时期的品牌初级阶段（1949年以前）

这一阶段也可称为"自发形成阶段"。在我国，原始社会末期便产生了诸如纺织、榨油、酿酒、金属加工与武器制造等多种多样的手工业生产，它们从农业中逐渐分离出来，即第二次社会大分工，[①] 使得以交换为目的的商品生产开始出现，商品交换的范围也随之进一步扩大，进而出现了带有商品性的标签，产生了品牌的雏形。在产品上刻上名字或标记，使产地各异、匠师不同的产品区别开来。如我国春秋战国时期的"郑之刀、宋之斧、鲁之削、越之剑"，汉朝时期的"剪张禁""酒赵放"（《汉书·王尊传》[②]）。

[①] 康文斌：《略论第二次社会大分工》，《山西师大学报》（社会科学版）1993年第2期，第19~21页。

[②] 陈直：《武威汉简文学弟子题字的解释》，《考古》1961年第10期，第55页。

在南北朝时期的北周（公元557~581年）文物中，就有以陶器工匠"郭彦"署名的"土定"（粗质陶器）。我国汉王朝的经济和文化已经站在了世界经济和文化的前列。当时的首都长安已成为一个世界贸易中心，北有丝绸之路，南有通商之城。它与西域、中亚，特别是印度有频繁的贸易往来。在此期间，商品上出现了各种各样的特殊图案、图画，如鸟兽、几何图案，以及祝好运的"延年益寿"和"长乐光明"的文字或图画。可以断言，其目的是吸引顾客购买这些商品。此外，也可以在有关的文献或历史资料中找到"剪张禁"和"酒赵放"（《汉书·王尊传》）等标签，以及"何以解忧，唯有杜康"（曹操《短歌行》）等赞美商品的佳句、名言。这表明在商品上使用标签已经很普遍，并用于市场竞争。

由于我国社会长期实行封建制，商品经济未能得到迅速发展，因此品牌发展也表现得极为缓慢。清代的"六必居""泥人张""内联升"等商家字号，依旧是一种汉唐以来的商业性标签的延续，如果说有什么不同，只不过数量比以前更多而已。当然，商品上的标签或标志也渐渐趋向复杂。出现了在商品上用行铺、作坊名称作为标签或标志的情况。随着生产力的发展、商品经济的扩大，很多不同的手工业者、行铺或作坊制造同类商品的情况增多，同一行业区商品品种呈多样化。例如在同一地区，有很多手工业者或作坊生产刀，有各式各样大小形状不同的刀，质量也不一样。从生产商或商业主的角度来说，对自己所生产、加工、制造或经营的商品要宣传推广，以便尽快卖出去；对买主来说，逐渐养成了认牌购货的习惯。这时，商业性标记的作用就越来越显著，使用标签或标志的范围也越来越广，产品上的标签或标志也越来越完备，有的采用图案、有的采用文字或者既有文字又有图案。

1840年鸦片战争爆发，西方列强用坚船利炮打开了中国的大门，中外贸易在种种特权下日渐发展。1903年清朝政府设立了商部，商部在英人赫德14条商标法草案的基础上，拟定了《商标注册试办章程》（28条），于1904年8月4日上奏，旨准颁行。这就是清末我国由政府批准颁行的第一部商标法规。该章程把反对把品牌分为洋牌、专牌、华牌的说法，将华牌与洋牌置于同等地位。

1923年北洋政府颁布了《商标法》《商标法施行细则》，各项公文程式和《商标局暂行章程》较为系统地规定了商标注册和商标管理方面的内容。1930年国民党政府颁布了《商标法》及《商标法施行细则》，并于次年1

月1日起实施。1932年对《商标法施行细则》中商品类别条文进行了修正，1937年又对《商标法》进行修正。1904~1923年在我国注册的品牌总数共2.59万件左右，几乎全是外国品牌。1928~1934年注册的品牌有24747件，华商品牌7778件，占比31.4%，但农业品牌仅占0.2%；外商品牌16969件，占比68.6%，仅日商品牌就有8000多件。到1948年注册的品牌也只有5万件左右，华商品牌占30.0%，而农业品牌仅占0.1%左右。

这个时期的农业品牌可以分成两类，一类是农产品品牌，如"富强面粉"，表达了"国家富强"的心愿；另一类是区域品牌，如"贵州茅台""青岛啤酒""金华火腿"等，这一类农业品牌的基本作用，对于农产品的生产与经营者来说，就是表明商品的来源，对于消费者来说，就是区别农产品的出处或产地。

二 新中国成立后至改革开放前的品牌停滞阶段（1950~1978年）

新中国成立后，在中国共产党的领导下废除了西方列强在中国的商标特权和国民党政府的商标法令。1950年中华人民共和国中央人民政府政务院批准公布了《商标注册暂行条例》，政务院财政经济委员会同时也公布了《商标注册暂行条例施行细则》，这是中华人民共和国实行的第一部商标法规。全国实行商标统一注册制度，由当时的贸易部商标局统一注册。

1963年3月30日，经第二届全国人民代表大会常务委员会第九十一次会议批准，国务院公布了《商标管理条例》，主要从行政管理的角度出发进行有关商标的立法，这与我国当时经济社会的发展是相互适应的。《商标管理条例》自1963年实施后，对于我国加强商标管理，促使企业提高和保证商品的质量起到了一定的促进作用。但在"文化大革命"期间，商标管理机构被撤销，干部下放，有关商标的注册，除了出口商品和外国商标由中国贸易促进委员会办理外，国内销售商品的商标处于一种无人管理的状态。可以说新中国成立后至改革开放前的这段时间是我国品牌发展的停滞阶段。

三 品牌法律实施后的品牌觉醒阶段（1979~1990年）

1979年安徽小岗村的农业联产承包责任制改革吹起了中国改革开放的号角。商品经济在经历了"文化大革命"之后重新开始在中华大地上变得活跃起来。1982年8月23日，第五届全国人民代表大会常务委员会第二十四次会议顺利通过了《中华人民共和国商标法》，并于次年3月1日起实施。这标志着我国新的商标制度和知识产权制度的正式诞生。

然而，在改革开放之前，由于受计划经济思想的影响，不仅政府，而且企业都缺乏品牌意识。在计划经济时期，企业附属于政府，完全可以不要自己的独立身份。也正是因为如此，品牌和商号存在的意义不大。即便是在改革开放的这个时期，仍有许多企业没有自己的品牌与商号，即便有些企业设计了自身的品牌也没有去注册使用，仅仅停留在商品的标记上，无法发挥品牌在商品经济中的应有作用。相关统计表明，20世纪80年代初期，有70%左右的中国企业都没有注册自身的商标与品牌。随着20世纪80年代初期我国轻工业的大发展，相对于当时广大人民群众的收入水平而言，中国市场上第一次出现了激烈的市场竞争，农业企业也本能地感受到品牌的重要性。因为没有品牌就等于没有自己，没有自己还竞争什么？因此，在这一阶段可以说是我国农业品牌的觉醒阶段。

在这一阶段中，不论是农业生产者还是消费者都开始认识到农业品牌确实在某种程度上标示着农产品质量水准，不论是高质量、普通质量还是低质量。从消费者角度而言，这一阶段的农业消费者往往通过品牌寻求质量稳定的农产品。品牌常被消费者理解为农产品质量与价值的一种信用保障。比如，消费者常常认为"鲁花"牌花生油质量较好，所有贴有同样标志的花生油都具有相同的品质。品牌表明农产品质量的功能也因此得以体现，一方面表明消费者所要购买的实质性商品与一般产品相比有着不同的品质，另一方面也预示着品牌农产品质量的一贯稳定性。

四 品牌法律法规不断完善至加入 WTO 过渡时期的品牌发展阶段（1991~2004年）

这是我国品牌农业的发展阶段，在这一阶段中我国农业品牌与之前相比有了较大的进步。据不完全统计，截至2004年，中国驰名商标认定有362个，其中全国农产品获得中国驰名商标的有19个（啤酒、葡萄酒、肉制品、乳制品、味精、酱油、饲料、人参），占驰名商标总数的5.2%；在全国范围内获得省级农产品著名商标383个；2004年认定的中国名牌产品有272个，其中农产品有7个，占中国名牌产品总数的2.6%；2004年获国家认证的绿色食品4710个，有机食品（AA级）662个，无公害农产品

9917个。通过社会各界的共同努力，我国农业品牌化的建设工作有了长足的进步，有效带动了优质农产品基地的建设、农业标准化生产的推进、农产品在国际市场竞争力的提升，增加了农民的收入，进而促进了这一阶段品牌农业的发展。

五 品牌农业做大做强阶段（2005年至今）

自2005年的中央一号文件提出"整合特色农产品品牌，支持做大做强名牌产品""提高农产品国际竞争力"以来，我国几乎每年的中央一号文件都在探寻中国农业品牌化的道路（见表7-1）。这也预示着我国农业的发展进入了品牌竞争的时代，这是我国品牌农业做大做强的阶段。这一阶段的特点是：品牌集中速度在不断地加快，国产农产品品牌的市场占有能力不断提升；农产品品牌扩展在农业技术成熟领域首先获得成功；农产品品牌资产在农业资产的重组中成为一面鲜明的旗帜。为此，2017年中共中央、国务院公开发布了《关于深入推进农业供给侧结构性改革　加快培育农业农村发展新动能的若干意见》，明确提出"推进区域农产品公用品牌建设"。2019年农业农村部等七部门印发了《国家质量兴农战略规划（2018—2022年）》，在强调加快推进农业高质量发展的同时，将培育提升农业品牌放在了重要地位，并将2018年定为农业质量提升年。这预示着我国品牌农业迎来了崭新的发展时代。

表7-1　2005~2018年中央一号文件关于品牌农业的政策精神

年份	中央一号文件关于品牌农业的政策精神
2005	加大对特色农产品的保护力度，加快推行原产地等标识制度，维护原产地生产经营者的合法权益；整合特色农产品品牌，支持做大做强名牌产品；提高农产品国际竞争力，促进优势农产品出口，扩大农业对外开放
2006	加快建设优势农产品产业带，积极发展特色农业、绿色食品和生态农业，保护农产品知名品牌，培育壮大主导产业
2007	搞好无公害农产品、绿色食品、有机食品认证，依法保护农产品注册商标、地理标志和知名品牌。支持农产品出口企业在国外市场注册品牌
2008	积极发展绿色食品和有机食品，培育名牌农产品，加强农产品地理标志保护
2009	推动龙头企业、农民专业合作社、专业大户等率先实行标准化生产，支持建设绿色和有机农产品生产基地

续表

年份	中央一号文件关于品牌农业的政策精神
2010	积极发展无公害农产品、绿色食品、有机农产品。大力培育农村经纪人，充分运用地理标志和农产品商标促进特色农业发展
2011	并未过多涉及农产品
2012	直接聚焦农产品，主要围绕强科技保发展、强生产保供给、强民生保稳定展开。尤其对于市场流通环节，该文件对加强流通设施建设、创新农产品流通方式、完善农产品市场调控，作出了具体部署，其中，具体要求培育具有全国性和地方特色的农产品展会品牌
2013	深入实施商标富农工程，强化农产品地理标志和商标保护。支持龙头企业建设原料基地、节能减排、培育品牌。"家庭农场"首次被提出，同时提出的还有"适度规模经营"
2014	第二部分"强化农业支持保护制度"占据了33条具体措施中的8条，是中央一号文件八个部分中篇幅最长的，可见对其重视程度，目的就是保证农产品市场竞争力
2015	首次提出要把追求产量为主，转到数量、质量、效益并重上来；首次提及要推进农村一二三产业融合发展，通过延长农业产业链、提高农业附加值促进农民增收。在"提升农产品质量和食品安全水平"部分，明确指出大力发展名特优新农产品，培育知名品牌
2016	提出"实施食品安全战略"，强调要创建优质农产品和食品品牌。"推动农产品加工业转型升级"，培育一批农产品精深加工领军企业和国内外知名品牌
2017	首次提出"推进区域农产品公用品牌建设，支持地方以优势企业和行业协会为依托打造区域特色品牌，引入现代要素改造提升传统名优品牌"
2018	实施质量兴农战略。深入推进农业绿色化、优质化、特色化、品牌化

资料来源：依据相关文件整理而得。

就中国名优农产品、绿色食品、有机农产品和无公害农产品而言，截至2017年12月，全国121546个"三品一标"农产品品种，全部拥有了自己的品牌。这说明我国品牌农业发展中农业品牌的整体架构已经形成。同时在这一整体架构之下，随着市场竞争的日益激烈，企业不得不为自己的农业品牌"镀金"，也就是说将自己的农业品牌进行相应的"包装"以塑造自身的品牌形象，提升自身的品牌理念，创新自身的品牌管理，变革自身的品牌营销，宣传推广自身的品牌，为自身的品牌信誉进行公关造势，等等。这说明自2005年以来，在政府的积极推动以及社会各界的共同努力下，我国品牌农业的发展进入了做强做大阶段。

在这一阶段中，以下几个方面已经得到或正在得到相应的体现。

首先，农业品牌意识空前高涨。各级地方政府、农业生产与经营企业、广大农产品消费者的消费意识、农产品名牌意识、知识产权和无形资产意识得到了空前的树立与加强。

其次，国际竞争能力不断增强。各种类型与层次的农产品品牌的涌现使得农业生产与经营企业想要在若干竞争激烈的产品市场上占有一席之地，或者在某一细分市场中占据主导地位愈发困难。与此同时，随着我国收入水平的提高，品牌农产品成为消费者的首选，在许多农产品消费的领域中非常明显地向品牌农产品集中。需求和供给共同推动了我国农产品竞争能力的提升。一些中国农产品已经在国际市场上崭露头角。据有关报道，2018年我国出口农产品金额超过1000亿美元，居世界农产品出口榜首。[1] 在国际农产品品牌中，湖南的"神籽"、福建的"龙威贡牌"、云南的"菁云"、甘肃的"景润"、吉林的"万和"和"增盛永"以及东北的"江达"、宁夏的"塞外香"、江苏的"阳山水蜜桃"、四川的"川珍"等品牌脱颖而出。

最后，行业品牌不断推进，整体实力不断提升。种植业品牌、畜牧业品牌、渔业品牌、种业品牌、乡村特色品牌、农业品牌以及合作社品牌等都得到了很好的发展。以合作社品牌为例，从中央到地方各级政府都在加大力度鼓励农民合作社培育自有品牌，持续开展"百家合作社百个农产品品牌"的公益农产品宣传活动，在全国范围内掀起了合作社品牌的创建热潮。2018年8.7万家合作社拥有注册商标，4.6万家农民合作社开展了绿色、有机、无公害等质量认证。国家农民合作社示范社社均拥有1个注册商标、0.4项专利、约2项农产品质量认证。[2]

第二节　我国品牌农业成长中存在的问题分析

尽管社会各界普遍认为品牌农业和品牌农产品是中国未来农业与食品业发展中一个非常具有潜力与重要的产业，近年来，尤其是自2017年以来，我国绿色食品、有机农产品、无公害农产品和农产品地理标志发展很快，但现实并不像中国品牌农业网提供的统计数据所显现的那么乐观。

---

[1]《2018年世界农产品出口国家排名榜：中国居第一》，金饰之家网站，http://www.lux88.com/gold/201807/519058.html，最后访问日期：2021年7月1日。
[2] 农业农村部市场与信息化司、中国农业大学：《中国农业品牌发展报告（2020）》，中国农业出版社，2020，第14页。

一　品牌农业发展存在问题的总体分析

如前分析，当前我国品牌农业正处于做大做强阶段，换言之也是一个品牌农业快速成长的阶段。在这一阶段中既存在品牌农业和品牌农产品自身的特定问题，也存在处于品牌农业成长期的特定问题，同时也具有二者叠加、相互作用而产生的特定问题。本部分对二者特定问题进行阐释，并在此基础上，从理论层面总体分析品牌农业在做大做强阶段存在的特定问题。

（一）品牌农业和品牌农产品的主要问题

一是容易产生市场的"柠檬现象"。"柠檬现象"，又称"柠檬效应""酸柠檬市场理论"，是对信息不对称问题的一种形象描述，最初由诺贝尔经济学奖得主阿克洛夫（Akerlof）1970年在其论文《"柠檬"市场：质量的不确定性和市场机制》中提出。阿克洛夫在这篇文章中讨论了二手车市场的特色。他认为旧车车主已经用过一段时间车子，因此很清楚车子的性能，但买车子的人多半不能判断车子的好坏。所以，买主和卖主彼此拥有不同的信息，也就是两者之间存在一种"信息不对称"。性能好的车子通常没有人舍得卖，被送到二手车市场的车子多半存在毛病，是一些酸得倒牙的"柠檬"。近年来品牌农业和品牌农产品的"柠檬现象"有些愈演愈烈的趋势，以"三品一标"为主的品牌农产品必须具有优质、安全（吃得健康）、生态（无污染）等质量特征，在市场竞争中具有品牌优势，然而，由于"品牌""绿色""有机""无公害""农产品""新产品"等多重因素的叠加，很容易产生严重的信息不对称的质量信息特质。这种信息不对称容易导致市场失灵，而对于众多的品牌农业消费者，因其对品牌农产品及相关知识的缺乏，这种信息不对称的现象还会进一步加剧，这将影响品牌农产品消费者的消费意愿与消费选择，同时也给品牌农产品生产经营者与消费者之间的沟通带来较大的困难与障碍，给品牌农产品"搭便车"和"假冒伪劣"的行为以可乘之机，产生"柠檬现象"。

二是品牌农产品的需求价格弹性在短期内相对较高，从长远看会有逐渐降低的趋势，需求收入弹性相对较大。因此，需求在短期内较大受制于价格，但从长远看，随着人们收入水平的增加，其价格效应会弱化，收入效应会加强，品牌农产品的需求将逐步超过普通农产品。

三是竞争力与消费替代。品牌农产品的竞争优势在于其质量与品牌等和非品牌农产品之间具有差异性，而在价格竞争中处于劣势，价格竞争和差异性竞争在创造最大消费者价值方面发挥综合作用。在目前大部分的细分市场上，价格竞争占据主导地位，因此，品牌农产品的综合竞争力想要提高，既要降低价格，也要进一步增加差异性。品牌农产品竞争力的提高，使其对普通农产品的替代可能性增加，但替代的发生要受到品牌农产品相对于普通农产品的相对价值/价格比（RVP）、消费者转换意愿、转换成本（便利性）的影响。从消费者的角度看，消费者对品牌农产品具有一定的转换愿望，但转换成本及其便利性，抑制了其转换愿望；品牌农产品价格相对较高，但其优质特征和品牌优势、所提供的品牌效用在一定程度上可以补偿部分高价。然而，由于信息不对称和外部性的影响，消费者对品牌农产品的相对价值/价格比的感知相对较低。这些制约了品牌农产品的替代渗透力，抑制了品牌农产品竞争优势的发挥，削弱了品牌农产品的竞争力。

（二）品牌农业成长期的主要问题

从我国品牌农业的发展现实看，尽管相对于过去有了很大的进步，但在产业发展的速度方面，我国品牌农业的发展处在相对快速成长期，具有产业快速成长阶段自身特有的问题，在品牌农业发展的结构方面，品牌农业发展存在参差不齐的现象，有相当一部分品牌农产品还处在起步初期，因此，依旧留有形成期的部分特征，也有一部分品牌农产品相对进入了成熟期的阶段，因此，也具有成熟期的部分特征。总的来说，目前品牌农业成长期的主要问题有以下几个方面。

第一，品牌农业已经得到社会的认可，但这种认可更多的是来自政府部门与品牌农产品生产与经营企业的认可，而且高层政府部门的认可高于基层政府的认可，消费者的认可程度低于企业的认可程度。笔者在实际调查中发现，品牌农产品离消费者的广泛认同和信任及形成有效的需求还有相当的距离，主要是一部分收入水平较高的消费者认可，文化程度高但收入水平低的消费者虽说在理念上认可品牌农产品，而在实际的消费中，由于品牌农产品较高的价格而难以成为现实的日常消费。

第二，品牌农产品的主导设计与标准已基本确定，但我国农业及其产品的标准与国际市场，尤其是与发达国家与地区的标准接轨还有一定的距离。

如"三品一标"中的绿色食品是我国特定的概念，尚未取得广泛的国际认可，无公害农产品更是我国农产品的最基本标准，难以适用于国际市场。

第三，市场集中度低，组织化程度需要提高，特别是龙头企业在产品开发、营销、投资、技术创新中的带头示范作用需要加强。内部竞争压力增大，价格竞争与差异化竞争手段将会被广泛应用，而且价格竞争可能更快到来，营销功能的发挥与营销策略的运用需要加强，特别是要开发出适宜的营销渠道。

第四，企业快速进入，销售起飞，成长速度加快，但这是在低水平上的增长，供求是低水平的均衡，品牌农产品在农产品总量中的替代率低，即品牌农产品的相对市场占有率较低，说明产业影响力还很有限。

第五，在产业链拓展上，生产经营的各个环节及分工协作体系已经初步形成，但配套协作关系比较松散，未形成完整的产业链，特别是一些瓶颈环节制约着产业的成长，如新技术、新工艺、新品种的开发，种子、农药、肥料等品牌农资的发展，品牌渠道与市场体系的建设等。

第六，随着消费需求的增多，产业发展加速，"假冒伪劣""搭便车"等投机现象也将随之增多，特别是行业内的一些低劣农产品会对品牌农产品证明标志的声誉和行业整体形象造成严重的危害。因此，市场环境的净化与质量安全监督形势将更加严峻。

（三）品牌农业成长期的总体问题分析

品牌农业成长期总体上所存在的问题是在品牌农业和品牌农产品及品牌农业成长期的主要问题的相互作用下产生的，具有综合性与一般性的特点。

其一，产业成长的动力问题。品牌农产品生产和消费过程因存在信息不对称和外部性现象，容易导致市场失灵，需要政府的介入干预以创造公平的市场环境。成长期总体要以市场拉动为主，但在过渡期产业自我发展的动力还不足，基于品牌农业产业的重要性，需要政府大力推动，加快发展，同时加快培育、发展市场内在动力。而且，在品牌农业成长期，产业成长的其他动力（如投资、技术、制度等）的形成需要政府的推动，品牌壁垒需要政府帮助应对，质量认证、标准体系的建立与完善都需要政府部门的权威去推动。

其二，尽管品牌农产品具有差异化竞争优势，但品牌农产品因为外部性和产业发展的不成熟,相对于一般农产品来说,其成本价格确实也有较大的下降潜力,而在成长期竞争手段也是以价格竞争为主,品牌产品的外部性及产业发展的不成熟都要求价格下降,唯有如此才能形成相应的竞争优势。因此,可以预见在品牌成长期,激烈的价格竞争必然会很快到来,而这对于产业持续发展和企业成长是必需的,对于市场拓展也是有利的,优胜劣汰,形成合理的市场结构、规模经济,反过来也有利于价格下降、市场成长,形成良性循环。在收入提高、价格下降的双重影响下,品牌农产品和品牌农业将更快成长,前景更加看好。但在目前以及今后一段时间内,成本价格还将制约品牌农产品生产与消费意愿、有效需求与有效供给,影响企业与市场的成长发展,这是一个产业成长发展过程中必须解决的问题,这个问题的解决有助于加速产业的成长。

其三,品牌农业产业组织处于发展过程中,合理的市场结构、市场集中度和市场行为有利于形成良好的产业生态和有效的市场竞争格局。[①] 但从目前品牌农业产业的市场结构和市场行为来看,这个任务还十分艰巨。分散的小规模经营、生产者特别是农户的传统生产理念和生产方式制约着品牌农业生产方式的推进,而传统的理念和生产方式与农民的教育程度有着密切的关系,同时也与地形地貌等自然环境有着密切的关系,比如在福建山区,因为有很多农田是难以标准化的梯田,所以很难以用品牌农业的生产方式进行生产。而品牌农产品确实又能带来相对较高的利益,加之消费者对农产品品质的认知也存在诸多盲区,所以一些企业和农户的投机行为有所抬头。

其四,在品牌农业成长期,生产经营的各个环节及分工协作体系已基本形成,但由于农业的特性,一些瓶颈环节的制约显得更加明显,如品牌农业新技术、新工艺、新品种开发,种子、农药、肥料研制、绿色渠道建设等。

这些是品牌农业处于特定产业成长期存在的总体问题,具体反映在市场有效需求和有效供给不足、供求处于低水平平衡状态、市场环境不够完善等几个方面。

二 消费者对品牌农业市场需求问题

本部分以笔者主持的福建品牌农产品的消费调查为例,分析品牌农产

---

① 王俊豪主编《现代产业经济学》,浙江人民出版社,2003,第103页。

品消费观念、消费意愿、消费行为与影响因素及其存在的问题。2017年下半年，笔者组织了一次福建省公众品牌农产品消费调查。调查问卷由两部分组成。第一部分为被访者家庭与个人的特征资料，包括性别、年龄、职业、文化程度、地区、家庭人口结构、家庭人均年收入、家庭食品采购者等。被访者的部分构成为：男性43.7%，女性56.3%；年龄25岁及以下的23.7%，26岁至39岁的49.8%，40岁至60岁的24.6%，60岁以上的1.9%；城市的47.4%，县城与乡镇的52.6%；初中以下的22.0%，高中、中专23.9%，大专的13.5%，本科及以上的40.6%；单身的32.7%，已婚有6岁及以下子女的18.8%，已婚有7~18岁子女的25.6%，其他22.9%。第二部分包括10余个问题，主要调查消费者对品牌农产品的认知程度、消费意愿、消费行为与影响因素（见表7-2）。

表7-2 福建品牌农产品的消费调查（第二部分）

调查类型	调查内容
认知程度	对品牌农产品概念、等级、标志的认知
消费意愿	消费者是否购买品牌农产品及其原因、溢价购买的意愿及溢价购买量
消费行为	家庭食品消费支出中购买品牌农产品的支出比重、购买品种、信息来源、辨识途径、购买渠道

在调查的基础上，从总体上描述了被调查者对品牌农产品的消费意愿和消费行为的一般特征，同时对不同消费群体（性别、年龄、职业、文化程度、家庭人均年收入、家庭人口结构、地区）的消费意愿与消费行为及其影响因素进行了比较分析。利用品质分析法的卡方检验、均值比较法、相关分析法得到如下分析结果。

（一）消费者对品牌农产品的认知程度

从总体上看，消费者对品牌农产品概念、等级、标志的认知还是比较模糊的。大多数品牌农产品的消费者知道品牌农产品是优质的农产品，有利于自身的健康与安全。有半数以上（54.68%）的消费者能够识别"三品一标"的标志，而仅有不到三分之一的消费者能够认识到"三品一标"农产品还需专门的认证机构进行认证和许可使用。比较发现，各类消费者群体对品牌农产品的认知水平无显著差异。

品牌农产品的信息辨别途径。品牌农产品需经过专门的机构认定、许可,才能使用相关标志。消费者在辨认品牌农产品的过程中运用最广的根据也正是品牌的相关标志,比如有44.6%的消费者是通过品牌标志来识别"三品一标"农产品的。产品品牌和个人感觉也是消费者辨认品牌农产品的常见途径,从调研的数据看,个人感觉占21.3%,产品品牌占17.8%。这说明品牌农产品的相关标志(绿色食品、有机农产品、无公害农产品等行业证明商标)和产品品牌(企业形象)是吸引消费者的重要原因,同时个人感觉所占比例高于产品品牌也说明消费者对品牌农产品的认知还处在相对模糊的状态,消费者对品牌农产品的偏好还不明显。

(二) 消费者对品牌农产品的消费意愿

从调查的数据看,消费者对品牌农产品的购买意愿有了较大的提高。近一年购买过品牌农产品的家庭比例已经达到90.45%,比2016年提高了7.1个百分点。在未购买品牌农产品的家庭中,明确表示一年内不会购买的仅有3.2%,比2016年下降了4个百分点。

同时,经过相关的比较分析发现,不同的家庭人口结构与食品采购频次对品牌农产品消费群体的购买意愿有着显著的影响。利用品质分析法($\chi^2 = 19.263$,$P = 0.000$),有子女家庭特别是有青少年家庭的购买意愿明显高于无子女家庭和单身家庭,说明孩子的健康饮食对家庭食品质量的消费支出有着重要的影响(见表7-3)。经常负责采购的消费者更趋向于购买品牌农产品($\chi^2 = 19.263$,$P = 0.000$)(见表7-4)。这说明消费者对品牌农产品的购买是一种基于实践认同的理性购买行为。

表7-3 不同家庭人口结构的消费者的品牌农产品购买意愿

单位:%

家庭人口结构	购买	未购买
单身	77.5	22.5
已婚有6岁及以下子女	94.3	5.7
已婚有7~18岁子女	91.2	8.8
其他	85.6	14.4

表 7-4　不同食品采购频次的消费者的品牌农产品购买意愿

单位：%

食品采购频次	购买	未购买
经常负责采购	92.3	7.7
偶尔负责采购	81.2	18.8

消费者购买品牌农产品的主要原因如表 7-5 所示。绝大部分品牌农产品的消费者（82.7%）是出于对食品质量安全保障的考虑，少量消费者（7.9%）是出于对品牌农产品口感较非品牌农产品口感好的考虑，顺应时尚和受别人影响则是极少数消费者购买品牌农产品的主要原因。同时通过比较发现，女性较男性更加关注食品的安全、质量和口感，而男性在购买品牌农产品的时候更多的是处在无意识的状态。这种购买动机可能反映出的主要问题有两个方面：一是在女性的潜意识中对安全的需求比男性更加突出；二是我国目前由于完善的食品安全管理与追溯系统尚未建立与健全，食品安全的形势依旧严峻。这也反映出消费者消费品牌农产品的意愿首先是从与自身关系最为密切的需要出发的，其次才会考虑社会的公共利益。事实上，依据笔者平时对现实生活的观察和进行的一些调查以及一些专家学者的研究，总结我国消费者消费品牌农产品的主要原因，一是出于对食品质量安全的考虑，二是出于消费需求升级替代的考虑，随着我国经济的发展，人们收入水平不断提高，人们对品牌农产品的需求也呈现越来越旺的趋势。

表 7-5　消费者购买品牌农产品的主要原因

单位：%

消费者购买品牌农产品的主要原因	占比
食品质量安全	82.7
无意识购买	7.5
顺应时尚	0.6
受别人影响	1.3
口感好	7.9
合计	100

消费者未购买品牌农产品的主要原因（见表7-6）表现在对品牌农产品缺乏了解、价格高、品种数量少、销售场所少以及缺乏可信度等方面。这反映出我国品牌农产品供求关系面临的现状和困境，即品牌农产品质量信息的不对称、品牌农产品生产经营成本与价格偏高、可供消费者选择的品种和数量较少、销售渠道单一和购买不方便、可信度不高等成为品牌农产品成长阶段的主要"瓶颈"。

表7-6 消费者未购买品牌农产品的主要原因

单位：%

消费者未购买品牌农产品的主要原因	占比
缺乏了解	25.6
没有必要	10.6
缺乏可信度	13.5
品种数量少	16.0
价格高	20.1
销售场所少	14.2
合计	100

（三）消费者对品牌农产品的消费行为

1. 购买最多的品牌农产品

消费者购买最多的品牌农产品品种依次为蔬菜、水果、粮食、肉制品、奶制品、豆制品和水产品（见表7-7），这些调查数据说明消费者对品牌农产品消费意愿的高低与现实生活基本相符，生活必需品优先，同时也与品牌农产品所供应品种的丰富程度有着密切的关联。

表7-7 购买最多的品牌农产品品种

单位：%

购买最多的品牌农产品品种	占比
蔬菜	28.1
水果	22.3
粮食	16.5

续表

购买最多的品牌农产品品种	占比
肉制品	12.3
奶制品	10.2
豆制品	6.6
水产品	4.0
合计	100

2. 购买品牌农产品的主要渠道

消费者购买品牌农产品的主要渠道从表 7-8 可以看出，除了有 10.1% 的水果是从路边摊购买的，其购买的比例稍高外，其他几类主要品牌农产品绝大部分都集中在超市与便利店及农贸市场进行购买。同时，不同品牌农产品的购买主渠道也呈现不同的特征，其中蔬菜、肉制品和水产品这三类农产品主要的购买行为在农贸市场里产生；而水果、粮食、奶制品、豆制品的购买则主要是在超市与便利店完成。之所以呈现如此特征，主要与消费者多年来形成的消费习惯有着密切的关系。超市与便利店的快速发展以及布局的日趋合理，给居民的生活带来了极大的便利，超市与便利店正日益改变消费者的购物习惯，越来越受到消费者的欢迎。加之超市与便利店销售的农产品在质量、卫生条件方面相对于农贸市场来说更令人放心，特别是品牌农产品这样需要"从田间到餐桌"进行全程质量监控的产品，更需要由有条件、信誉有保证的交易组织来进行销售，超市与便利店必将成为绿色农产品销售的主渠道。

表 7-8 消费者购买品牌农产品的主要渠道

单位：%

消费者购买品牌农产品的主要渠道	蔬菜	水果	粮食	肉制品	奶制品	豆制品	水产品
超市与便利店	28.3	56.8	55.2	37.7	80.5	48.3	30.0
农贸市场	66.3	21.0	32.1	56.2	11.9	41.6	60.3
专卖店	2.0	12.1	10.4	5.0	6.9	9.7	6.5
路边摊	3.4	10.1	2.3	1.3	0.7	1.5	3.2

需要指出的是，近年来随着现代物流业与网络平台的迅速发展与完善，以及广大品牌农产品供应商与消费者的积极参与，通过相关网络平台进行的品牌农产品的购销行为呈迅猛增长的趋势。

3. 越来越多的消费者愿意为品牌农产品多支付一定的溢价

随着我国经济发展和人们生活水平的不断提高，越来越多的消费者愿意为品牌农产品多支付一定的溢价，但有一定的限度，调查发现平均溢价比例一般在20%以内，最高溢价比例可达1倍以上，这说明，高收入消费群体对品牌农产品的价格敏感度低。同时，消费者愿意支付的溢价比例也与产品类别有着密切的关系，一般而言奢侈品的溢价比例高于必需品的溢价，例如奶制品、高档水果、水产品的溢价比例要高于粮食、蔬菜等。此外，消费者愿意支付的溢价及品牌农产品在食品消费中的替代率与受教育程度成正比。从调查的数据看，大专以上文化程度消费群体的品牌农产品消费与支付溢价意愿要显著高于大专以下文化程度的消费群体，这与高文化程度的消费群体的收入及其更为先进的观念有着密切的联系。

三　品牌农业市场供给问题

产业规模、市场的集中度、企业规模、产业链、流通渠道以及成本价格问题都在一定程度上制约了我国品牌农业的成长。

（一）品牌农产品的规模、品种有限

截至2018年底，全国"三品一标"获证单位总数为58422家，产品总数为121743个。其中，绿色食品、有机农产品和农产品地理标志总数为37778个，比2017年底增长18.1%，2018年向社会提供绿色优质农产品总量超过3亿吨。[1] 尽管在政府的大力推动和社会各界的共同努力下，以"三品一标"为主打的品牌农业在中国有了长足的进步，但"三品一标"所提供的优质农产品依旧不足，只有食用农产品总量的四成左右。2017年7月国务院办公厅印发《国民营养计划（2017—2030年）》（以下简称"计划"），提出要全方位布局国家营养发展未来，加大力度推进营养型优质食用农产品生产，提升优质农产品的营养水平，到2030年将"三品一标"在

---

[1] 《我国"三品一标"产品总数超12万个》，《江苏农村经济》2019年第5期，第8页。

同类农产品中总体占比提高至80%以上。[①] 这说明品牌农业还有相当大的发展空间。从消费需求看，只有大力发展品牌农业，加快品牌农产品生产，才能不断为社会增加有效供给，才能与城乡居民对优质农产品需求快速增长的趋势相适应；从农村与农业经济的发展角度看，也只有加快品牌农业的发展，才能发挥更大的产业带动作用；从品牌农业自身的发展看，只有加快自身发展速度，才能进一步有效地提高市场占有率，增加品牌农业中品牌的影响力。

（二）品牌建设主体力量薄弱

依据农业农村部第三次普查数据，在我国农业经营主体中，小农户占比高达98%，平均每户所经营的耕地面积不足6亩。由于人多地少、城镇化率较发达国家低，小农户作为我国农业生产经营的主要组织形式在相当长时间内难以改变，这是我国农业发展的国情所在，但这并非品牌农业成长的障碍所在，因为，从当前的现实看，完全可以通过某些机制与体制的创新将小农户与品牌农业的发展进行有机的衔接。但由于受传统小农思想的影响，尽管当前有了连接小农户与品牌农业的机制与体制，很多小农户参与农业品牌建设的意愿也较低。

农业龙头企业与农民合作社等新型的农业生产经营主体在品牌农业的成长中有着关键性的作用，但其自身品牌建设的能力相应又较弱，无法有效发挥其带动小农户参与农业品牌建设的应有作用。依据《农民日报》"2019农业产业化龙头企业500强"排行榜，259家农业产业化龙头企业的营业收入低于20亿元，占比51.8%，而营业收入高于50亿元的企业只有105家，占比21.0%（见图7-1）。[②] 这表明我国当前在品牌农业成长的过程中，市场集中度和企业规模都在一定程度上影响和限制了品牌农业的成长。

[①] 《国家政策大力推进"三品一标"绿色有机农产品占比提高到80%》，搜狐网，https://www.sohu.com/a/193208745_189731，最后访问日期：2021年8月17日。

[②] 《〈中国农业品牌发展报告（2020）〉正式发布》，中国农村网，http://journal.crnews.net/ncpsczk/2020n/d15q/gz/138513_20200820124152.html，最后访问日期：2021年8月17日。

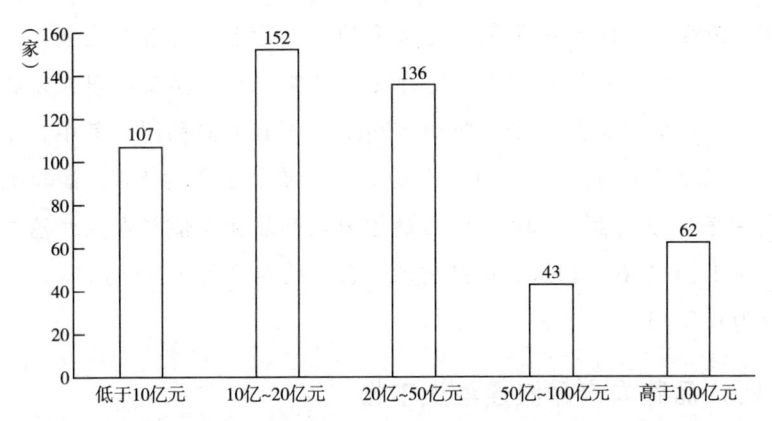

图 7-1 "2019 农业产业化龙头企业 500 强"营业收入区间分布情况
资料来源:《农民日报》。

(三) 产业链支撑与延伸不够,产品精深加工比重较低

相关产业与辅导产业通过价值链整体优势、相互拉升效应和集群效应为上下游产业创造竞争优势,使一个产业因产业链支撑与延伸而得到有效发展的重要保障。就我国当前的品牌农业而言,品牌农业的生产资料、加工原料以及科研与技术服务等产业的支撑体系尚不完善,一定程度上制约了我国品牌农业发展的速度。如上游的品牌种子、保证农产品品质安全需要的肥料与农药等的发展跟不上品牌农业发展的需要,品种少、成本高导致品牌农产品市场价格居高不下,进而影响了品牌农产品的需求。

在我国,很长时间以来,因消费者收入水平的影响与限制,农产品的生产始终以满足人们的直接食物消费为主要目标,重视生产环节而忽视产后的加工环节,同时也由于农产品深加工技术的限制,适合现有农产品加工技术的品种少,原材料来源难以实现标准化和质量的有效控制,造成农产品加工成本居高不下,同时加工质量也很不稳定。加之冷链物流技术较发达国家落后,导致大量农产品销售半径受到极大限制,同时需要农产品的远距离市场很难得到满足,因此,"谷贱伤农"的现象依旧十分严峻。在现代农业中,积极拓展农产品深加工是实现农业增值、提高农业经济效益的重要途径,而且与农业生产环节的关系也变得越来越密切。农产品加工尤其是农产品的深加工已然成为农业发展的导向与支柱环节，农产品加工的深度是衡量一个区域农业现代化水平的重要标志。有数据表明，发达国家农产品综合利用率高达 90%，我国仅为 40%左右，存在着很大差距。数据显示，我国农产品加工副产物中有 60%得不到有效利用，其中，水产品类综合利用率不足 50%，米糠类不足 10%，果蔬类不足 5%，油料类产品综合利用率也仅达到了 20%。[①] 发达国家农产品加工值与农业产值之比一直保持在 3∶1 左右，初级农产品与加工农产品的消费比已经达到 1∶4，而我国仅为 0.8∶1。[②]

（四）品牌农产品流通渠道不畅

品牌农产品是优质、安全、生态、营养、健康的农产品，需要"从田间到餐桌"进行全面的质量跟踪与追溯，也更需要有条件及有信誉保障的流通组织来进行销售，超市与便利店、生鲜专卖店、商场将成为品牌农产品的销售主渠道。然而，目前品牌农产品优质优价竞争机制发育相对滞后、品牌农产品价值尚未得到充分实现，流通经营企业的积极性受到一定的影响与限制，经营者对品牌农产品进入市场设置了重重阻碍，使品牌农产品进入主渠道困难重重。有些超市、便利店、商场担心品牌农产品销售困难，对品牌农产品提供商提出了诸如收取进场费、全部销完结账、在一定时期达不到指定销售量须撤出柜台等苛刻要求，使得品牌农产品很难"品"遍柜台。这种现状造成品牌农产品进入超市、便利店和商场等主流销售渠道困难及主渠道自身经营困难并存的局面。

（五）品牌农产品生产成本较高，优质优价未能得到充分体现

品牌农产品的生产成本高，而市场价格并未能真正体现优质优价。导致品牌农产品高成本的原因主要是品牌农产品的生产除了要支付普通农产品等量的生产经营成本外，还必须支付由于品牌农产品生产存在资产专用

[①] 《我国农产品综合利用率仅为 40%；垂直农场市场价值将达 6.4 亿美元》，百家号，https://baijiahao.baidu.com/s?id=1652164828156054986&wfr=spider&for=pc，最后访问日期：2021 年 8 月 16 日。

[②] 董丹丹、曹历娟：《SPS 对我国农产品出口的影响——以农产品不同加工程度的视角分析》，《江苏农业科学》2019 年第 12 期，第 325~329 页。

性和外部性而产生的额外的交易成本。众所周知，品牌农产品从生产到销售的整个过程中，在产地、技术、人力资本与品牌资本等方面都具有资产专用性程度高的特点，容易产生较高的交易成本。如品牌农产品为了与其品牌与品质相适应，在销售的包装、场所等方面较普通农产品更为讲究，这需要支付额外的成本，导致经营成本的上升，在既定的盈利目标下就会引发价格的增加。但是，就目前我国生活消费的实际而言，尽管人们生活水平较之前有较大的提高，但绝大多数家庭的收入还是相当有限，尽管生活有所改善，但还是难以承受品牌农产品的溢价。因此，当前由于城乡之间发展的不均衡以及贫富之间的不均衡，很多品牌农产品依旧很难充分体现优质优价。

第三节 我国品牌农业产业成长对策分析

大力发展品牌农业，实施农产品品牌带动是市场经济条件下现代农业发展的必然选择，通过农产品的品牌化、名牌化，一方面可以带动农产品生产质量、创新、服务的提升，另一方面可以促进农业产业结构的调整和农业产业的升级及农民收入的增加，进而带动农村经济、区域经济，甚至国家经济的发展。

随着国内农产品市场发展的不断深化和国际经济一体化形式的日趋明显，农产品不仅要面对国内统一大市场的激烈竞争而且还要面对国际一体化大市场的激烈竞争。以小农经济为主体的农户生产运作模式，严重制约着农户与市场的对接，很难适应这场大变革。如前分析可知，由于农产品品牌的特殊性，加之我国农产品品牌化经营的实践开展得比较晚，我国品牌农业的发展既有其自身发展所处阶段的问题，也有市场需求与市场供给的问题，这些问题可以进一步归纳和提炼为以下几个方面：一是农产品生产经营者市场营销观念和品牌意识缺乏、品牌力弱；二是对农产品品牌管理存在较为严重的缺失现象；三是农产品标准化程度低、质量差；四是农产品的生产规模小、生产成本高；五是生产力水平、产业化水平、组织化程度低；六是农业基础设施薄弱；七是市场体系不完善、管理机制不健全。此外，还有农业生产受资源的刚性约束大，农产品的品质控制难度大以及加入WTO加大了市场竞争的激烈程度，也都是农产品品牌化经营不可回避的现实问题。

所有这些农产品特性和品牌化经营问题的存在都决定了品牌农业健康成长并非一件易事,而是一项十分复杂而艰巨的系统工程。必须借助一定的机制与体制加以解决。

一 品牌农业成长模式

品牌农业成长模式是指从品牌农业经营实践中经过抽象和升华提炼出来的核心知识体系。品牌农业成长模式其实就是解决品牌农业发展中存在问题的方法论。品牌农业成长模式是一种品牌农业发展的指导,在一个良好的指导下,有助于品牌农业发展主体完成任务,做出一个优良的设计方案,达到事半功倍的效果,并容易得到解决问题的最佳办法。构建品牌农业成长模式就是要利用农产品品牌来开拓和争夺市场。其目的是实现农产品的规模生产,进而带动关联产业的发展。

品牌农业成长模式的构建,一靠体制,二靠制度。所谓体制,主要指的是品牌农业组织职能和岗位责权的调整与配置;所谓制度,广义上讲包括国家或地方涉及品牌农业战略实施的法律、法规以及任何组织内部的规章制度。品牌农业成长模式的构建是一项复杂的系统工程,各项体制和制度的改革与完善不是孤立的,也不能简单地以"1+1=2"来解决,不同侧面、不同层次必须互相呼应、相互补充,这样整合起来才能发挥作用。基于此,本书构建了品牌农业成长模型(见图7-2)。

(一) 品牌农业成长的过程

"农产品品牌需求引发→农产品品牌开发培育→市场认可→品牌效应→规模生产→带动关联产业→经济发展→品牌再造→新的农产品品牌需求引发"。

1. 品牌农业中的品牌必须源于市场的需求

即农产品品牌应以市场导向为原则,在农产品的开发与培育之前,必须对农产品品牌的市场需求特征进行充分的调查与分析,在此基础上开发与培育出市场所需要的农产品品牌并通过各种载体、形式进行有效的品牌宣传、推介,将农产品品牌的文化以及农产品品牌的价值观传递给消费者,迅速提升品牌的知名度、美誉度,使消费者对农产品品牌产生信任与忠诚,进而形成农产品的品牌效应。

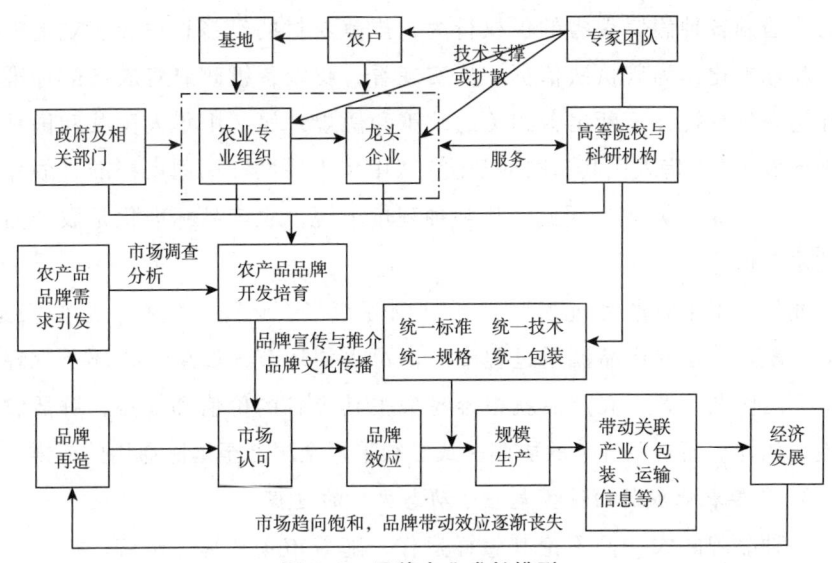

图 7-2 品牌农业成长模型

2. 品牌农业品牌效应的产生促进农产品生产的规模运作，进而带动其他关联产业的发展，最终促进经济的发展与提升

在实施品牌农业发展战略的过程中，为了维护或进一步提升农产品的品牌形象，必须十分注重农产品生产的标准化工作，做到标准、技术、规格、包装等的统一。这是因为：

其一，农产品标准化是农产品品牌创立的质量保证。农产品质量水平决定农产品品牌建设的成败，而农产品的标准化则决定着农产品的质量，同时农产品标准化还可加速新产品的开发。

其二，农产品标准化是农产品品牌成长的技术基础。一为农产品品牌注册成为商标提供了技术条件。二为农产品品牌的扩张与延伸提供了技术基础；三为农产品品牌在流通领域中的现代化品牌管理提供了技术支持。此外，新的农产品标准对产品安全、环境保护都有要求，生产者围绕着这样的标准生产可以减少农药、化肥的投入，注重利用生物技术改善土壤的质量和提高肥力，进而改善相应的产地环境，减少农产品有害物质的残留量，提高农产品的品质，提高其品牌的国际竞争力。

其三，农产品标准化是农产品品牌成长的法律保障。创名牌不容易，保名牌更难，农产品经营主体要防止假冒品牌的侵害，爱护、珍惜和保护自己的名牌，加强同质量、技术监督部门的联合，制止各种不正当的竞争行为，遏制各种假冒伪劣的侵权行为，规范农村的经济秩序，客观上需要农产品标准化作为其执法依据。从实现看，我国各级政府对农产品标准化工作越来越重视并不断出台相关的政策和法规，如《中华人民共和国种子管理条例》《中华人民共和国种子法》《中华人民共和国国家标准（农作物种子质量标准）》等，因此，从某种程度上说，农产品标准化是农产品品牌的法律保障。

此外，不论农产品进入国内还是国际市场，运输、储存、装卸搬运、包装、配送等是农产品流通过程中必不可少的环节，如果这些环节管理不好，无法协调一致，农产品就很容易失去其应有的价值和效益，鲜活农产品更是如此。而这些环节的协调一致必须采用全国乃至国际通用的标准。

3. 品牌农业成长的过程是一个动态循环的过程

一种品牌的农产品不论其怎样运作，随着市场环境、经济、技术等的变化与发展，最终都会进入其市场饱和的阶段，这一阶段的到来，使该品牌获得超额利润的市场机会丧失，品牌的运作进入微利时期，品牌的带动效应也会逐渐丧失。因此，必须对农产品品牌进行再造，在已有品牌的基础上，从品牌战略的高度对品牌进行重新调研、重新评估和重新定位，通过品牌创新，对品牌进行延伸与扩展，最终获得品牌的持久竞争力和好的带动效应。

（二）参与品牌农业发展战略的主体类型

农产品品牌的特殊性决定着品牌农业的活动参与主体存在多样性的特征，从模型看主要有政府及相关部门（农业部门、质量与技术监督部门等）、高等院校与科研机构、龙头企业、农产品加工企业、农业专业组织及农户等。在实际中还会有其他的行为主体介入，比如银行与信用组织、市场组织、咨询和服务机构。他们各自发挥不同的职能和重要作用。同时，一些活动主体履行多样化的职能。如科研机构可能既承担基础与应用的研究，也承担相应的教育与培训工作。

为使问题更加简洁和清晰，本研究将上述品牌农业成长战略系统涉及的活动主体划分为三个大子系统：核心子系统（生产子系统）、支持子系统与环境子系统。

1. 核心子系统

包括农户、基地、农业企业（育种企业、龙头企业、农产品加工企业），这些主体从事农产品的生产与加工，是品牌成长战略系统的核心所在，是农产品品牌效益的直接受益者，是农产品品牌成长战略中的主要力量源，需要子系统内的大量信息流与知识流。

2. 支持子系统

包括农产品研究机构与技术服务、农业专业组织、市场组织、农业生产资料供应商、咨询与服务业、银行和信用系统等，这些主体通过提供农产品的技术扩散、市场营销、物流运输、融资等服务支持核心子系统乃至系统整体。

3. 环境子系统

包括政府及相关部门、教育培训机构两大主体，通过他们构建一个有利于农产品品牌培育、成长与发展的知识流和鼓励农产品品牌创新的环境。通过相关的政策与法规，政府及相关部门可以有意识地促进和培育农产品品牌主体或农产品品牌主体之间的联盟与合作，帮助保护具有本土地域特色或工艺特色的品牌农产品逐步建立核心竞争力，不被竞争者冲垮。教育与培训机构作为农产品品牌带动的活动主体，无疑是农产品品牌长期发展的基础，不管什么行业的竞争，说到底是"人才的竞争"，农业教育对于提高农业人力资源的素质、培育农业创新文化的作用非常关键。政府及相关部门与教育培训机构构成农产品品牌不断发展和壮大的土壤。

二 品牌农业成长战略的实施对策

随着我国农业和农村经济结构战略性调整升级，农业产业化和组织化程度的提高，农业对外开放和经济全球化进程的加快，农业走品牌发展的氛围将逐步形成，发展品牌农业，实施农业的品牌带动战略将是大势所趋。如何尽快将品牌农业和品牌农产品推动起来，是当前和今后一个时期农业和农村经济工作的重点，也是提高农业综合生产能力和增加农民收入的重要方面。本着先将工作开展起来的原则，对于农产品品牌创建和农产品品牌打造应当在现有工作基础上，进行分门别类的指导，采取多种途径，加速品牌培育和创立进程。综观国内外的成功做法和经验，结合前述一些基本原理的分析，笔者认为，发展品牌农业，实施农业的品牌农业发展战略可以从以下几个大的方面入手。

（一）树立品牌或名牌观念是实施农业品牌培育的先决条件

当前，农产品参与国际大市场的竞争日趋激烈，面对挑战，提高农产品质量是关键，而实施农业创名牌战略是提高市场竞争力的重要途径。品牌是农产品进入市场的"准入证"，名牌是农产品打入市场的"绿卡"。要实现农村社会经济的跨越式发展，提高农产品市场竞争力，就是要树立名牌观念，增强创名牌意识。不更新观念，提高认识，农业创名牌就无从谈起。就政府而言，一要做到切实转变观念，不断学习，将推进农业产业化，实施品牌带动战略当作今后农村经济工作的重中之重来抓；二要加强对农户的引导，帮助广大农民改变陈旧的农业观念，可举办各种学习班，将农村中有一定文化基础的青年农民作为重点培训对象，借助一定的宣传手段，使农业创名牌的新观念逐步深入人心；三要加强农业经营主体的引导和管理，通过制定一系列的优惠政策和措施对农业创名牌给予积极支持。就经营主体而言，要充分认识到农业创名牌是市场经济发展的迫切需要，是关系企业生死存亡的大事，从而自觉地走农业创名牌之路。就农户而言，要摒弃传统的生产观念，树立农业创名牌是增加收入的重要保证的思想，积极投身到农业创名牌活动中去。

（二）实施农业标准化，加强农产品的认证工作

实施农业标准化是提高农产品质量的关键环节，是农业品牌培育的基础。要用标准来规范农产品生产，用标准来检验农产品质量，用标准来统一农产品品牌。一是实施标准配套的先进生产技术，按统一的、规范的生产技术规程，由农业推广部门进行专业化技术服务。不仅要严格实施单项农业技术标准，还要对产前、产中、产后全过程管理推行标准化，实行名牌农产品生产经营的规范化、科学化、规模化。二是实行统一的质量标准和产品品牌，在每一个生产环节都按照规定的标准控制，按创建知名品牌的要求，确保产品质量。把科技创新的重点放在农产品的精深加工上，开发主导产业和主导产品，把大量廉价的初级农产品变为高附加值的深加工农产品，将资源优势转化为商品和经济优势。三是依托农产品的认证，加大农产品的质量监测力度。认证是培育农产品品牌的主要手段。通过认证

活动，可以全面提升农产品的生产管理水平和质量安全等级，认证活动本身就是专门机构按照规定的程序和标准，对产品生产过程和产品质量安全水平进行客观评价、公开证明的活动。认证是借助公正的第三方，对产品质量和生产者的质量安全保证能力进行外围评价的宣传过程。认证是树立农产品品牌和打造农业精品的重要措施。大量的实践证明：实施农产品认证是提升农产品市场知名度的重要途径。当前和今后相当长一个时期，围绕农产品品牌创建的认证主要包括两个大的方面：一个是产品认证，也就是目前已经形成规模优势和市场认知度的农产品质量安全公共品牌，即无公害农产品、绿色食品和有机食品、有机农产品。再一个是体系认证。符合中国农业生产特点的主要是良好农业操作规范（GAP）、良好生产规范（GMP）、危害分析与关键点控制体系（HACCP）。从中国的农产品生产实际和发展方向看，创建农产品品牌的认证模式应当主要通过产品认证来实现，这也是比较现实和有效的措施。对于体系认证，由于目前受我国农产品生产方式的制约和加工水平低等多方面原因的影响，其在相当长的一段时间内还难以担当起打造农产品品牌的重任。对产品认证，各地要依据不同的资源优势、产业基础、产品特性和市场需求，选择不同的认证类型。

（三）发展特色农业

特色农业就是以生产特色农产品为目标的农业形态，其核心是特色农产品，生产特色农产品的途径包括开发特色资源，依靠先进技术和密集的资金投入等。发展特色农业可以提高农产品竞争力，是因为特色农业可以创造消费热点，扩大农产品的需求弹性。一方面充分发挥了各地资源和技术的比较优势，其生产成本最低，效益最高，显现特色优势；另一方面，开发特色农产品可以抢先一步占领市场，赢得产品时间差，在市场营销中就是实施农产品差异化策略，从而可以获得"垄断竞争"的效益。品牌建设需要特色农产品，没有特色农产品就不可能有名牌创建，因此，发展特色农业是农业品牌培育的突破口与根本途径。

（四）建立和完善品牌管理体系

农产品生产经营主体的分散性，给农业品牌的开发、培育、管理和使用，以及在运作机制上带来了很大的难度，分散的农民作为市场主体在直接面对市场时,很容易受自身眼前利益驱使而出现不规范的市场竞争行为。当前我国农产品品牌建设中表现出品牌不名、有牌无品;同品异名、一卵多生;缺乏规划、管理滞后等诸多方面的问题,归根结底是农业品牌管理体系问题。农产品品种繁多的自身特点决定了农业品牌没有必要每种产品都要去注册一个商标,更不可一哄而起,搞形式主义,造成社会资源的浪费。品牌应该具有丰富的内涵,特别是要培育出知名品牌,往往需要很好的文化底蕴,因此,一个好的地方品牌资源是有限的。实施农业大品牌可以合理利用资源,整合各种优势,保证品牌资源利益最大化。建设有特色、有规模、有竞争优势、有效益的品牌,才能创出农业驰名品牌。为确保农产品名牌的长盛不衰,必须建立和完善农业品牌管理体系,加强对品牌农产品的管理。

(五) 完善企业与农户联合运作的组织形式

在市场经济条件下,农业创牌必须以利益最大化为目的。因此,只有经济实体操作,才能在真正意义上保证利益目标的实现,但农业规模的大小直接影响到农业名牌的创造速度和市场竞争力。我国农业企业规模大都偏小,限制了农产品名牌效应正常功能的发挥,且易造成市场混乱,条块分割,难以取得较好的效益。品牌建设要与农业产业化经营紧密结合,农业品牌要在农业创新机制上下功夫。

一要建立企业与农户联合运作机制。采用"龙头企业+基地+农户"的农业产业化经营模式,以龙头企业、专业合作组织、协会作为载体,一头牵着千家万户的生产,一头连着千变万化的大市场。这是因为:一方面,品牌只有依附实体才能做大,才能真正走上市场,实现自身价值和利润的最大化;另一方面,要解决企业与分散的农户之间的利益问题,保证各主体之间相互协作,使名牌既成为企业"命"牌,也要让农民明白名牌也是"民"牌,从而自觉与企业融为有机整体,不断推动农业品牌的发展。

二要着力培育以产业服务为主体的专业协会,让协会去组织农业名牌战略实施。可先由市政府牵头,成立我国主导农业的市级各类产业协会组织,由协会制定统一品牌、统一包装、统一宣传、统一质量等 N 统一标准,对品牌实行有序管理。

三要建立农产品市场准入制度。目前,我国千家万户提着篮子叫卖进市场，农产品进入市场手段过于简单的现象，阻碍着品牌农产品的形成和品牌与市场的接轨。市场农业是农产品自然生产与社会再生产有机结合的过程，而品牌是农产品市场贸易的制高点，品牌产品要得到消费者的支持，必须大力发展农产品超市，建立品牌农产品配送中心，形成现代物流方式和生产、加工、配送一条龙服务，以市场准入制度来规范品牌农产品，这不但能保证品牌农产品在市场上质量与信誉，而且通过市场认可使品牌成为名牌。

（六）实施原产地与地理标志保护农业品牌

从原产地保护的起源和重点看，保护的对象主要是具有自然属性和人文因素的农产品及其加工品。我国由于部门间职能交叉、管理错位，多部门管理现象普遍。应当说到目前也还未形成一个理性的保护制度。从有利于挖掘中国传统的地方特色农产品资源，迅速培育和壮大地方优势农业主导产业与产品，真正实现农产品资源性知识产权保护与国际接轨，全面提升我国农产品国际市场知名度与市场竞争力，国家应当尽快将农产品的原产地或地理标志保护工作提上议事日程，尽快出台相应的保护办法和措施，明确推动主管部门和行为主体展开行动。按照产业发展、技术优势发挥和管理职能的需要，由农业部门统筹规划和组织实施。在具体的操作层面上，由农业部门负责农产品原产地或地理标志保护的登记和颁证工作；工商部门对登记颁证的农产品原产地标志或地理标志可以以集体商标或证明商标的形式予以注册，依法予以保护；质检部门可依据农业部门颁发的原产地或地理标志证书，在进出口通关过程中实行验证检验。农业、工商、质检各个部门应当采取分工协作、齐抓共管、各有侧重的工作推进原则。

客观地讲，做好农产品原产地保护或地理标志工作，既是农业部门的优势，也是农业部门的责任，是一件利国利民的公益事业。对农产品实施地理标志登记保护，在很大程度上讲也是在对农业资源、农产品原产地公权进行保护。这是各级政府和农业部门的一项重要职责，一个农产品要获得原产地保护或地理标志保护，起码应当具备八个最基本的条件，简称"八特"，即特有的品种、特有的自然环境、特有的历史、特有的文化、特有的生产方式、特有的品质、特有的消费群体、特有的保护方式。对照要求，我们很多以产地命名的农产品都符合保护条件，可以说开发的潜力巨大，市场前景广阔。

（七）构建新型品牌农业经营体系

十八届三中全会指出"加快构建新型农业经营体系。基础家庭经营在农业中的基础性地位，推进家庭经营、集体经营、合作经营、企业经营等共同发展的农业经营方式创新"，"鼓励承包经营权在公开市场上向专业大户、家庭农场、农民合作社、农业企业流转，发展多种形式规模经营"。这一重要论述，为我国品牌农业的发展指明了方向。

1. 建立品牌农业新型经营体系的必要性

品牌农业新型经营体系是在坚持农村基本经营制度的基础上，顺应农业农村发展形势的变化，以市场驱动，通过自发形成或政府引导，培育品牌农产品，形成的各类品牌的生产、加工、销售和生产性服务主体及其关系的总和，是各种利益关系下的传统农户与新型农业经营主体的总称。积极构建品牌农业新型经营体系对品牌农业的有序、安全、规范、高效发展是十分必要的。

（1）是适应我国农业农村发展的阶段性特征的需要

我国是个人口大国，人口的增加和经济、社会的发展使得资源对农业的制约逐年增强，而粮食和重要农产品需求大幅增长。当前现代农业发展中，存在着一系列明显的阶段性特征：

首先，农村青壮年劳动力大量转移，一些地方农忙季节缺人手，务农劳动力老龄化；

其次，农民收入结构呈现多元化态势，务农收入占农民收入的比重逐步下降；

最后，农业中务农的年龄段、季节性、区域性等结构性短缺，而且新生代农民工普遍务农意愿淡薄。有数据表明：截至2012年底，全国农民工总量达到2.6亿，占农村劳动力总数的45%，其中外出6个月以上的农民工达到1.6亿，约占农村劳动力总数的28%。在全国种植业劳动力中，50岁以上的占32.6%（60岁以上的占11.4%），77.2%的是小学以下文化程度。

所有这些都影响和约束了品牌农业的发展，因此必须加快农业经营体系改革和创新，以实现农业生产经营节约劳动力、规模化、高效率。把大量农村富余劳动力吸引出来，促进农业资源向专业经营主体集中，提升农业生产经营专业化、标准化、规模化、集约化水平,进而推动农业的品牌化发展。

(2)是建设中国特色品牌现代农业的需要

综观国内外品牌农业的发展,我们不难发现这样的一种明显趋势:品牌农业发展从依靠大量消耗资源的传统方式,逐渐转到主要依靠科技进步和提高劳动者素质的现代方式上来。农业和农民对农业科技的依赖性和关联度明显增强;农业科技应用已由以往的农户单独分散应用转变为大面积集约化应用、由某种技术措施的单项实施转变为多项技术组装配套实施、由农业经营者一家一户采用转变为需要由服务体系和农技队伍综合实施。

面对这样的重大变化,必须加快建立健全新型农业经营体系,提高品牌农业的科技应用能力,提高品牌农业中的劳动生产率、土地产出率和资源利用效率。

(3)是克服农户分散经营局限,提高品牌农业规模化和产业化发展的需要

当前,我国农户家庭经营,普遍带有"小生产"的痕迹,存在着与"大市场"的矛盾,面临着自然、市场和质量安全三重风险。实践证明,发展农民合作社和农业产业化是从根本上解决小生产与大市场矛盾、提高农业生产经营组织化程度的有效途径。目前,农民合作社发展仍存在着服务能力弱、带动能力弱和管理能力弱等突出问题,既不适应现代农业发展的要求,也满足不了农民群众加快联合合作的期待。龙头企业发展面临劳动力、原材料等生产要素价格上涨和国际市场竞争的巨大压力,内部存在经济实力薄弱、创新能力不强、融资困难、与农户间的利益联结机制不健全等突出问题。为此,迫切需要创新农业经营体系,推进农户间、农户与合作社、龙头企业间的联合与合作,加快发展农民合作社,做大做强龙头企业,增强引领农户发展现代品牌农业的能力

(4)是适应品牌专业化分工发展要求,促进品牌农业社会化服务体系发展的需要

随着农业生产力发展和农村劳动力转移、农民收入增加,农业再生产向专业化分工、社会化协作转变,对农业社会化服务提出了强烈需求。目前,农村集体经济比较薄弱,集体经济组织法人地位不明确,普遍缺乏为农民提供"统"的服务能力;经营性服务组织发育不充分,经济实力弱,

政策扶持不够，服务不规范；公益性服务机制不健全，供需衔接不紧密，难以满足农民多样化的生产经营服务需求。特别是缺乏系统化的扶持政策，农业生产性服务发展严重滞后，"一家一户"单打独斗搞生产的问题还没有根本解决。为此，迫切需要加快构建新型农业社会化服务体系，大力发展以生产性服务为重点的现代品牌农业服务业。

（5）是增强品牌农业发展动力和活力的需要

改革开放以来，农业发展成果不少，但也带来了土地细碎化的问题。承包农户规模小，劳动生产率低下，农户兼业化倾向明显，撂荒现象多发频发。目前，全国2.29亿承包农户，户均耕地7.5亩，且分布在比较零散的地块上。生产性固定资产支出刚过1000元，仅占农户总支出的3%。伴随农村劳动力转移，承包农户经营不断分化，农业生产既出现了兼业化趋势，也出现了撂荒等粗放经营现象。2018年全国27325.3万户汇总农户中，纯农户、农业兼业户、非农业兼业户和非农户所占比重分别为63.7%、18.1%、8.7%和9.6%。在这样的基础上建设现代农业，必须大力发展专业大户、家庭农场等新型经营主体，推进家庭经营向集约化、规模化和专业化转变。因此，迫切需要加快建设新型的农业经营体系，克服和解决品牌农业经营中的弊端，从体系上消除制约品牌农业与农村发展的体制机制障碍，提高品牌农业生产的组织化程度和适度规模化水平，重新焕发发展活力，凝聚发展动力。

2. 品牌农业新型经营体系的特征

依据前述新型品牌农业经营体系的概念及构建的必要性，作为品牌农业的发展要集中解决四个方面的问题，一是解决品牌农业发展中"物"的投入不足问题；而是要解决品牌农业经营中"人"的支撑不足问题；三是要解决品牌农业经营中市场对接不够的问题；四是要解决品牌农业经营中社会服务不足的问题。相应地将之归结为品牌农业新型经营体系的四大特征。

（1）品牌农业的集约化特征

集约化要解决的是农业经营中"物"的投入不足问题。所谓集约化，是相对于传统的粗放化而言的。集约化作为品牌农业新型经营体系的基本特征之一，一方面强调品牌农业顺应了现代农业集约化发展的趋势，另一方面正是为了消除近年来部分地区品牌农业粗放化发展的负面影响。在品牌农业新型经营体系中，集约化包括三方面的含义：

一是要对单位面积土地上要素投入强度加以提高；

二是所投入的要素质量要提高并不断改善其投入结构，特别是现代农业科技和农业人力资本、现代信息、现代服务、现代发展理念、现代装备设施等创新要素的密集投入及其对传统要素投入的替代；

三是要改善品牌农业的经营方式，包括组合要素关系的优化和要素利用效率、效益的提升。

品牌农业集约化的提升与发展，有利于增强品牌农业产业链与价值链的创新能力，但也对品牌农业降低风险和节本增效提出新的更高层次的要求。推进品牌农业集约化，往往是发展内涵型品牌农业规模经营的重要途径。

（2）品牌农业的专业化特征

要解决的是品牌农业经营中"人"的支撑问题。

所谓专业化是相对于兼业化而言的，特别是"小而散""小而全"的传统农业经营方式而言的，旨在要求品牌农业应顺应现代农业发展的要求，更好地通过品牌农业参与主体之间的分工与协作的深化，促进品牌农业的提升发展，进而提高品牌农业中对要素生产率和资源利用率。

从国际经验来看，品牌农业的专业化实际上包括两个层面：

第一，品牌农业生产经营与服务主体要专业化。

第二，品牌农业应区域专业化，依据不同区域的优势资源，发展不同特色的品牌农业，以区分于其他地区，进而提升品牌农业的竞争力。如建设优势特色农产品的产业带、产业区等。

从国内外经验看，农业区域专业化的发展可以有效带动农业区域规模经济，是发展区域品牌农业规模经营的重要途径。专业化的深化有利于更好地分享分工协作效应，但也对品牌农业的生产和服务的社会化提出更高层次的期待。

（3）品牌农业的组织化特征

组织化要解决的是品牌农业与"市场"对接不足问题。品牌农业的组织化，主要是与传统分散化相对应的，包括三方面的含义。

其一，品牌农业新型生产经营主体与服务主体的发育及与此相关的农业组织创新。其二，引导品牌农业生产经营与服务主体之间加强横向联合与合作。包括发展农民专业合作社、农民专业协会等，甚至支持发展农民专业合作社联合社、农产品行业协会。其三，顺应现代农业的发展要求，提高农业产业链的分工协作水平和纵向一体化程度。培育农业产业链核心企业对农业产业链、价值链的整合能力及其带动农业产业链、价值链升级的能力，促进涉农三次产业融合发展等，增进农业产业链不同参与者之间的合作伙伴关系，均属组织化的重要内容。

（4）品牌农业的社会化特征

品牌农业的社会化要解决的是"服务"不足问题。社会化往往建立在专业化的基础之上。品牌农业产业链，换个角度看，也是品牌农业思维供应链和价值链。品牌农业发展过程的社会参与，顺应了现代农业产业链一体化的趋势。品牌农业新型经营体系将社会化作为其基本特征之一，主要强调两个方面：一是品牌农业发展过程的社会参与；二是品牌农业发展成果的社会分享。

3. 品牌农业新型经营体系四大特征之间的关系

在新型农业产业体系的运行中，集约化、专业化、组织化和社会化应该是相互作用、不可分割的，它们是支撑新型农业经营体系"大厦"的"基石"，不可或缺。

（1）集约化和专业化更多地强调微观或区域中观层面，重点在于强调品牌农业经营方式的选择。

（2）组织化横跨微观层面和产业链中观层面，致力于提高品牌农业产业组织的竞争力，增强品牌农业的市场竞争力和资源要素竞争力，影响利益相关者参与品牌农业产业链利益分配的能力。

（3）社会化主要强调宏观方面，也是现代品牌农业产业体系运行的外在表现，其直接结果是现代品牌农业产业体系的发育。

4. 品牌农业新型经营体系的机制

所谓品牌农业新型经营体系是指品牌农业经营肌体内各构成要素之间的相互联系和作用的关系及其功能。品牌农业新型经营体系机制的建立，主要依赖于两个方面，即体制与制度。所谓体制是指品牌农业组织职能和岗位职责的调整与配置，而制度则是一种广义的指称，包括国家或地方涉及品牌农业经营中的法律、法规以及品牌农业供应链上任何组织内部的规章制度。品牌农业新型经营体系的构建是一个复杂的系统工程，各种体制与制度的变革与完善并非可以孤立进行，不是简单的一种叠加可以解决的，不同层面、层次和侧面必须相互呼应、补充，进行有机整合，只有这样才能发挥其应有的作用。基于此，本书构建了品牌农业新型经营体系机制模型（见图7-3）。

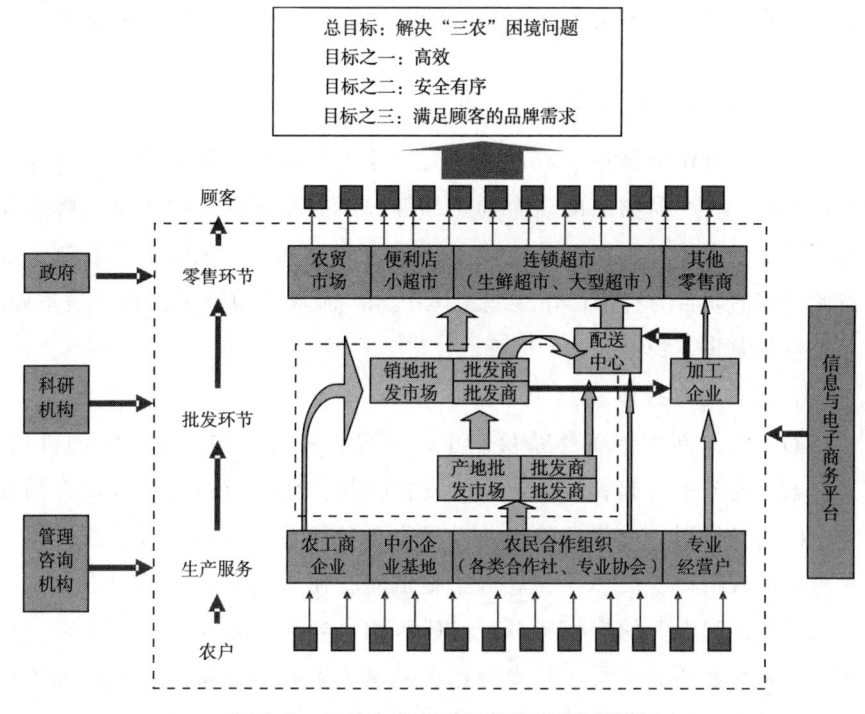

图 7-3　品牌农业新型经营体系机制模型

（1）品牌农业新型经营体系的目标

总的来说应围绕解决"三农"困境进行。具体目标可分解为三个层面。

一是应实现品牌农业的高效运作，要不断增加与调整农业的各种要素投入，特别应该加强农业高新技术的投入和品牌农业人力资本的投入，只有不断增加和调整品牌农业要素的投入，实现品牌农业的高效运作，提高品牌农业资源的利用率和单位土地面积的产出率，不断完善品牌农产品的质量，才能提高农民的收入，进而解决"三农"问题。

二是品牌农业的生产经营必须保证安全有序，农产品的安全有序生产经营事关社会繁荣稳定的大问题，也是居民日常生活中的大问题，品牌农业经营主体只有不断向消费者提供安全有序的品牌农产品，品牌农业的发展才有基础性的保障。

三是品牌农业中的品牌农产品必须能够满足顾客的品牌需求，也就是说，不论品牌农业中开发和生产何种品牌的农产品，都要以市场导向为原则，品牌农业经营主体必须对品牌农产品的市场需求进行充分的调查与分析，只有开发和生产出满足客户需要的品牌农产品，品牌农业的发展才有可持续的保障。

（2）各类主体利益共享、风险共担

在品牌农业供应链中，农户、各类农业生产经营或服务企业、产地与销地批发商、农产品物品配送企业、品牌农产品零售商、顾客是品牌农业中的直接参与主体，各类主体之间必须建立利益共享、风险共担机制，加强彼此之间的联合与合作，在这些主体中客户需求是动力源，农户是基础，核心企业是龙头，物流配送是保障。

（3）完善的支撑体系

在品牌农业新型经营体系机制中，政府、科研机构、管理咨询机构、信息与电子商务平台起着不可或缺的支撑作用。政府应积极发挥其在品牌农业中的引导作用，完善品牌农业发展中各种相关的法律法规、积极出台各种惠农的政策，积极引导和规范土地流转，使土地资源向品牌农业主体集中，促进品牌农业的规模经营。科研机构主要的责任是为品牌农业主体提供先进和必要的品牌农业技术及相关品牌农业技术咨询。管理咨询机构则主要为品牌农业经营主体提供各种经营与管理的咨询服务，如品牌农业战略咨询、营销与品牌推广咨询、品牌农业主体各种经营管理咨询等，服务好品牌农业经营主体。信息与电子商务平台的职责在于加大有关品牌农产品的网络信息的发布，缩短品牌农产品与消费者之间的时空距离，同时，要积极为品牌农业提供数据采集与分析服务，促进品牌农业主体的精准营销。

5. 构建品牌农业新型经营体系的对策建议

（1）积极推进农地流转，促进品牌农业规模化经营

按照依法、自愿、有偿的原则，积极探索建立有效合理的土地流转制度，提高土地规模化、组织化程度，增强农业适应社会化大生产和抵御市场风险的能力，提高农业比较效益。

一是搞好承包土地的确权工作，明晰土地产权，强化土地承包权的物

权性质，使广大农民真正成为土地流转主体。

二是强化对土地流转的服务和监督。

三是通过典型示范带动土地流转，积极发挥农业龙头企业、农民合作社、种粮大户的示范作用，依法引导土地集中经营。

四是出台相关优惠奖励政策驱动土地流转，鼓励大专院校、科研院所等技术人员以技术参股的形式参与土地流转，推动土地适度规模经营的发展。

（2）积极培育新型品牌农业经营主体

一是壮大农业产业化龙头企业，按照扶优、扶大、扶强的原则，着力培育一批产业关联度大、带动能力强的龙头企业。

二是发展农民合作社，加快培育一批管理规范、设施完备、功能齐全、特色鲜明的示范社，成为延伸公共服务的载体和引领现代农业发展的龙头。

三是鼓励规模经营农户成立家庭农场和土地合作农场，实现"自然人农业"向"法人农业"过渡。

四是加快培育现代职业农民，着力培养一批有文化、懂技术、善经营、会管理的现代职业农民以及现代农业经营领军人才。

（3）构建多元化农业服务体系

一是强化农业信息服务体系建设，着力打造农业信息服务平台，以最快捷、最直接、低成本的方式把产品供求、农业技术和法律政策等信息传递给农业生产者、经营者和消费者，帮助他们适应变化多端的市场。

二是强化农业科技服务体系建设，加大政府扶持力度，引导企业、民间组织和其他社会力量积极参与农业科技服务体系建设。

三是强化农业生产服务体系建设，强化农业生产过程中的社会化服务，大力发展农民专业合作组织，引导社会力量投入农业生产服务。

四是强化农产品流通服务体系建设。

五是强化农业保险体系建设。

（4）加强现代农业市场体系建设

一是要促进品牌农业经营主体规模化、组织化。

二是要促进品牌农业产品交易方式现代化（拍卖交易、仓单交易、远程合约交易、网络交易、期货交易等）。

三是要促进品牌农产品批发市场功能齐全化（信息导向、需求沟通、交易撮合、价格形成、订单管理、物流组织、计划协调和货款结算）。

四是要积极发展冷链物流,促进冷链物流配送高效化。

五是要促进零售业态连锁超市主体化。

六是要促进交易行为和市场秩序规范化(市场准入、退出、监管)。

(5) 积极推进农产品品牌化建设

一是要明确区域品牌主体(地方政府、准政府机构、行业协会、合作经济组织、企业联合组织、龙头企业)。

二是要充分发挥政府指导和扶持职能。

三是要建立和完善区域特色品牌产品的质量标准体系。

四是要加强区域品牌的管理。

五是要大力开展区域品牌的市场推广和广告宣传。

(6) 促进农业经营体系标准化、制度化和规范化

一是要完善和健全品牌农业发展过程中的各种法律法规、政策措施、保障措施,健全和完善品牌农业经营主体的各种管理制度,以及经营主体之间的分工与协作制度。

二是要完善品牌农业的工作标准、评价标准等。

三是要规范品牌农业经营的流程。

第八章 我国品牌农业成长的经典案例

自 2006 年实施中国名牌农产品战略以来，特别是党的十八大以来，我国品牌农业建设的力度空前高涨，品牌农业的成长进程也得到了前所未有的提速，以"区域公用品牌、企业品牌、产品品牌"为主打的"新三品"协同发展，农产品强势品牌崭露头角，其影响力与知名度都有了大幅提升，目前已形成政府强力推动、企业自主创建和社会积极参与的良好局面。一些品牌农业成长的经典案例证明我国品牌农业政策实施的成效显著，同时这些经典成功案例也给即将步入和正在进行农业品牌创建与建设的农业主体提供了诸多有益的借鉴。本章主要介绍福建品牌农业成长的成功案例。

第一节 安溪铁观音品牌的成长

一 品牌基本情况

1. 品牌名：安溪铁观音

2. 品牌标志：

3. 品牌产品："凤山牌""八马牌""华福牌""魏荫牌""祥华牌""感德龙馨牌"铁观音

4. 品牌拥有者：安溪县茶业总公司

5. 品牌注册时间：2000 年 4 月

二 名牌信息

名牌级别	名牌类别	名牌授予单位	名牌授予时间
国家级	中国驰名商标	国家工商总局	2004 年 7 月
国家级	国家地理标志保护产品	国家质检总局	2005 年 12 月

三　产品、产业基本情况

安溪县位于福建省东南沿海，环境优美、空气清新，森林覆盖率66.57%，被称为气净、水净、土净的"三净之地"，也是世界名茶安溪铁观音的发源地。

安溪县生态环境与气候独特，为名茶铁观音的生长和基地的形成提供了良好的条件。所产茶叶色泽乌润、条索卷曲紧实、沉重似铁，汤色金黄明亮，香气清香悠长，滋味醇厚甘鲜。改革开放后，安溪人民开拓进取，奋力拼搏，铸就了一个又一个新的辉煌，先后被评为"全省经济发展十佳县""全国县域经济基本竞争力百强县"，1995年被农业部、中国农学会等命名为"中国乌龙茶（名茶）之乡"。安溪茶叶经过多年的发展，全县各类茶叶加工企业1000多家，龙头茶企10多家，骨干茶企100多家，2014年底全县涉茶行业总产值超过125亿元。同时茶叶市场的建设与发展还带动了茶叶包装业、机械制造业、运输业和第三产业的发展，形成了一个规模巨大的产业链。当前，安溪县拥有茶叶加工机械生产企业超过300家，产值超过3亿元，其中包装机械企业100多家，精加工机械企业与初加工机械企业合计200多家。近年来，安溪县着力于茶产业的高质量发展，茶产业"二次腾飞"带动的还有茶农的"钱袋子"。截至2018年底，安溪拥有茶园60万亩，涉茶总产值175亿元。全县80%的人口从事种茶、制茶、售茶。2018年，安溪城镇居民人均可支配收入22124元，农村居民人均可支配收入16521元，比2017年增长9.1%，城乡协调发展。

四　品牌培育

（一）品牌注册与发展过程

1998年8月，受县委、县政府的委托，安溪县茶业总公司特向国家工商行政管理局商标局申请注册"安溪铁观音"证明商标。2000年4月21日，"安溪铁观音"证明商标获准注册，同年5月8日正式启用。从1998年8月开始申请注册到2005年12月29日被国家工商总局商标局正式认定为中国驰名商标，"安溪铁观音"历时7年，摘下了中国商标王国里涉茶产品的第一顶桂冠。2004年7月，国家质检总局通过了对安溪铁观音原产地域产品保护申请的审查，对安溪铁观音实施原产地域保护。截至目前，安溪县已经持有"安溪铁观音"和"安溪黄金桂"两个证明商标，以及安溪数百个茶企自创品牌。其中有两枚中国驰名商标，有8枚福建省著名商标，以及30多个泉州市知名商标。全县共有33家茶叶企业获准证明商标使用权。共有近550万枚证明商标标识用于茶叶小包装产品上。

1995年3月，安溪县被农业部、中国农学会等命名为"中国乌龙茶（名茶）之乡"。

1999年，安溪铁观音茶园面积约8.5万亩，产量约4500吨，占全县茶叶总产量的32.8%。

2001年，安溪县被农业部确定为"第一批全国无公害农产品（茶叶）生产基地县"。

2002年，安溪又被农业部确认为"南亚热带作物（乌龙茶）名优基地"。

2010年，铁观音更是以"十大名茶之首"亮相上海世博会，风光无限。

2012年11月，安溪县被国家质量监督检验检疫总局授予国家级出口乌龙茶质量安全示范区。

2014年12月，安溪铁观音开拓对茶叶农残要求最高的欧盟市场，取得成功，当年出口单价达到全国茶叶出口平均价的30倍。

2015年10月，安溪县被认监委授予第一批国家有机产品认证示范区，两块质量安全的"金牌"均花落安溪，在全国茶叶主产区创下纪录。

2017年，安溪铁观音还在农业部组织评选的"中国十大茶叶区域公用品牌"榜单上脱颖而出，榜上有名，这是继1958年之后，第二次由官方组织的中国十大茶叶区域公用品牌评选。

2018年，安溪茶叶的农残合格率已达到99.5%，全县获得无公害食品认证、绿标使用权、有机茶标识使用权的有32家。

2018年，中国品牌价值评价信息发布暨第二届中国品牌发展论坛在上海举行，"安溪铁观音"区域品牌（地理标志）价值位居第二，仅次于贵州茅台，连续三年蝉联茶叶类品牌价值之冠，持续领跑全国百茶。

安溪县因为有了铁观音，从一个贫困县一跃步入"中国百强县"之列。现如今，安溪全县拥有茶园40万亩，年产茶叶4.5万吨，约占中国大陆乌龙茶总产量的三分之一，福建省的二分之一，成为名副其实的产茶第一县。

（二）品牌培育与管理举措

"安溪铁观音"证明商标实施以来，该县统一协调，认真实践，用活品牌，大力加强管理和使用，充分发挥其保护、引导和推介功能，推动和促进当地茶业经济进一步发展。面对世界茶叶产销形势，面对茶叶进口国的"绿色壁垒"和"技术壁垒"，安溪县在品牌培育与管理举措主要做了以下几个方面的工作。

首先，确立茶叶富农的主攻方向：安溪县领导在"县乡村"三级干部会上提出，要紧抓特色经济，进一步增强竞争优势。将继续深入实施"茶业富民"战略，以"生态、优质、规范、品牌"为主攻方向，挖掘茶业发展潜力，做大做强、做优做足茶叶特色文章。

其次，打好"生态"牌。安溪县围绕"生态"，加快生态茶园建设步伐，推进茶叶"2112"工程向纵深发展，即完成20万亩无公害茶叶生产基地、10万亩茶叶绿色食品基地、10万亩高产优质铁观音基地及2万亩有机茶基地建设任务。近年来又积极推进30万亩生态茶园的建设，吹响了茶产业高质量发展的号角。

再次，围绕"优质"，加强茶叶加工新工艺、新设备研究，普及推广夏暑茶空调做青技术，继续组织开展茶叶初制、审评、拼配等各类培训和比赛，提高茶叶制优率；适应茶叶市场准入制（QS）需要，筹建"中国茶都（安溪）职业技能鉴定站"，加快茶叶职业资格、技能认证步伐。

从次，围绕"规范"，以全面实施安溪铁观音原产地域产品保护为契机，大力实施铁观音标准样，加快茶叶标准化体系建设，规范茶叶等级、品种；深入开展"绿色茶都"创建活动，突出抓好诚信经营、优质服务、窗口建设，充分发挥茶都的龙头带动作用；加强茶叶协会建设，逐步建立茶叶行业"自我发展、自我约束、诚信经营"自律机制。

最后，围绕"品牌"，抓好茶叶品牌推荐活动，加大"安溪铁观音"证明商标、"凤山牌"、"八马牌"申报中国驰名商标的工作力度，扶持催生一批有竞争力的新品牌，提升安溪茶叶的知名度和市场占有率。引导茶农对茶园的使用权进行合理流转，促进茶叶规模化生产、集约化经营。

（三）品牌推广主要做法

在大力发展茶产业的同时，安溪也将茶文化与茶经济发展有机结合起来。20世纪80年代末以来，安溪的茶事宣传不断创新，成为扩大宣传安溪铁观音的有效载体，特别是"安溪铁观音神州行"系列大型对外活动，在全国引起了强烈反响。

2005年至今，安溪县政府先后举行"安溪铁观音神州行"南部行、北部行、中部行活动，到十个城市进行考察交流采风，将安溪茶叶宣传由"请进来"变为"走出去"，实现了政府与媒体、市场与企业、茶商与消费者的良性互动。

2006年8月，县委书记尤猛军又以全球的战略眼光，适时提出"安溪铁观音·和谐健康新生活"的全新发展理念，作为开创安溪茶业经济新纪元的战略诉求。

2007年，安溪又迎来茶叶发展史上的一大盛事。由省政府主办的首届中国福建海峡两岸茶博会于11月中旬在安溪举行。

此外，安溪县还举办了首届安溪铁观音十佳品牌暨安溪铁观音十佳企业评选活动，集中打造和整合一批品牌，"安溪铁观音神州行·东北行"活动也正在紧锣密鼓地筹备中。与此同时，安溪县与中央电视台合作拍摄的100集室内情景剧正在紧张筹拍中。另一部由台湾知名导演李力安导演的30集电视连续剧《铁观音传奇》也已经开机拍摄。这两部电视剧的播出将进一步弘扬安溪茶文化，提升安溪铁观音的知名度。

作为安溪县广大茶农在长期的生产生活实践中培育出的独特品牌，安溪铁观音集中体现了"和谐健康"的中华茶文化精髓，并逐渐演绎为一种时尚、健康、和谐生活的象征。

五 品牌带动农业发展

（一）品牌农业的带动方式

近年来，安溪采取以市场为依托，坚持"政府引导与推动、龙头企业带动、农户参与"的原则，积极推广"公司+基地+农户"的标准化产业发展模式。其品牌农业带动方式可以归纳为"市场拉动+基地启动+龙头带动+科技推动+品牌促动"。

（二）安溪县品牌农业的主要做法

1. 加强调整整合，推进基地建设规模化

结合农业产业结构调整，积极引导茶农因地制宜，利用"山边田""缺水田"种植茶树,扩大种植面积。近五年来,全县新增茶园面积6万多亩。采取"改造、淘汰、集中"等措施,通过低产茶园改植换种,在提高茶叶生产规模效益的同时,重视利用生物多样性技术,合理布局茶叶种植园区。科学规划,组织实施"2112"工程。引导茶叶加工企业采用"公司+基地"的模式,通过承租、承包等形式,加速山地流转,促进茶园向大企业、大公司集中,形成规模经营。

2. 加强示范引导,推进产品加工专业化

有意识地引导茶农专业分工,积极培育茶叶种植大户、加工大户和经销大户。出台《安溪县茶叶重点龙头企业认定和奖励扶持暂行办法》,从资金、信贷、税收、技改和用地、用工、用水、用电等方面扶持龙头企业发展。

3. 建设集贸易、加工、文化于一体的"中国茶都"

中国茶都(茶业批发市场)于2000年初投建,同年12月投入使用,占地250亩,建筑面积18万平方米,总投资5亿元,拥有1500间商铺,两个交易大厅3000多个交易摊位,设有茶文化研究中心、茶叶质量检测中心、电子商务网站、茶叶科技咨询服务中心、中国茶文化博览馆和客运站、酒店、文化广场等配套服务机构和设施,是目前国内规模最大、投资最多、品位最高、功能配套最齐全、风格独特的茶叶专业批发市场和现代茶业新都市。2001年10月,被批准为农业部定点市场,2012年8月荣获全国诚信市场创建推进会评审的"全国诚信示范市场"称号,成为当年福建省唯一荣获"国字号"的专业市场。

4. 积极完善机制,推进质量监测标准化

组织制定茶叶产品标准和标准样。制定了"安溪铁观音"和"安溪乌龙茶"两项产品标准;加大对茶叶加工企业执行标准的检查力度;组织质量技术监督、工商、茶叶等主管部门和茶叶主产乡镇,加强对各茶叶加工企业质检工作情况进行监督检查;做好新农药、新肥料试验推广,筛选出无公害茶叶生产的用肥、用药品种,然后组织科技人员深入茶区茶园宣传、推广,指导农户科学使用新肥、新药;投资200多万元建设的"福建省安溪乌龙茶标准化检测检验中心",基本具备了对茶叶产品的感官品质以及666、DDT、铅、铜等指标进行综合检验的能力。

5. 加强市场管理,规范交易行为

认真执行《中华人民共和国产品质量法》、《中华人民共和国食品卫生法》和《安溪县茶叶质量管理实施细则》,经常性地开展市场和厂家的茶叶产品质量抽查。成立茶都管委会,组织专门人员全天候对茶都交易情况进行监督管理。推行政府定点销售制度,在全国各大中城市开设茶叶购买"放心店",进一步打击县境以外的假冒伪劣现象。充分发挥同业公会协调、服务、监护的作用,制定完善行业行规,约束、规范经营行为,提高企业的诚信度。

6. 转变职能,推进服务保障社会化

健全县、乡、村茶树病虫害测报网络,建立茶叶病虫害防治服务队伍,健全茶叶科技服务体系。健全县、乡、村三级茶叶科技推广服务队伍,在县、乡、村分别建立示范片、示范点,向农民提供优良品种介绍、先进实用技术指导等服务。完善茶叶信息服务网络,建立和健全"安溪农特网"、"农业110"服务热线、"中国茶都"网上交易市场等信息服务体系,并依托茶管委、茶业同业公会,加快县、乡两级信息服务网络建设。

7. 推进茶叶质量品牌化

以茶文化宣传促进茶叶市场销售。从1988年的安溪乌龙茶"铁观音"杯全国征歌大奖赛开始,先后到泉州、厦门、福州、广州、上海、北京、香港、澳门等地举办"茶王赛"。2000年以来,安溪连续三年在安溪本土成功举办了"中国茶都(安溪)茶文化旅游节暨首届安溪铁观音节"、"海峡两岸茶文化交流会"和"首届中华茶产业国际合作高峰会",提高了铁观音等名茶的知名度。加大申报"中国驰名商标"和"福建省著名商标"工作力度,引导企业开展ISO9000质量体系、ISO14000环保体系、HACCP食品安全保证体系认证,打造了一批在质量上信得过、在市场上打得响的茶叶品牌。

(三) 品牌农业的带动的效应

目前,安溪全县各类茶叶加工企业1000多家,龙头茶企10多家,骨干茶企100多家,全县涉茶行业总产值50亿元。涉茶人口70万,受益人口80万,安溪茶园总面积60多万亩,年产茶叶6.8万吨,约占全国乌龙茶总产量的三分之一,福建省的二分之一。涉茶行业总产值2014年超过125亿元,农民人均纯收入5781元,茶叶收入达3100多元,占到53%。创造了茶园总面积、茶叶年产量、茶叶平均单价、茶农年均收入和茶叶受益人口等十多项全国第一,"安溪铁观音"还在茶业界首摘中国驰名商标。截至2015年9

月底,安溪有机茶已成功出口欧盟、美国超过 20 吨,呈现良好发展前景。此次获得首批"国家有机产品认证示范区"称号,对于安溪乃至福建有机茶实现产业转型和可持续发展,具有十分重要的意义。2011 年以来,安溪先后被认定为国家有机产品认证示范创建区、国家农业产业化示范基地、国家级出口食品农产品质量安全示范区、中国茶叶科技创新示范县等"国字号"品牌。

第二节 柘荣太子参品牌的成长

一 品牌基本信息

1. 品牌名:柘荣太子参

2. 品牌标志:柘荣太子参

3. 品牌产品:复方太子参颗粒、好胃口太子参含片、太子参咖啡、太子酒、太子宝口服液

4. 品牌拥有者:柘荣县太子参协会

二 名牌基本信息

名牌级别	类别	授予单位	授予时间
国家级	中国驰名商标	国家工商总局	2006 年 10 月
国家级	国家产地证明商标、国家地理标志保护产品	国家质检总局	2001 年、2007 年 3 月

三 产品、产业基本情况

柘荣位于福建东北部、太姥山西麓,素有"闽浙咽喉"之称。境内气候宜人,冬温夏凉,具有生产多种中药材特别是太子参的最佳生态条件。所产太子参具有色泽金黄、块根肥大、质地坚硬、有效成分高等特点,为医家所重用。柘荣太子参 2001 年获得国家产地证明商标,2006 年 10 月获得中国驰名商标称号,2007 年 3 月被列入国家地理标志保护产品。在品牌效益的带动下,柘荣太子参产业迅速发展起来。

太子参产业是柘荣县传统优势特色产业和农业支柱产业，2020年全县太子参种植面积约4.3万亩，产量5000多吨，全产业链产值达25亿元。近年来，为进一步提高柘荣太子参的品质与产量，该县采取统一供苗、统一管理、统一采收、统一储存、统一标识等方式，覆盖种植、生产、销售等环节，实现太子参"来源可知、去向可追、质量可查、责任可究"，同时在"太子参"品牌的引领下，大力推广"龙头企业协会专业合作社基地农户"的经营模式，发展订单农业，鼓励力捷迅、天人、西岸生物、中食集团等重点企业投资地产中药材种植、研发、销售。如今，不少企业已成功开发出以太子参为原材料的系列产品，如复方太子参颗粒、太子参保健茶等，基本形成从药品到保健食品到饮料、家庭药膳，从原料到胶囊、口服液的多元化、多层次的产业链条。[①]

四　品牌培育

（一）品牌注册与发展过程

柘荣太子参优异的品质和其他相关要素，已符合注册证明商标的条件。按照"工商策划、政府推动、部门沟通、协会申请"的模式，1999年，柘荣县工商局适时向县委、县政府提出"申请注册'柘荣太子参'证明商标"的建议，县委、县政府及时予以采纳，并启动了"柘荣太子参"申请注册证明商标的工作，成立了柘荣县太子参协会，负责协调各相关部门，为证明商标的成功注册提供了有力保障。在申请注册"柘荣太子参"证明商标的过程中，县工商部门积极参与，大力宣传注册证明商标的作用和意义，指定专人开展全程跟踪服务，提供有关申请注册的法律法规咨询，帮助拟定《证明商标使用管理规则》并设计商标图案，主动联系省市工商部门领导和专家到太子参基地进行实地调研。2001年7月，"柘荣太子参"证明商标成功注册，成为当时我国第一件中药材类证明商标和全国第二件中药材类地理标志证明商标。2002年，柘荣太子参GAP研究项目列入福建省科技计划重点项目。2003年，柘荣太子参GAP研究及示范基地建设项目获评国

[①]《柘荣：太子参种植鼓起农户"钱袋子"》，大加网，https://www.anhui365.net/a/24062707，最后访问日期：2021年8月17日。

家科技攻关计划和国家"创新药物与中药现代化"专项课题。2004 年"柘荣太子参"被认定为福建省著名商标。2005 年县委书记、县长分别在县党代会和县人大会上提出要争创"柘荣太子参"驰名商标。工商部门积极发挥职能作用，在深入调研的基础上，形成全县商标品牌发展的调研报告提交县政府领导，推动县政府及时出台《关于实施商标品牌战略的工作意见》。工商部门通过建立"推荐一批、扶持一批、培育一批"品牌培育梯队，重点培育、推荐"柘荣太子参"证明商标，并积极协同相关部门做好"柘荣太子参"证明商标争创驰名商标的各项工作。2006 年 10 月，"柘荣太子参"证明商标被国家工商总局商标局认定为驰名商标。2007 年 3 月，国家质量监督检验检疫总局正式批准对"柘荣太子参"实施地理标志产品保护。

（二）品牌管理做法

"柘荣太子参"通过商标注册后，通过规范、监管、引导等形式进一步做大做强，打造中药材"金字招牌"，其主要做法如下。

1. 制定政策，严格使用证明商标

柘荣县工商局联合商标所有人柘荣县太子参协会制定《"柘荣太子参"证明商标使用管理规则》及其具体操作办法，对该证明商标的产品区域分布、申请程序、使用者的权利和义务、证明商标的管理与保护措施及违规责任的追究，做出了明确的规定。

（1）严格证明商标准许使用程序

首先，量化考察申请者。采取"门槛高准入，许可严审批"和"分批使用，梯次推进"的证明商标核准使用原则。对提出申请使用证明商标的市场主体，太子参协会进行实地考察，依据 GB191-90 发布的柘荣太子参标准（QLZT×0·1-1999）与《"柘荣太子参"证明商标使用管理规则》的要求，依照"柘荣太子参"证明商标许可使用综合评价体系对申请者进行量化打分，据此做出准许使用或驳回申请的决定。

其次，规范商标使用许可合同的签订。柘荣县工商局和太子参协会共同制定"柘荣太子参"证明商标使用许可合同，对使用证明商标商品的范围和期限，保证商品质量的措施，违约责任等条款进行了严格的规定，在法律层面上规范"柘荣太子参"证明商标使用人的行为，筑牢太子参品牌防护网。

（2）监督证明商标的市场使用情况

一是严格商标标识管理。一方面是太子参协会按照"统一标识、统一包装、统一标准"的要求，指定一家定点企业印制"柘荣太子参"证明商标标志及产品包装袋、包装盒（罐）等，并与商标印制企业签订合同，确保商标图样、模具及标识等不外流；另一方面是所有使用"柘荣太子参"商标的种植户、经营户与深加工企业在授权后，必须在产品的外包装上标注统一的"柘荣太子参"标识，同时确保证明商标标识不挪用、不流失。

二是加强指导监督管理。一方面是建立证明商标规范使用指导制。指导商标权利人依法使用注册商标，防止销售侵权商品，及时纠正经营者在商标使用中存在的问题。另一方面是强化监督管理力度。建立太子参经销主体档案，建立起商标日常监管工作机制，加大市场巡查力度，严厉打击非法印制、使用"柘荣太子参"商标标识、假冒柘荣太子参、以次充好及掺杂使假等违法违章行为。对检查中发现商标使用人存在销售不符合《"柘荣太子参"证明商标使用管理规则》中对太子参外部感观、内在品质要求的，通报给太子参协会进行检测，不合格的，取消其使用商标资格。

2. 规范化种植，保护柘荣太子参特定品质

特定的品质是柘荣太子参作为证明商标的核心，为了确保柘荣太子参品质不在大规模、无序化种植中下降，柘荣县建立了内容涵盖太子参栽培、加工以及证明商标管理使用等方面的"柘荣太子参"标准化综合管理体系。

其一，制定《柘荣县太子参综合标准》与《柘荣太子参生产质量保证措施》。从种植的土壤选择、品种来源、播种操作及病虫害防治到采收、晒干再到销售中的包装、运输和贮存等流程工序都提出科学化、标准化的要求，确保产品等次不下降、品质不退化。

其二，开展太子参科学种植研究。早在1999年柘荣县农业、科技等部门就开展太子参规范化种植研究，同年"太子参叶斑病防治对策"被列入福建省科技计划项目，2003年太子参中药材生产质量管理规范（GAP）项目获国家科技攻关计划和国家"创新药物与中药现代化"专项课题。经过多年努力，目前已成功筛选培育出了"柘参1号"和"柘参2号"两个太子参优良品种，探索出太子参花叶病等病害的有效防治办法，2005年，柘荣县太子参标准化种植通过国家GAP认证。

其三，借助订单合同，扩大标准化适用范围。2004年起，柘荣县工商

部门引导创建"企业+商标+农户"的新型订单形式,由商标所有人太子参协会检测土壤,选择种植基地,龙头企业示范、参农规范种植,工商部门制定合同样本,多方参与,共同推进太子参标准化种植质量链条的延伸。

其四,加强太子参质量监控。太子参协会和农业部门对太子参的产前、产中、产后各环节进行实时监督,并委托中国商检局与福建省药检所等权威质量检验机构对栽培种植、生态环境等开展质量监测工作,保证太子参质量稳定可靠。

(三) 品牌推广主要做法

在证明商标使用过程中,柘荣县采取"请进来"和"走出去"相结合的措施,多渠道、全方位宣传"柘荣太子参"证明商标,提高其知名度。

其一,"请进来"。举办中国柘荣太子参交易会,"柘荣太子参"学术研讨会,中药材规范化种植研讨会,邀请知名专家学者、药业龙头企业、药材种植和营销大户走进柘荣,了解柘荣太子参。

其二,"走出去"。借助新闻媒体,在中央、省、市新闻媒体播放形象广告和系列专题报道,宣传"柘荣太子参",营造"中国太子参之乡"和"柘荣太子参"中国驰名商标的浓厚氛围。开通"柘荣太子参"网站,通过互联网向国内外发布柘荣太子参信息。参加各种成果推介会。

五 品牌带动

(一) 品牌带动的方式

在实施"柘荣太子参"品牌带动时采取以市场为依托,坚持"政府引导、龙头企业带动、农民参与"的原则,积极推广"公司+基地+农户"的标准化产业发展模式。政府的各级各部门转变职能,为实施品牌带动提供政策、服务等方面的有力支持。企业是实施品牌带动的主体,要强化品牌意识、质量意识,加快管理和技术创新,推动企业上水平、上规模。全社会都要积极参与,凝聚形成强大合力,为实施品牌带动营造良好氛围。

(二) 品牌农业带动的主要做法

1. 充分发挥政府的引导作用

一是加强对实施品牌带动战略工作的引导和协调。由县政府主持,工商、县药业管理中心等部门参加，负责制定品牌战略的发展规划、指导和规范以太子参为主的中药材种植、加工和流通各环节，协调解决影响县域医药产业发展的"瓶颈"问题等。二是搭建政策平台，制定出台政策。出台《"柘荣太子参"证明商标和驰名商标使用管理细则》，适时发布实施《"柘荣太子参"国家地理标志产品保护专用标志使用管理办法》，维护和保证"柘荣太子参"驰名商标的市场信誉。同时，县政府每年还拨出专款100万元作为药业发展基金，从政策上鼓励和扶持品牌的发展。三是搭建环境平台，提升服务质量。在完善道路交通、供水供电等硬环境的同时，搞好社会和公共服务，着力解决软环境方面存在的突出问题。如在技术信息服务上，柘荣县采取统一种植、统一技术指导、统一采收的办法，确保技术、信息服务到位。

2. 发挥龙头企业的带动作用

龙头企业作为产业链的核心，前连农户与基地，后连市场，在带动结构调整、促进规模化生产、提高产品质量、延长产业链、开拓产品市场、解决农民就业和增加农民收入中发挥着十分重要的作用。在药业企业方面，柘荣县目前已通过改制、引进，集聚形成了以闽东力捷迅药业有限公司为龙头，福建广生堂药业有限公司、福建天人药业有限公司、闽东动物药品厂等六家制药及关联企业为主体的药业工业集群。闽东力捷迅药业有限公司建立的柘荣太子参示范基地已通过国家GAP认证，直接带动中药材生产基地2000多亩，带动8000多户农户致富。

（三）品牌农业带动的效应

获得证明商标以后，柘荣太子参一炮打响，太子参产量占全国产量的三分之二，在全国的药材市场里面，如果标有柘荣太子参证明商标标志，价格都比其他产区高20%到30%，成为主导全国太子参的市场价；全县近七成人口从太子参产业中获益增收，2001年农民太子参人均收入730元，2006年增至1460元，到目前，全县农民太子参户均收入5000多元，多地达4万~5万元。在"柘荣太子参"的品牌效应带动下，柘荣县规模药业企业纷纷使用太子参作为主要原材料进行精深加工和科研开发，开发出了复方太子参口服液、太子参好胃口含片等，加快了太子参工业化发展进程。有力地带动了柘荣县经济的发展，柘荣县城城区面积从2.7平方公里扩大到

3.7平方公里，城区"东扩南移"迈出新步伐，基础设施建设也得到不断完善，人均电话拥有量、通话率居全市前列，建制村通自来水率达91.6%，农村公路硬化改造里程达165公里。据统计，到2020年，全县涉参人口超过70%，太子参产销量居全国第一。柘荣作为全国太子参之乡，太子参种植面积近3万亩，全县90%的农户都在从事太子参种植或与其相关联的产业。近年来，柘荣县始终发扬"滴水穿石"的精神，念好"参"字经，打好"特色牌"，通过太子参产业带领群众增产增收、脱贫致富。参农人均年增收4000多元。"柘荣太子参"已逐渐成为柘荣县的代名词和"形象大使"。

附录1 《中国名牌农产品管理办法》

农业部关于印发《中国名牌农产品管理办法》的通知

各省、自治区、直辖市及计划单列市农业（农林、农牧、农林渔业）、畜牧兽医、农垦、乡镇企业、渔业厅（局、委、办），新疆生产建设兵团农业局：

为贯彻落实党中央、国务院关于"整合特色农产品品牌，支持做大做强名牌产品"和"保护农产品知名品牌"的精神，我部组织制定了《中国名牌农产品管理办法》。现印发给你们，请遵照执行。

中华人民共和国农业部
二〇〇七年九月十三日

中国名牌农产品管理办法

第一章 总则

第一条 为规范中国名牌农产品的评选认定工作，加强对中国名牌农产品的监督管理，实施农业品牌化发展战略，提高中国农产品的市场竞争力，根据《中华人民共和国农产品质量安全法》等有关法律法规的规定，制定本办法。

第二条 本办法所称中国名牌农产品是指经评选认定获得"中国名牌农产品"称号，并获准使用"中国名牌农产品"标志的农产品。

第三条 中国名牌农产品的发展实行"企业为主、市场导向、政府推动"的机制。

第四条 中国名牌农产品评选认定工作坚持"自愿、无偿、客观、公开、公正、公平"的原则。

第五条 各级农业行政主管部门应当加强对中国名牌农产品的培育，并在政策、资金等方面予以扶持。

第二章 组织管理

第六条 农业部成立中国名牌农产品推进委员会（以下简称名推委），负责组织领导中国名牌农产品评选认定工作，并对评选认定工作进行监督管理。

名推委主任由农业部主管农产品质量工作的副部长担任，成员由农业部相关司局的司局级领导组成。

第七条 名推委下设办公室，办公室设在农业部市场与经济信息司，具体负责中国名牌农产品评选认定的组织协调和日常工作。

办公室主任由农业部市场与经济信息司司长担任，成员由农业部市场与经济信息司和相关司局业务处室人员组成。

第八条 名推委聘请有关专家组成评审委员会，负责中国名牌农产品的评审工作。

第九条 各省（自治区、直辖市及计划单列市）农业行政主管部门负责本行政区域内中国名牌农产品的组织申报、推荐和监督管理工作。

第三章 申请

第十条 申请中国名牌农产品称号的申请人，应具备下列条件：

（一）具有独立的企业法人或社团法人资格，法人注册地址在中国境内；

（二）有健全和有效运行的产品质量安全控制体系、环境保护体系，建立了产品质量追溯制度；

（三）按照标准化方式组织生产；

（四）有稳定的销售渠道和完善的售后服务；

（五）近三年内无质量安全事故。

第十一条 申请"中国名牌农产品"称号的产品，应具备下列条件：

（一）符合国家有关法律法规和产业政策的规定；

（二）在中国境内生产，有固定的生产基地，批量生产至少三年；

（三）在中国境内注册并归申请人所有的产品注册商标；

（四）符合国家标准、行业标准或国际标准；

（五）市场销售量、知名度居国内同类产品前列，在当地农业和农村经济中占有重要地位，消费者满意程度高；

（六）质量检验合格；

（七）食用农产品应获得"无公害农产品"、"绿色食品"或者"有机食品"称号之一；

（八）是省级名牌农产品。

第十二条 申请人应当向所在省（自治区、直辖市及计划单列市）农业行政主管部门提出申请，并提交申报材料。

第四章 评选认定程序

第十三条 中国名牌农产品实行年度评审制度。

第十四条 省（自治区、直辖市及计划单列市）农业行政主管部门负责申报材料真实性、完整性的审查。符合条件的，签署推荐意见，报送名推委办公室。

第十五条 名推委办公室组织评审委员会对申报材料进行评审，形成推荐名单和评审意见，上报名推委。

第十六条 名推委召开全体会议，审查推荐名单和评审意见，形成当年度的中国名牌农产品拟认定名单，并通过新闻媒体向社会公示，广泛征求意见。

名推委全体委员会议审查公示结果，审核认定当年度的中国名牌农产品名单。

第十七条 对已认定的中国名牌农产品，由农业部授予"中国名牌农产品"称号，颁发《中国名牌农产品证书》，并向社会公告。

第五章 监督管理

第十八条 "中国名牌农产品"称号的有效期为三年。

第十九条 在有效期内，《中国名牌农产品证书》持有人应当在规定的范围内使用"中国名牌农产品"标志。

第二十条 对获得"中国名牌农产品"称号的产品实行质量监测制度。

获证申请人每年应当向名推委办公室提交由获得国家级计量认证资质的检测机构出具的产品质量检验报告。名推委对中国名牌农产品进行不定期抽检。

第二十一条 《中国名牌农产品证书》持有人有下列情形之一的，撤销其"中国名牌农产品"称号，注销其《中国名牌农产品证书》，并在三年内不再受理其申请：

（一）有弄虚作假行为的；

（二）转让、买卖、出租或者出借中国名牌农产品证书和标志的；

（三）扩大"中国名牌农产品"称号和标志使用范围的；

（四）产品质量抽查不合格的，消费者反映强烈，造成不良后果的；

（五）发生重大农产品质量安全事故，生产经营出现重大问题的；

（六）有严重违反法律法规行为的。

第二十二条 未获得或被撤销"中国名牌农产品"称号的农产品，不得使用"中国名牌农产品"称号与标志。

第二十三条 从事中国名牌农产品评选认定工作的相关人员，应当严格按照有关规定和程序进行评选认定工作，保守申请人的商业和技术秘密，保护申请人的知识产权。

凡因滥用职权、玩忽职守、徇私舞弊，未构成犯罪的，由其所在的工作单位给予行政处分；构成犯罪的，依法追究其刑事责任。

第二十四条 除本办法规定的中国名牌农产品评选认定工作机构外，未经批准，其他任何单位和个人不得进行中国名牌农产品的评选认定活动。

第六章 附则

第二十五条 《中国名牌农产品标志管理办法》由农业部另行制定。

第二十六条 本办法由农业部负责解释。

第二十七条 本办法自发布之日起施行。

附录2 《农产品地理标志管理办法》

《农产品地理标志管理办法》业经 2007 年 12 月 6 日农业部第 15 次常务会议审议通过，2007 年 12 月 25 日中华人民共和国农业部令第 11 号发布，自 2008 年 2 月 1 日起施行。

2019 年 4 月 25 日农业农村部令 2019 年第 2 号修正。

第一章 总则

第一条 为规范农产品地理标志的使用，保证地理标志农产品的品质和特色，提升农产品市场竞争力，依据《中华人民共和国农业法》、《中华人民共和国农产品质量安全法》相关规定，制定本办法。

第二条 本办法所称农产品是指来源于农业的初级产品，即在农业活动中获得的植物、动物、微生物及其产品。

本办法所称农产品地理标志，是指标示农产品来源于特定地域，产品品质和相关特征主要取决于自然生态环境和历史人文因素，并以地域名称冠名的特有农产品标志。

第三条 国家对农产品地理标志实行登记制度。经登记的农产品地理标志受法律保护。

第四条 农业部负责全国农产品地理标志的登记工作，农业部农产品质量安全中心负责农产品地理标志登记的审查和专家评审工作。

省级人民政府农业行政主管部门负责本行政区域内农产品地理标志登记申请的受理和初审工作。

农业部设立的农产品地理标志登记专家评审委员会，负责专家评审。农产品地理标志登记专家评审委员会由种植业、畜牧业、渔业和农产品质量安全等方面的专家组成。

第五条　农产品地理标志登记不收取费用。县级以上人民政府农业行政主管部门应当将农产品地理标志管理经费编入本部门年度预算。

第六条　县级以上地方人民政府农业行政主管部门应当将农产品地理标志保护和利用纳入本地区的农业和农村经济发展规划，并在政策、资金等方面予以支持。

国家鼓励社会力量参与推动地理标志农产品发展。

第二章　登记

第七条　申请地理标志登记的农产品，应当符合下列条件：

（一）称谓由地理区域名称和农产品通用名称构成；

（二）产品有独特的品质特性或者特定的生产方式；

（三）产品品质和特色主要取决于独特的自然生态环境和人文历史因素；

（四）产品有限定的生产区域范围；

（五）产地环境、产品质量符合国家强制性技术规范要求。

第八条　农产品地理标志登记申请人为县级以上地方人民政府根据下列条件择优确定的农民专业合作经济组织、行业协会等组织。

（一）具有监督和管理农产品地理标志及其产品的能力；

（二）具有为地理标志农产品生产、加工、营销提供指导服务的能力；

（三）具有独立承担民事责任的能力。

第九条　符合农产品地理标志登记条件的申请人，可以向省级人民政府农业行政主管部门提出登记申请，并提交下列申请材料：

（一）登记申请书；

（二）产品典型特征特性描述和相应产品品质鉴定报告；

（三）产地环境条件、生产技术规范和产品质量安全技术规范；

（四）地域范围确定性文件和生产地域分布图；

（五）产品实物样品或者样品图片；

（六）其它必要的说明性或者证明性材料。

第十条　省级人民政府农业行政主管部门自受理农产品地理标志登记申请之日起，应当在45个工作日内完成申请材料的初审和现场核查，并提出初审意见。符合条件的，将申请材料和初审意见报送农业部农产品质量安全中心；不符合条件的，应当在提出初审意见之日起 10 个工作日内将相关意见和建议通知申请人。

第十一条 农业部农产品质量安全中心应当自收到申请材料和初审意见之日起 20 个工作日内，对申请材料进行审查，提出审查意见，并组织专家评审。

专家评审工作由农产品地理标志登记评审委员会承担。农产品地理标志登记专家评审委员会应当独立做出评审结论，并对评审结论负责。

第十二条 经专家评审通过的，由农业部农产品质量安全中心代表农业部对社会公示。

有关单位和个人有异议的，应当自公示截止日起 20 日内向农业部农产品质量安全中心提出。公示无异议的，由农业部做出登记决定并公告，颁发《中华人民共和国农产品地理标志登记证书》，公布登记产品相关技术规范和标准。

专家评审没有通过的，由农业部做出不予登记的决定，书面通知申请人，并说明理由。

第十三条 农产品地理标志登记证书长期有效。

有下列情形之一的，登记证书持有人应当按照规定程序提出变更申请：

（一）登记证书持有人或者法定代表人发生变化的；

（二）地域范围或者相应自然生态环境发生变化的。

第十四条 农产品地理标志实行公共标识与地域产品名称相结合的标注制度。公共标识基本图案见附图。农产品地理标志使用规范由农业部另行制定公布。

第三章 标志使用

第十五条 符合下列条件的单位和个人，可以向登记证书持有人申请使用农产品地理标志：

（一）生产经营的农产品产自登记确定的地域范围；

（二）已取得登记农产品相关的生产经营资质；

（三）能够严格按照规定的质量技术规范组织开展生产经营活动；

（四）具有地理标志农产品市场开发经营能力。

使用农产品地理标志，应当按照生产经营年度与登记证书持有人签订农产品地理标志使用协议，在协议中载明使用的数量、范围及相关的责任义务。

农产品地理标志登记证书持有人不得向农产品地理标志使用人收取使用费。

第十六条 农产品地理标志使用人享有以下权利：

（一）可以在产品及其包装上使用农产品地理标志；

（二）可以使用登记的农产品地理标志进行宣传和参加展览、展示及展销。

第十七条 农产品地理标志使用人应当履行以下义务：

（一）自觉接受登记证书持有人的监督检查；

（二）保证地理标志农产品的品质和信誉；

（三）正确规范地使用农产品地理标志。

第四章　监督管理

第十八条 县级以上人民政府农业行政主管部门应当加强农产品地理标志监督管理工作，定期对登记的地理标志农产品的地域范围、标志使用等进行监督检查。

登记的地理标志农产品或登记证书持有人不符合本办法第七条、第八条规定的，由农业部注销其地理标志登记证书并对外公告。

第十九条 地理标志农产品的生产经营者，应当建立质量控制追溯体系。农产品地理标志登记证书持有人和标志使用人，对地理标志农产品的质量和信誉负责。

第二十条 任何单位和个人不得伪造、冒用农产品地理标志和登记证书。

第二十一条 国家鼓励单位和个人对农产品地理标志进行社会监督。

第二十二条 从事农产品地理标志登记管理和监督检查的工作人员滥用职权、玩忽职守、徇私舞弊的，依法给予处分；涉嫌犯罪的，依法移送司法机关追究刑事责任。

第二十三条 违反本办法规定的，由县级以上人民政府农业行政主管部门依照《中华人民共和国农产品质量安全法》有关规定处罚。

第五章 附则

第二十四条 农业部接受国外农产品地理标志在中华人民共和国的登记并给予保护,具体办法另行规定。

第二十五条 本办法自 2008 年 2 月 1 日起施行。

参考文献

白光、马国忠主编《农业品牌产品的质量安全》，中国经济出版社，2006。

白光、马国忠主编《中国要走农业品牌化之路》，中国经济出版社，2006。

柴效武、叶益东：《"农业合作社+农户"——农村制度变迁过程中组织模式的抉择》，《浙江大学学报》（人文社会科学版）2006年第4期，第98~107页。

陈柏峰、林辉煌：《农田水利的"反公地悲剧"研究——以湖北高阳镇为例》，《人文杂志》2011年第6期，第144~153页。

陈卫华：《技术创新与品牌农业战略——品牌农业的发展》，济宁市技术创新与可持续发展论文选编，2005。

池静、崔凤军：《乡村旅游地发展过程中的"公地悲剧"研究——以杭州梅家坞、龙坞茶村、山沟沟景区为例》，《旅游学刊》2006年第7期，第17~23页。

崔茂森：《从农业现代化的高度看待农业品牌建设问题》，《农业科技管理》2009年第3期，第61~62页。

邓大才：《农业制度变迁路径依赖及创新》，《经济理论与经济管理》2001年第3期，第59~63页。

东智：《国外发展品牌农业的经验及启示》，《北京农业》2006年第12期，第47页。

董珊珊：《基于品牌农业产业化视角的皖南茶产品营销战略研究——以六安瓜片为例》，《山西农经》2017年第15期，第49~50页。

方永艳：《论农产品品牌化的工业化思路》，《安徽农业科学》2009年第22期，第10724页。

方中友：《南京市品牌农业建设现状、发展战略与目标选择》，《江苏农业科学》2006年第3期，第6~8页。

冯文丽：《中国农业保险制度变迁研究》，中国金融出版社，2004。

干经天、李莉莎：《论区域品牌农业》，《农业现代化研究》2003年第5期，第356~359页。

高宏巍、王南、刘东亮、孟和：《我国"三品一标"农产品质量安全监管问题及对策研究》，《农产品质量与安全》2012年第1期，第34~36页。

古广胜：《论农业产业化与地方特色品牌农业的培育——以广东省梅州市为例》，《山东纺织经济》2012年第7期，第39~43页。

胡晓云：《深入实施农业品牌战略　真正实现农业供给侧改革》，《中国合作经济》2016年第3期，第11页。

胡晓云、李一峰：《品牌归于运动——16种国际品牌的运动模式》，浙江大学出版社，2003。

胡晓云、魏春丽、张琪菲：《2016中国茶叶区域公用品牌价值评估报告》，《中国茶叶》2016年第5期，第4~11页。

黄小平、刘叶云：《绿色农产品市场中的"柠檬效应"及应对策略》，《农业现代化研究》2006年第6期，第467~469页。

季六祥：《品牌农业的产业组织优化与模块化设计》，《科研管理》2009年第5期，第7页。

冀红梅：《我国农业产业化的制度变迁分析》，硕士学位论文，华中师范大学，2008。

姜长云：《发展农业生产性服务业的模式、启示与政策建议——对山东省平度市发展高端特色品牌农业的调查与思考》，《宏观经济研究》2011年第3期，第14~20页。

蒋文龙：《台湾农业品牌的传播创新：三产融合，创造强大传播场》，《农村经济与科技：农业产业化》2016年第7期，第73~74页。

焦翔、辛绪红、孙布克：《乡村振兴战略下品牌农业的作用解析与路径研究》，《农业经济》2021年第8期，第55~56页。

靳明：《绿色农业产业成长研究》，博士学位论文，西北农林科技大学，2006。

孔祥智：《"政府+企业"打造农业区域公用品牌》，《农村工作通讯》

2019年第16期，第46页。

赖宇、陈凤、鄢茂林：《基于CIS战略下农业区域公用品牌建设研究——以巴中市"巴食巴适"为例》，《中国战略新兴产业》（理论版）2019年第1期，第219页。

李春芝：《发展品牌农业是实现供给侧结构性改革的重要途径》，《农业开发与装备》2018年第12期，第1、23页。

李丹：《农产品区域品牌建设与地方政府职能研究——以山西运城苹果为例》，硕士学位论文，南京师范大学，2017。

李敏：《中国农产品品牌竞争力评价——以2006年农业部推介的96个中国名牌农产品为例》，《江苏农业科学》2010年第1期，第370~372页。

李庆江、廖超子、刘建华、高芳、雷秋包：《绿色生产视角下的"三品一标"发展研究》，《中国农业资源与区划》2014年第5期，第135~138页。

李苏、韩科峰：《农产品市场中的"柠檬"现象》，《市场论坛》2006年第2期，第226~227、229页。

林德荣：《现代品牌农业成长的系统动力学模型构建及其制度和政策的创新》，《农业现代化研究》2013年第1期，第68~71页。

林国光：《市场化制度变迁与中国农业发展》，中国环境科学出版社，2001。

林娟娟：《以农业标准化为抓手　推进品牌农业》，《福建质量技术监督》2013年第6期，第33~34页。

刘笑明、张容：《以品牌化推进陕西省乡村旅游高质量发展》，《台湾农业探索》2021年第6期，第36~40页。

刘宇辉：《论农产品"柠檬现象"与市场营销观念阙如的关系》，《全国商情·经济理论研究》2009年第13期，第20~22页。

娄向鹏：《品牌农业：从田间到餐桌的革命》，《中国农村科技》2013年第9期，第30~33页。

陆娟：《全球经济一体化条件下的中国品牌农业发展》，《农产品加工（学刊）》2005年第Z1期，第40~43页。

陆雯婷：《农业会展经济对品牌农业发展的推动研究》，《农家参谋》2020年第12期，第92~92页。

罗必良等：《中国农业经营制度——理论框架、变迁逻辑及案例解读》，中国农业出版社，2014。

马爱国：《新时期我国"三品一标"的发展形势和任务》，《农产品质量与安全》2015年第2期，第3~5页。

彭菊颖：《农业产业链融资及品牌农业发展研究》，《西南金融》2013年第11期，第71~73页。

任荣：《关于我国农业品牌战略体系架构的思考》，《北京农业职业学院学报》2012年第3期，第13~16页。

时元宁：《国内外农村合作经济组织在农业品牌建设中的作用分析》，《世界农业》2015年第9期，第167~169页。

史亚军等编著《新农村可持续发展模式与农业品牌建设》，金盾出版社，2010。

王丽杰：《我国农业品牌化发展的方针及对策》，《兰州学刊》2014年第12期，第181~184页。

王永平、刘利萍：《基于产业化的农业标准化与品牌化协同发展路径研究》，《陕西农业科学》2013年第3期，第208~210页。

王中：《高端特色品牌农业的理论与实证研究》，中国海洋大学出版社，2012。

吴础南：《论政府在我国农业品牌化中的作用——基于农业品牌现状的分析》，《现代商贸工业》2008年第2期，第10~11页。

吴修立、杨信廷、卢兵友：《农产品质量安全问题中的博弈及其影响分析》，《全国商情·经济理论研究》2008年第2期，第110~111页。

吴云云：《关于区位名牌农产品的产业价值链整合的思考》，《当代经济管理》2005年第1期，第28~31页。

谢向英：《全球化背景下的中国品牌农业发展研究》，《科技和产业》2009年第1期，第32~35页。

谢志强：《深化农业供给侧改革，提升农业品牌质量》，《人民论坛》2017年第A1期，第88~89页。

徐刚：《农业体制转换的制度根源——对一个农业制度变迁模型的改进》，《经济研究》1997年第4期，第38~48页。

许文苹、陈通：《我国地理标志农产品品牌化的必要性分析》，《天津大学学报》（社会科学版）2011年第4期，第303~307页。

许文苹、陈通：《中国 GI 农产品品牌化制约因素分析》，《电子科技大学学报》（社会科学版）2012 年第 1 期，第 89~94 页。

许玉贵：《农业品牌价值的内涵与形成途径》，《农产品市场》2006 年第 38 期，第 4~6 页。

杨洪波、彭民、李春华：《农业品牌价值模糊综合评估法分析》，《辽宁工程技术大学学报》（社会科学版）2005 年第 2 期，第 171~173 页。

杨肖丽、薄乐、牟恩东：《农产品区域公共品牌培育：运行机制与实现路径》，《农业经济》2020 年第 1 期，第 125~127 页。

杨艳：《农业行业组织在农产品区域公用品牌不同发展阶段中的角色分析》，《青岛农业大学学报》（社会科学版）2017 年第 4 期，第 7~11、24 页。

杨映辉：《论中国农业品牌化问题》，《农产品加工》2005 年第 6 期，第 7~9 页。

姚艳、陈娟：《浙江省农业品牌战略实证调查分析》，《当代经济》2008 年第 1 期，第 86~88 页。

易辉：《基于系统动力学的农业供应链金融研究》，硕士学位论文，首都经济贸易大学，2015。

易正兰、陈彤：《基于农业产业集群的农业品牌发展策略》，《农村经济》2007 年第 6 期，第 37~40 页。

尹焕三：《推进"品牌农业"发展的对策研究——关于青岛市发展"品牌农业"的调研分析与建议》，《中共青岛市委党校青岛行政学院学报》2010 年第 5 期，第 65~69 页。

翟建松：《论发展我国的品牌农业》，《山东农业大学学报》（社会科学版）2002 年第 1 期，第 41~43 页。

湛志伟：《"公地悲剧"及其治理的博弈分析》，《经济评论》2004 年第 3 期，第 49~52 页。

张桂华：《休闲农业品牌形象结构模型与实证研究》，《湖南师范大学自然科学学报》2012 年第 3 期，第 89~94 页。

张可成、王孝莹、杨学成：《农产品品牌化经营战略研究》，《经济纵横》2008 年第 10 期，第 64~66 页。

张文超：《日本"品牌农业"的农产品营销经验及中国特色农业路径选

择》，《世界农业》2017年第6期，第173~176页。

赵英兰：《农业制度变迁与诺思界定产权的"国家理论"》，《山东师范大学学报》（人文社会科学版）2006年第3期，第102~107页。

赵英兰：《中国农业制度变迁研究》，中国海洋大学出版社，2010。

中国保健协会、中国社会科学院食品药品产业发展与监管研究中心：《中国保健食品产业发展报告》，社会科学文献出版社，2012。

周曼殊主编《农业系统动力学》，山东科学技术出版社，1988。

周绪元、陈令军、张永涛：《农业品牌化现状及未来发展思路——以山东省临沂市为例》，《农业展望》2016年第11期，第38~41页。

周应堂、欧阳瑞凡：《品牌理论及农产品品牌化战略理论综述》，《江西农业大学学报》（社会科学版）2007年第1期，第37~42页。

周云飞、郭庆军：《日本品牌农业的发展对陕西特色农业发展的启示——以白水苹果为例》，《广东农业科学》2013年第19期，第233~236页。

周振兴：《农业技术品牌化与集成推广模块化——农业技术品牌创新与集成推广模块化实践》，《农业科技管理》2012年第5期，第67~70页。

朱洪云：《品牌农业建设问题研究——以淮安地区为例》，硕士学位论文，广西师范大学，2008。

朱俊峰：《茶叶区域品牌的成长路径和发展研究》，《农业与技术》2016年第18期，第153~154页。

邹治鑫、罗达、汪润之、刘萍：《数字经济背景下农业区域公共品牌建设——基于构建区块链农产品溯源体系的视角》，《现代商业》2021年第29期，第3~5页。

B. Feng, H. Yu, X. Gao, et al., "Study on Brand Agriculture of Kidney Bean in China," *Chinese Agricultural Science Bulletin*, 2005.

D. J. Hayes, S. H. Lence, "A New Brand of Agriculture: Farmer-Owned Brands Reward Innovation," *ISU General Staff Papers*, 2002.

D. J. Hayes, S. H. Lence, "New Brand of Agriculture? Farmer-Owned Brands Reward Innovation (A)," *Staff General Research Papers Archive*, 2002.

Fertilizer, Focus, Group, "Echelon, the New Precision Agriculture Brand from Agrium," *Fertilizer Focus*, 2014, 31 (3): 42.

J. Ma, "Thought on Establishment of the Base of Agricultural Headquarters

Rely on the Brand-agriculture Exhibition—Case Study on Seeds Industry Headquarter Bases in Fengtai District," *Chinese Agricultural Science Bulletin*, 2012.

J. Zhang, "Integrate Quality Resources Develop Brand Agriculture," *Rural Economy*, 2007.

M. Fujita, N. Hamaguchi, "Brand Agriculture and Economic Geography: A General Equilibrium Analysis," *Discussion Paper Series*, 2007, 121 (17): 915-938.

M. Fujita, N. Hamaguchi, "Brand Agriculture and Economic Geography: When are Highly Differentiated Products Sustainable in the Remote Periphery?" *Review of Urban and Regional Development Studies*, 2019.

M. Fujita, "Economic Development Capitalizing on Brand Agriculture: Turning Development Strategy on Its Head," *IDE Discussion Papers*, 2006: 205-229.

R. Q. Lin, "Research Summary of Brand Agriculture at Home and Abroad," *Acta Agriculturae Jiangxi*, 2013, 139 (1): 43-44.

图书在版编目（CIP）数据

品牌农业成长性机理与测评 / 林荣清著. -- 北京：社会科学文献出版社，2023.2
ISBN 978-7-5228-0211-4

Ⅰ.①品… Ⅱ.①林… Ⅲ.①农产品-商业品牌-研究-中国 Ⅳ.①F323.7

中国版本图书馆 CIP 数据核字（2022）第 099227 号

品牌农业成长性机理与测评

著　　者 / 林荣清
出 版 人 / 王利民
责任编辑 / 张建中　崔晓璇
文稿编辑 / 公靖靖
责任印制 / 王京美

出　　版 / 社会科学文献出版社·政法传媒分社（010）59367126
　　　　　 地址：北京市北三环中路甲 29 号院华龙大厦　邮编：100029
　　　　　 网址：www.ssap.com.cn
发　　行 / 社会科学文献出版社（010）59367028
印　　装 / 唐山玺诚印务有限公司

规　　格 / 开　本：787mm×1092mm　1/16
　　　　　 印　张：13.75　字　数：225 千字
版　　次 / 2023 年 2 月第 1 版　2023 年 2 月第 1 次印刷
书　　号 / ISBN 978-7-5228-0211-4
定　　价 / 89.00 元

读者服务电话 4008918866

版权所有 翻印必究